ŒUVRES
COMPLÈTES
DE MARMONTEL,
DE L'ACADÉMIE FRANÇAISE.

NOUVELLE ÉDITION
ORNÉE DE TRENTE-HUIT GRAVURES.

TOME IV.

A PARIS,
CHEZ VERDIÈRE, LIBRAIRE-ÉDITEUR,
QUAI DES AUGUSTINS, N° 25.

1818.

ŒUVRES

COMPLÈTES

DE MARMONTEL.

TOME IV.

CONTES MORAUX.

DEUXIÈME VOLUME.

DE L'IMPRIMERIE DE FIRMIN DIDOT,
IMPRIMEUR DU ROI, DE L'INSTITUT ET DE LA MARINE,
RUE JACOB, N° 24.

Je lui dois votre main pour prix d'un si grand sacrifice. Il est trop payé, &c.

Le Connaisseur.

CONTES MORAUX.

LE CONNAISSEUR.

Célicour, dès l'âge de quinze ans, avait été dans sa province ce qu'on appelle un petit prodige. Il faisait des vers les plus galants du monde; il n'y avait pas dans le voisinage une jolie femme qu'il n'eût célébrée, et qui ne trouvât que ses yeux avaient encore plus d'esprit que ses vers. C'était dommage de laisser tant de talents enfouis dans une petite ville; Paris en devait être le théâtre; et l'on fit si bien, que son père se résolut à l'y envoyer. Ce père était un honnête homme, qui aimait l'esprit sans en avoir, et qui admirait, sans savoir pourquoi, tout ce qui venait de la capitale; il y avait même des relations littéraires; et du nombre de ses correspondants était un *connaisseur* appelé M. de Fintac. Ce fut particulièrement à lui que Célicour fut recommandé.

Fintac reçut le fils de son ami avec cette bonté qui protège. Monsieur, lui dit-il, j'ai entendu parler de vous; je sais que vous avez eu des succès en province; mais en province, croyez-moi, les arts et les lettres sont encore au berceau. Sans le goût, l'esprit et le génie ne produisent rien que d'informe, et il n'y a du goût qu'à Paris. Commencez donc par vous persuader que vous ne faites que de naître, et par oublier tout ce que vous avez appris. Que n'oublierais-je pas! dit Célicour en jetant les yeux sur une nièce de dix-huit ans que le connaisseur avait auprès de lui. Oui, monsieur, c'est d'aujourd'hui que je commence à vivre. Je ne sais quel charme on respire en ces lieux, mais il se développe en moi des facultés qui m'étaient inconnues; il me semble que je viens d'acquérir de nouveaux sens, une ame nouvelle. Bon! s'écria Fintac, voilà de l'enthousiasme: il est né poëte; et à ce seul trait je le garantis tel. Il n'y a point de poésie à cela, reprit Célicour; c'est la naïve et simple nature. — Tant mieux! c'est-là le vrai talent. Et à quel âge vous êtes-vous senti animé de ce feu divin? — Hélas! monsieur, j'en ai eu quelques étincelles en province; mais je n'y éprouvai jamais cette chaleur vive et soudaine qui me pénètre dans ce moment. C'est l'air de Paris, dit Fintac. C'est l'air de votre maison, dit Célicour : je suis dans le temple des muses. Le connaisseur trouva que ce jeune homme avait d'heureuses dispositions.

Agathe, la plus jolie petite espiègle que l'amour eût formée, ne perdit pas un mot de cet entretien; et certains regards en dessous, certain sourire qui effleurait ses lèvres, firent entendre à Célicour qu'elle ne se méprenait pas au double sens de ses réponses. Je sais bon gré à votre père, ajouta le connaisseur, de vous avoir envoyé dans l'âge où le naturel est assez docile pour recevoir les impressions du bien; mais gardez-vous de celles du mal. Vous trouverez à Paris de faux connaisseurs plus que de bons juges. N'allez pas consulter tout le monde, et tenez-vous-en aux lumières d'un homme qui jamais ne s'est trompé sur rien. Célicour, qui n'imaginait pas que l'on pût se louer soi-même avec tant de franchise, eut la simplicité de demander quel était cet homme infaillible? C'est moi, monsieur, lui répondit Fintac d'un ton de confidence, moi, qui ai passé ma vie avec tout ce que les arts et les lettres ont de plus considérable; moi qui, depuis quarante ans, m'exerce à distinguer, dans les choses d'imagination et de goût, les beautés réelles et permanentes des beautés de mode et de convention. Je le dis, parce qu'on le sait, et qu'il n'y a point de vanité à convenir d'un fait connu.

Quelque singulier que fût ce langage, Célicour y fit à peine attention; un objet plus intéressant l'occupait. Agathe avait quelquefois daigné lever les yeux sur lui; et ses yeux semblaient lui dire les choses du monde les plus obligeantes; mais était-ce leur vivacité naturelle, ou le plaisir de voir leur triomphe, qui les animait? Voilà ce qu'il fallait éclaircir. Célicour pria donc le connaisseur de permettre qu'il eût l'honneur de le voir souvent, et Fintac l'y invita lui-même.

Dans la seconde visite, le jeune homme fut obligé d'attendre que le connaisseur fût visible, et de passer un quart d'heure tête-à-tête avec l'aimable nièce. On lui en fit bien des excuses; et il répondit qu'il n'y avait pas de quoi. Monsieur, lui dit Agathe, mon oncle est enchanté de vous. — C'est un succès bien flatteur pour moi; mais, mademoiselle, il en est un qui me toucherait davantage. — Mon oncle assure que vous êtes fait pour réussir à tout. — Ah! que ne pensez-vous de même! — Je suis assez souvent de l'avis de mon oncle. — Aidez-moi donc à mériter ses bontés. — Il me semble que vous n'avez pas besoin d'aide. — Pardonnez-moi; je sais que les grands hommes ont presque tous des singularités, quelquefois même des faiblesses. Pour flatter leurs goûts, leurs opinions, leur caractère, il faut les connaître; pour les connaître, il faut les étudier; et si vous vouliez, belle Agathe, vous m'abrégeriez cette étude. Après tout, de quoi s'agit-il? de gagner la bienveillance de votre oncle? Rien au monde n'est plus innocent. — Il est donc d'usage en province de s'entendre avec les nièces pour réussir auprès des oncles? Cela n'est pas si maladroit. — Je n'y vois rien que de très-simple. — Mais si mon oncle avait, comme vous le dites, des singularités, des faiblesses, faudrait-il vous en donner avis? — Pourquoi non? me soupçonneriez-vous d'en vouloir faire un mauvais usage? — Non; mais sa nièce! — Eh bien! sa nièce doit souhaiter qu'on cherche à lui complaire. Il a passé l'âge où l'on se corrige; il n'y a donc plus qu'à le ménager. — On ne peut pas mieux lever les scrupules. — Ah! vous n'en auriez aucun si je vous étais mieux connu; mais non, vous êtes dissimulée. — En effet, je vois monsieur pour la seconde fois; comment puis-je avoir des secrets pour lui? — Je suis indiscret, je l'avoue, et je vous en demande pardon. — Non, c'est moi qui ai tort de vous laisser croire la chose plus grave qu'elle n'est. Voici le fait : mon oncle est un bon homme, qui n'eût jamais été que cela, si on ne lui avait pas mis dans la tête la prétention de se connaître à tout, de juger les arts et les lettres, d'être le guide, l'appréciateur, et l'arbitre des talents. Cela ne fait de mal à personne; mais cela nous attire une foule de sots que mon oncle protège, et avec lesquels il partage le ridicule du bel-esprit. Il serait bien à souhaiter, pour son repos, qu'il abandonnât cette chimère; car le public semble avoir pris à tâche de n'être jamais de son avis, et c'est tous les jours quelque scène nouvelle. — Vous m'affligez. — Vous voilà au fait de tous nos secrets de famille, et nous n'avons plus rien de caché pour vous. Comme elle achevait, on vint dire à Célicour que le connaisseur était visible.

Le cabinet où il fut introduit annonçait la multiplicité des études et la foule des connaissances : on voyait le plancher couvert d'*in-folio* pêle-mêle entassés, de rouleaux d'estampes, de cartes déployées, et de manuscrits semés au hasard ; sur une table, un Tacite ouvert à côté d'une lampe sépulcrale entourée de médailles antiques ; plus loin, un télescope sur son affût, l'esquisse d'un tableau sur le chevalet, un modèle de bas-relief en cire, des morceaux d'histoire naturelle ; et du parquet au plafond, des rayons de livres pittoresquement renversés. Le jeune homme ne savait où mettre le pied ; et son embarras fit au connaisseur un plaisir extrême. Pardonnez, lui dit-il, le dérangement où vous me trouvez : c'est ici mon cabinet d'études ; j'ai besoin d'avoir tout cela sous ma main. Mais ne croyez pas que le même désordre règne dans ma tête : chaque chose y est à sa place ; la variété, le nombre même n'y jette point de confusion. Cela est merveilleux ! dit Célicour qui ne savait ce qu'il disait, car il était encore occupé d'Agathe. Oh ! très-merveilleux ! reprit Fintac ; et souvent je m'étonne moi-même quand je réfléchis au mécanisme de la mémoire, à la manière dont les idées se classent et s'arrangent à mesure qu'elles arrivent. Il semble qu'il y ait des tiroirs pour chaque espèce de connaissances. Par exemple, à travers cette foule de choses qui m'avaient passé par l'esprit, qui m'expliquera comment vint se retracer dans mon souvenir, à point nommé, ce que j'avais lu autrefois sur le retour de la comète? Car vous saurez que c'est moi qui donnai l'éveil à nos astronomes. — Vous, monsieur? — Ils n'y pensaient pas, et sans moi la comète passait *incognito* sur notre horizon. Je ne m'en suis pas vanté, comme vous croyez bien : je vous le dis en confidence. — Et pourquoi vous laisser dérober la gloire d'un avis aussi important? — Bon! je ne finirais pas si je réclamais tout ce qu'on me vole. En général, mon enfant, sachez qu'une solution, une découverte, un morceau de poésie, de peinture, ou d'éloquence, n'appartient pas, autant qu'on l'imagine, à celui qui se l'attribue. Mais quel est l'objet d'un connaisseur? d'encourager les talents, en même temps qu'il les éclaire. Que l'idée de ce bas-relief, que l'ordonnance de ce tableau, que les beautés de détail ou d'ensemble de cette pièce de théâtre soient de l'artiste ou de moi, cela est égal pour le progrès de l'art; or c'est-là tout ce qui m'intéresse. Ils viennent, je leur dis ma pensée; ils m'écoutent, ils en font leur profit; c'est à merveille : je suis récompensé quand ils ont réussi. Rien n'est plus beau, dit Célicour; les arts doivent vous regarder comme leur Apollon. Et mademoiselle Agathe daigne-t-elle être aussi leur muse? — Non : ma nièce est une étourdie que j'ai voulu élever avec soin; mais elle n'a aucun goût pour l'étude. Je l'avais engagée à jeter les yeux sur l'histoire; elle m'a rendu mes livres, en me disant que ce n'était pas la peine de lire pour voir dans tous les siècles d'illustres fous et de hardis fripons se jouer d'une foule de sots. J'ai voulu essayer si elle goûterait davantage l'éloquence; elle a prétendu que Cicéron, Démosthène, etc., n'étaient que d'habiles charlatans, et que quand on avait de bonnes raisons, l'on n'avait pas besoin de tant de paroles. Pour la morale, elle soutient qu'elle la sait toute par cœur, et que Lucas, son père nourricier, est aussi sage que Socrate. Il n'y a donc que la poésie qui l'amuse quelquefois; encore préfère-t-elle des fables aux poëmes les plus sublimes, et vous dit bonnement qu'elle aime mieux entendre parler les animaux de La Fontaine que les héros de Virgile et d'Homère. En un mot, elle est, à dix-huit ans, aussi enfant qu'on l'est à douze; et au milieu des entretiens les plus sérieux, les plus intéressants, vous serez surpris de la voir s'amuser d'une bagatelle, ou s'ennuyer dès que l'on veut captiver son attention. Célicour, riant au-dedans de lui-même, prit congé de M. de Fintac, qui lui fit la grâce de l'inviter à dîner pour le lendemain.

Le jeune homme était si aise, qu'il n'en dormit pas de la nuit. Dîner avec Agathe! C'était le plus beau jour de sa vie. Il arrive; et à sa beauté, à sa jeunesse, à l'air de sérénité répandu sur son visage, on eût cru voir paraître Apollon, si le Parnasse de Fintac eût été mieux composé; mais comme il ne voulait que des protégés et des adulateurs, il n'attirait chez lui que des gens faits pour l'être.

Il leur annonça Célicour comme un jeune poëte de la plus belle espérance, et le fit placer à table à sa droite. Dès-lors voilà tous les yeux de l'envie attachés sur lui. Chacun des convives lui crut voir usurper sa place, et jura dans le fond de son ame de se venger en décriant le premier ouvrage qu'il donnerait. En attendant, Célicour fut accueilli, caressé par tous ces messieurs, et les prit dès ce moment pour les plus honnêtes gens du monde. Un nouveau venu excitait l'émulation ; le bel esprit mit toutes les voiles au vent : on jugea la république des lettres ; et comme il est juste de mêler la louange à la critique, on loua généreusement tous les morts, et on déchira tous les vivants, bien entendu tous les vivants qui n'étaient pas de ce dîné. Tous les ouvrages nouveaux qui avaient réussi sans passer sous les yeux de Fintac ne pouvaient avoir qu'un succès éphémère ; tous ceux qu'il avait scellés du sceau de son approbation devaient aller à l'immortalité, quoi qu'en dît le siècle présent. On parcourut tous les genres de littérature ; et pour donner plus d'essor à l'érudition et à la critique, on mit sur le tapis cette question toute neuve, savoir, lequel méritait la préférence, de Corneille ou de Racine. L'on disait même là-dessus les plus belles choses du monde, lorsque la petite nièce, qui n'avait pas dit un mot, s'avisa de demander naïvement lequel des deux fruits, de l'orange ou de la pêche, avait le goût le plus exquis et méritait le plus d'éloges. Son oncle rougit de sa simplicité; et les convives baissèrent tous les yeux sans daigner répondre à cette bêtise. Ma nièce, dit Fintac, à votre âge il faut savoir écouter et se taire. Agathe, avec un petit sourire imperceptible, regarda Célicour, qui l'avait très-bien entendue, et dont le coup-d'œil la consola du mépris de l'assemblée. J'ai oublié de dire qu'il était placé vis-à-vis d'elle, et vous jugez bien qu'il écoutait peu ce qu'on disait autour de lui. Mais le connaisseur, qui examinait sa physionomie, y trouvait un feu singulier. Voyez, disait-il à ses beaux-esprits, voyez comme le talent perce. Oui, répondit l'un d'eux, on le voit transpirer comme l'eau à travers les pores de l'éolipyle. Fintac, prenant Célicour par la main, lui dit : Est-ce là une comparaison? est-ce là de la poésie et de la philosophie fondues ensemble? C'est ainsi que les talents se touchent, et que les muses se tiennent par la main. Avouez, poursuivit-il, qu'on ne fait pas de pareils dînés dans vos villes de province. Eh bien! vous ne voyez rien; il y a des jours où ces messieurs ont encore cent fois plus d'esprit. Il serait difficile de n'en avoir pas, dit l'un d'eux; nous sommes à la source, et *purpureo bibimus ore nectar.* Ah! *purpureo!* reprit modestement Fintac, vous me faites bien de l'honneur. Écoutez, jeune homme, apprenez à citer. Le jeune homme était fort attentif à saisir au passage les regards d'Agathe, qui de son côté le trouvait fort joli.

Au sortir de table, on alla se promener dans un jardin où le connaisseur avait soin de réunir les plantes rares qu'on voit par-tout. Il y avait, entre autres merveilles, un chou panaché qui faisait l'admiration des naturalistes. Ses replis, son feston, le mélange de ses couleurs, étaient la chose du monde la plus étonnante. Qu'on me fasse voir, disait Fintac, une plante étrangère que la nature ait pris soin de former avec plus d'industrie et de délicatesse. C'est pour venger l'Europe de la prévention de certains curieux pour tout ce qui nous vient des Indes et du Nouveau Monde, que j'ai conservé ce beau chou.

Tandis qu'on admirait ce prodige, Agathe et Célicour s'étaient joints, comme sans y penser, dans une allée voisine. Belle Agathe, dit le jeune homme en lui montrant une rose, laisserez-vous mourir cette fleur sur sa tige? — Où voulez-vous donc qu'elle meure? — Où je voudrais expirer moi-même. Agathe rougit de cette réponse; et dans ce moment son oncle, avec deux beaux-esprits, vint s'asseoir dans un bosquet voisin, d'où, sans être aperçu, il pouvait les entendre. S'il est vrai, poursuivit Célicour, que les ames passent d'un corps à l'autre, je souhaite, après ma mort, être une rose pareille à celle-là. Si quelque main profane s'avance pour me cueillir, je me cacherai parmi les épines ; mais si une nymphe charmante daigne jeter les yeux sur moi, je me pencherai vers elle, j'épanouirai mon sein, j'exhalerai, j'épuiserai tous mes parfums, je les mêlerai avec son haleine ; le désir de lui plaire animera mes couleurs. — Eh bien ! vous ferez tant que vous serez cueillie, et l'instant d'après vous ne serez plus. — Ah ! mademoiselle, ne comptez-vous pour rien le bonheur d'être un instant ?... Ses yeux achevèrent de dire ce que sa bouche avait commencé. Et moi, dit Agathe en déguisant son trouble, si j'avais le choix, je ferais des vœux pour être changée en colombe : c'est la douceur, l'innocence même. — Ajoutez la tendresse et la fidélité. Oui, belle Agathe, ce choix est digne de vous. La colombe est l'oiseau de Vénus : Vénus vous distinguerait parmi vos pareilles ; vous feriez l'ornement de son char ; l'Amour se reposerait sur vos ailes, ou plutôt il vous échaufferait dans son sein. Ce serait sur sa bouche divine que votre bec prendrait l'ambroisie. Agathe l'interrompit, en lui disant qu'il poussait les fictions trop loin. Encore un mot, dit Célicour : une colombe a une compagne ; s'il dépendait de vous de choisir la vôtre, quelle ame lui donneriez-vous ? celle d'une amie, répondit-elle. A ces mots, Célicour attacha sur elle des yeux où étaient peints l'amour, le reproche et la douleur.

Fort bien ! dit l'oncle en se levant, fort bien !

voilà de la belle et bonne poésie. L'image de la rose est d'une fraîcheur digne de Van-Huysum; celle de la colombe est un petit tableau de Boucher, le plus frais, le plus galant du monde : *ut pictura poesis*. Courage! mon enfant, courage! l'allégorie est très-bien soutenue; nous ferons quelque chose de vous. Agathe, j'ai été assez content de votre dialogue; et voilà M. de Lexergue qui en est surpris comme moi. Il est certain, dit M. de Lexergue, qu'il y a dans le langage de mademoiselle quelque chose d'anacréontique : c'est l'empreinte du goût de son oncle; il ne dit rien qui ne soit marqué au coin de la saine antiquité. M. Lucide trouva dans les fictions de Célicour le *molle atque facetum*. Il faut achever cette petite scène, dit Fintac; il faut la mettre en vers : ce sera une des plus jolies choses que nous ayons vues. Célicour dit que pour l'achever il avait besoin du secours d'Agathe; et afin que le dialogue eût plus d'aisance et de naturel, on crut devoir les laisser seuls. A la colombe votre compagne, *l'ame d'une amie!* reprit Célicour; ah! belle Agathe, votre cœur n'est-il fait que pour l'amitié? est-ce pour elle que l'amour a pris plaisir à réunir en vous tant de charmes? Voilà, dit Agathe en souriant, le dialogue très-bien renoué. Je n'ai qu'à saisir la réplique; il y a de quoi nous mener loin. Si vous voulez, dit Célicour, il est facile de l'abréger. Parlons d'autre chose, interrompit-elle. Le dîné vous a-t-il amusé?—Je n'y ai entendu qu'un seul mot plein de sens et de finesse, qu'on a eu la sottise de prendre pour une question naïve; tout le reste m'a échappé. Mon ame n'était pas à mon oreille. — Elle était bien heureuse! — Ah! très-heureuse! car elle était dans mes yeux. — Si je voulais, je ferais semblant de ne pas vous entendre ou de ne pas vous croire; mais je ne fais jamais semblant. Je trouve donc tout simple, n'en déplaise à nos beaux-esprits, que vous ayez plus de plaisir à me voir qu'à les écouter; et je vous avoue à mon tour que je ne suis pas fâchée d'avoir à qui parler, ne fût-ce que des yeux, pour me sauver de l'ennui qu'ils me donnent. Nous voilà donc d'intelligence, et nous allons nous amuser; car nous avons là des originaux assez plaisants dans leur espèce. Par exemple, ce M. Lucide croit toujours voir dans les choses ce que personne n'y a vu. Il semble que la nature lui ait dit son secret à l'oreille; mais tout le monde n'est pas digne de savoir ce qu'il pense. Il choisit dans un cercle un confident privilégié : c'est communément la personne la plus distinguée. Il se penche mystérieusement vers elle, et lui dit tout bas son avis. Pour M. de Lexergue, c'est un érudit de la première force : plein de mépris pour tout ce qui est moderne, il estime les choses par le nombre des siècles. Il veut même qu'une jeune femme ait l'air de l'antiquité; et il m'honore de son attention, parce qu'il me trouve le profil de l'im-

pératrice Poppée. Dans le groupe que vous voyez
là-bas est un homme droit et pincé, qui fait de
petits riens charmants; mais ne les entend pas
qui veut. Il demande un jour pour les lire; il
nomme lui-même son auditoire; il exige que la
porte soit fermée à tout profane; il arrive sur la
pointe du pied, se place devant une table entre
deux flambeaux, tire mystérieusement de sa poche
un portefeuille couleur de rose, promène autour
de lui un œil gracieux qui demande silence, annonce un petit roman de sa façon, qui a eu le
bonheur de plaire à des personnes de considération, le lit posément pour être mieux goûté, et
va jusqu'à la fin sans s'apercevoir que chacun
bâille à bouche close. Ce petit homme remuant,
qui gesticule auprès de lui, me fait une pitié
que je ne puis dire. L'esprit est pour lui comme
ces éternuements qui vont venir, et qui ne viennent jamais. On voit qu'il meurt d'envie de dire
de jolies choses; il les a au bout de la langue;
mais il semble qu'elles lui échappent au moment
qu'il va les saisir. Ah! c'est un homme bien à
plaindre! ce personnage sec et long, qui se promène seul à l'écart, est l'esprit le plus réfléchi et le
plus creux que je connaisse : parce qu'il a une
perruque ronde et des vapeurs noires, il se croit
un philosophe anglais; il s'appesantit sur une
aile de mouche, et il est si obscur dans ses idées,
qu'on est quelquefois tenté de croire qu'il est
profond.

Tandis que la malice d'Agathe s'exerçait sur ces caractères, Célicour avait les yeux attachés sur les siens. Ah! dit-il, que votre oncle, qui connaît tant de choses, connaît peu l'esprit de sa nièce! Il vous annonce comme une enfant! — Vraiment, sans doute; et ces messieurs me regardent bien comme telle. Aussi ne se gênent-ils pas, et la sottise du bel-esprit est avec moi tout à son aise. N'allez pas me trahir au moins. — N'ayez pas peur; mais il faut, belle Agathe, cimenter notre intelligence par des liens plus étroits que ceux de l'amitié. Vous faites injure à l'amitié, lui répondit Agathe; il y a peut-être quelque chose de plus doux, mais il n'y a rien de plus solide.

A ces mots, on vint les interrompre; et le connaisseur, se promenant seul avec Célicour, lui demanda si le dialogue avait bien repris. Ce n'est pas précisément ce que je voulais, dit le jeune homme; mais je tâcherai d'y suppléer. Je suis fâché, dit Fintac, de vous avoir interrompu. Rien n'est si difficile que de rattraper le fil de la nature, quand une fois on le laisse échapper. C'est apparemment cette étourdie qui n'a pas bien saisi votre idée. Elle a quelquefois des lueurs; mais tout-à-coup cela se dissipe. Il faut espérer que du moins le mariage la formera. — Vous pensez donc à la marier? demanda Célicour d'une voix tremblante. Oui, répondit Fintac; et je compte sur vous pour célébrer dignement cette fête. Vous avez vu ce M. de Lexergue; c'est un homme d'un grand sens et d'une érudition profonde. C'est à lui que je donne ma nièce. (Si Fintac eût observé le visage de Célicour, il l'eût vu pâlir à cette nouvelle.) Un homme aussi sérieux, aussi appliqué que M. de Lexergue, a besoin, poursuivit-il, de quelque chose qui le dissipe. Il est riche, il s'est pris d'inclination pour cette enfant; et dans huit jours il doit l'épouser; mais il exige le plus grand secret, et ma nièce elle-même n'en sait rien encore. Pour vous, il faut bien que vous soyez initié au mystère d'une union que vous devez chanter. O hymen! ô hyménée? vous m'entendez? C'est un épithalame que je vous demande; et voici le moment de vous signaler. — Ah! monsieur. — Point de modestie; elle étouffe tous les talents. — Dispensez-moi. — Vous l'exécuterez, c'est un morceau de votre genre, et qui doit vous faire beaucoup d'honneur. Ma nièce est jeune et jolie, et avec de l'imagination et de l'ame on ne tarit point sur un sujet pareil. D'ailleurs elle a un oncle qui..... je me tais; ce n'est pas à moi de me louer. A l'égard de l'époux, je vous l'ai dit, c'est un homme rare. Personne ne se connaît comme lui en antiques. Il a un cabinet de médailles qu'il estime quarante mille écus. Il devait même aller voir les ruines d'Herculanum, et peu s'en est fallu qu'il n'ait fait le voyage de Palmyre. Vous voyez combien de tableaux tout cela présente à la poésie. Mais que dis-je? vous y pensez déja ; oui, je vois sur votre visage cette méditation profonde qui coure les germes du génie et les dispose à la fécondité. Allez vîte, allez mettre à profit des moments si précieux. Je vais aussi m'enfoncer dans l'étude.

Consterné de tout ce qu'il venait d'entendre, Célicour brûlait d'impatience de revoir Agathe. Le lendemain, il prit le prétexte d'aller consulter le connaisseur ; et avant d'entrer dans son cabinet, il demanda si elle était visible. Ah ! mademoiselle, lui dit-il, vous voyez un homme au désespoir. — Qu'avez-vous donc ? — Je suis perdu : vous épousez M. de Lexergue. — Qui vous a fait ce conte-là ? — Qui ? M. de Fintac lui-même. — Tout de bon ? — Il m'a chargé de composer votre épithalame. — Eh bien, cela sera-t-il beau ? — Vous riez ! vous trouvez plaisant d'avoir pour époux M. de Lexergue ! — Oh ! très-plaisant. — Ah ! du moins, cruelle, par pitié pour moi, qui vous adore et qui vous perds..... Agathe l'interrompit comme il tombait à ses genoux. Avouez, lui dit-elle, que ces moments de trouble sont commodes pour une déclaration : comme celui qui la fait ne se possède pas, celle qui l'entend n'ose pas s'en plaindre ; et à la faveur de ce désordre, l'amour croit pouvoir tout risquer. Mais doucement, modérez-vous, et voyons ce qui vous désespère.
— Votre tranquillité, cruelle que vous êtes. — Vous voulez donc que je m'afflige d'un malheur que je ne crains pas. — Je vous dis qu'il

est décidé que vous épousez M. de Lexergue. —
Comment voulez-vous qu'on décide sans moi,
ce qui sans moi ne peut s'exécuter ? — Mais si
votre oncle a donné sa parole ? — S'il l'a donnée,
il la retirera. — Comment vous auriez le courage !..
— Le courage de ne pas dire *oui !* Le bel effort
de résolution ! — Ah ! je suis au comble de la
joie ! — Et votre joie est une folie aussi-bien que
votre douleur. — Vous ne serez point à M. de
Lexergue ! — Eh bien, après ? — Vous serez à
moi. — Sans doute, il n'y a pas de milieu; et toute
fille qui ne sera pas sa femme, sera la vôtre ;
cela est clair. En vérité, vous raisonnez comme
un poëte de province. Allez, allez voir mon cher
oncle, et tâchez qu'il ne se doute pas de l'avis
que vous m'avez donné.

Eh bien, l'épithalame est-il avancé ? lui demanda le connaisseur en venant au devant de
lui. — J'en ai le dessin dans la tête. — Voyons.
— J'ai pris l'allégorie du Temps qui épouse la
Vérité. — L'idée est belle, mais elle est triste; et
puis le Temps est bien vieux ! — M. de Lexergue est
un antiquaire. — Oui, mais on n'aime pas à s'entendre dire qu'on est vieux comme le Temps.
— Aimeriez-vous mieux les noces de Vénus et
de Vulcain ? — Vulcain, à cause des bronzes, des
médailles? Non : l'aventure de Mars est affligeante
à rappeler. Vous trouverez, en y rêvant, quelque idée encore plus heureuse. Mais, à propos
de Vulcain, voulez-vous venir ce soir avec nous

voir le coup d'essai d'un artificier que je protège? Ce sont des fusées chinoises dont je lui ai donné la composition ; j'y ai même ajouté quelque chose; car il faut toujours que je mette du mien. Célicour ne douta point qu'Agathe ne fût de la partie, et il s'y rendit avec empressement.

Les spectateurs étaient placés; Fintac et sa nièce occupaient une croisée; et il y restait à côté d'Agathe un petit espace qu'elle avait ménagé sans affectation. Célicour s'y glissa timidement, et tressaillit de joie en se voyant si près d'Agathe. Les yeux de l'oncle étaient attentifs à suivre le vol des fusées, ceux de Célicour étaient attachés sur la nièce. Les étoiles seraient tombées du ciel, qu'elles ne l'auraient pas distrait. Sa main rencontra au bord de la fenêtre une main plus douce que le duvet des fleurs; il lui prit un tremblement dont Agathe dut s'apercevoir. La main, qu'il effleurait à peine, fit un mouvement pour se retirer; la sienne en fit un pour la retenir; les yeux d'Agathe se tournèrent sur lui, et rencontrèrent les siens qui demandaient grâce. Elle sentit qu'elle l'affligerait en retirant cette main chérie; et, soit faiblesse ou pitié, elle voulut bien la laisser immobile. C'était beaucoup; ce n'était point assez. La main d'Agathe était fermée, et celle de Célicour ne pouvait l'embrasser. L'amour lui inspira l'audace de l'ouvrir. Dieux! quelle fut sa surprise et sa joie, quand il la sentit céder insensiblement à cette douce violence! Il tient la main d'Agathe déployée dans la sienne, il la presse amoureusement : concevez-vous sa félicité! Elle n'est pas encore parfaite. La main qu'il presse ne répond point; il l'attire à lui, se penche vers elle, et l'ose appuyer à son cœur, qui s'avance pour la toucher. Elle veut lui échapper; il l'arrête, il la tient captive; et l'amour sait avec quelle rapidité son cœur bat sous cette main timide. Ce fut comme un aimant pour elle. O triomphe! ô ravissement! Ce n'est plus Célicour qui la presse; c'est elle qui répond aux battements du cœur de Célicour. Ceux qui n'ont point aimé, n'ont jamais connu cette émotion, et ceux même qui ont aimé ne l'ont éprouvée qu'une fois. Leurs regards se confondaient avec cette langueur touchante qui est le plus doux de tous les aveux, lorsque la girande du feu d'artifice se déploya dans l'air; alors la main d'Agathe fit un nouvel effort pour s'imprimer sur le cœur de Célicour; et, tandis qu'autour d'eux on applaudissait à l'éclatante beauté des fusées, nos amants, occupés d'eux-mêmes, s'exprimaient, par de brûlants soupirs, le regret de se séparer. Telle fut cette scène muette, digne d'être citée pour exemple de silences éloquents.

Dès ce moment leurs cœurs, d'intelligence, n'eurent plus de secret l'un pour l'autre; tous deux goûtaient pour la première fois le plaisir d'aimer; et cette fleur de sensibilité est la plus pure des voluptés de l'ame. Mais l'amour, qui prend la couleur des caractères, était timide et sérieux dans Célicour; vif, enjoué, malin dans Agathe.

Cependant le jour pris pour lui annoncer son mariage avec M. de Lexergue arrive. L'antiquaire vient la voir, la trouve seule, et lui déclare son amour, fondé sur l'aveu de son oncle. Je sais, lui dit-elle en badinant, que vous m'aimez de profil; mais moi, je veux un mari que je puisse aimer en face; et tout franchement vous n'êtes pas mon fait. Vous avez, dites-vous, l'aveu de mon oncle? vous ne m'épouserez pas sans le mien; et je crois pouvoir vous assurer que vous ne l'aurez de la vie. Lexergue eut beau lui protester qu'elle réunissait à ses yeux plus de charmes que la Vénus de Médicis, Agathe lui souhaita des Vénus antiques, et lui déclara qu'elle ne l'était point. Vous avez le choix, lui dit-elle, de m'exposer à déplaire à mon oncle, ou de m'en épargner le chagrin. Vous m'affligerez en me chargeant de la rupture, vous m'obligerez en la prenant sur vous; et ce qu'on peut faire de mieux quand on n'est pas aimé, c'est de tâcher de n'être point haï. Je suis votre très-humble servante.

L'antiquaire fut mortellement offensé du refus d'Agathe; mais par orgueil il l'eût dissimulé, si le reproche qu'on lui fit de manquer à sa parole ne lui en eût arraché l'aveu. Fintac, dont l'autorité et la considération étaient compromises, fut indigné de la résistance de sa nièce, et fit l'impossible pour la vaincre; mais il n'en tira jamais d'autre réponse, sinon qu'elle n'était pas une médaille; et il finit par lui déclarer, dans sa colère, qu'elle n'aurait jamais d'autre époux. Ce n'était pas le seul obstacle au bonheur de nos amants. Célicour n'avait à espérer qu'une portion d'un modique héritage; et Agathe attendait tout de son oncle, qui était moins que jamais disposé à se dépouiller de son bien pour elle. Dans des temps plus heureux il eût pu se charger de leur petit ménage; mais, après le refus d'Agathe, il fallait un miracle pour l'y engager : ce fut l'amour qui l'opéra.

Flattez mon oncle, disait Agathe à Célicour; enivrez-le de louanges, et cachez-lui bien que nous nous aimons. Pour cela évitons avec soin de nous trouver ensemble, et contentez-vous de m'instruire de votre conduite en passant. Fintac ne dissimula point à Célicour son ressentiment contre sa nièce. Aurait-elle, disait-il, quelque inclination secrète? Si je le savais..... Mais non, c'est une petite sotte qui n'aime rien, qui ne sent rien. Ah! si elle compte sur mon héritage, elle se trompe; je saurai mieux placer mes bienfaits. Le jeune homme, effrayé des menaces de l'oncle, chercha le moment d'en instruire la nièce. Elle ne fit qu'en plaisanter. — Il est furieux contre vous, ma chère Agathe. — Cela est égal. — Il dit qu'il veut vous déshériter. — Dites comme lui, gagnez sa confiance, et laissez faire à l'amour et au temps. Célicour suivait les conseils d'Agathe, et à chaque éloge qu'il donnait à Fintac, Fintac croyait découvrir en lui un nouveau degré de mérite. La justesse d'esprit, la pénétration de ce jeune homme n'a pas d'exemple à son âge, disait-il à ses amis. Enfin la confiance qu'il prit en lui fut telle, qu'il crut pouvoir lui confier ce qu'il appelait le secret de sa vie : c'était une pièce de théâtre qu'il avait faite, et qu'il n'avait osé lire à personne, de peur de compromettre sa réputation. Après lui avoir demandé un silence inviolable, il lui donna rendez-vous pour la lire. A cette nouvelle, Agathe fut saisie de joie. Cela va bien, dit-elle ; courage ! redoublez la dose d'encens ; bonne ou mauvaise, il faut qu'à vos yeux cette pièce n'ait point d'égale.

Fintac, tête-à-tête avec le jeune homme, après avoir fermé les portes du cabinet à double tour, tira d'une cassette ce manuscrit précieux, et lut avec enthousiasme la comédie la plus froide, la plus insipide qui fût jamais. Il en coûtait cruellement au jeune homme d'applaudir à des platitudes ; mais Agathe le lui avait recommandé. Il applaudissait donc ; et le connaisseur était transporté. Avouez, lui dit-il après la lecture, avouez que cela est beau. — Oui, fort beau. — Eh bien ! il est temps de vous dire pourquoi je vous ai choisi pour mon unique confident. Je brûle d'envie depuis long-temps de voir cette pièce au théâtre, mais je ne veux pas que ce soit sous mon nom. (Célicour frémit à ces mots.) Je n'ai voulu me fier à personne ; mais enfin je vous crois digne de cette marque de mon amitié. Vous donnerez mon ouvrage comme de vous; je ne veux que le plaisir du succès, et je vous en laisse la gloire. L'idée d'en imposer au public eût seule effrayé le jeune homme ; mais celle de voir paraître et tomber sous son nom un ouvrage aussi pitoyable, lui répugnait encore plus. Confondu de la proposition, il s'en défendit long-temps; mais sa résistance fut inutile. Mon secret confié, lui dit Fintac, vous engage d'honneur à m'accorder ce que j'exige. Il est égal au public qu'une pièce soit de vous ou de moi; et ce mensonge officieux ne peut nuire à personne au monde. Ma pièce est mon bien, je vous le donne; la postérité même la plus reculée n'en saura rien. Voilà donc votre délicatesse ménagée de toutes façons. Si après cela vous refusez de présenter cet ouvrage comme de vous, je croirai que vous le trouvez mauvais, que vous venez de me tromper en le louant, et que vous êtes également indigne de mon amitié et de mon estime. A quoi ne se fût pas résolu l'amant d'Agathe, plutôt que d'encourir la haine de son oncle! Il l'assura qu'il n'était retenu que par des motifs louables, et lui demanda vingt-quatre heures pour se déterminer. Il me l'a lue, dit-il à Agathe. — Eh bien ? — Eh bien, elle est mauvaise. — Je m'en doutais. — Il veut que je la donne au théâtre sous mon nom. — Que dites-vous? — Qu'il veut qu'elle passe pour être de moi. — Ah! Célicour, louons le Ciel de cette aventure. Avez-vous accepté? — Non, pas encore; mais j'y serai forcé. — Tant mieux! — Je vous dis qu'elle est détestable. — Tant mieux encore. — Elle tombera. — Tant mieux, vous disje; il faut souscrire à tout. Célicour n'en dormit pas d'inquiétude et de douleur. Le lendemain, il vint trouver l'oncle, et lui dit qu'il n'y avait rien à quoi il ne se déterminât plutôt que de lui déplaire. Je ne veux pas, dit le connaisseur, vous exposer imprudemment. Copiez la pièce de votre main; vous en ferez une lecture à nos amis, qui sont d'excellents juges; et s'ils n'en croient pas le succès infaillible, vous n'êtes plus obligé à rien. Je n'exige de vous qu'une chose, c'est de l'étudier, afin de la bien lire. Cette précaution rendit l'espérance au jeune homme. Je dois, dit-il à Agathe, lire la pièce à ses amis; s'ils la trouvent mauvaise, il me dispense de la donner. — Ils la trouveront bonne; et tant mieux; nous serions perdus s'ils la trouvaient mauvaise. — Expliquez-vous donc. — Allez-vous-en; il ne faut pas qu'on nous voie ensemble. Ce qu'elle avait prévu arriva. Les juges étant assemblés, le connaisseur leur annonça cette pièce comme un prodige, et surtout dans un jeune poëte. Le jeune poëte lut de son mieux; et à l'exemple de Fintac, on s'extasiait à chaque vers, on applaudissait à toutes les scènes. A la fin, ce furent des acclamations : on y trouvait la délicatesse d'Aristophane, l'élégance de Plaute, le *vis comica* de Térence, et l'on ne savait quelle pièce de Molière mettre à côté de celle-ci. Après cette épreuve, il n'y eut plus à balancer. Les comédiens ne furent pas de l'avis des beaux-esprits; mais on savait d'avance que ces gens-là n'avaient point de goût; et il y eut ordre de jouer la pièce. Agathe, qui avait assisté à la lecture, avait applaudi de toutes ses forces; il y avait même des endroits pathétiques où elle avait paru attendrie; et son enthousiasme pour l'ouvrage l'avait un peu réconciliée avec l'auteur. Serait-il possible, lui dit Célicour, que vous eussiez trouvé cela bon? Excellent, dit-elle, excellent pour nous; et à ces mots, elle s'éloigna sans vouloir lui en dire davantage. Pendant qu'on répétait la pièce, Fintac courait de maison en maison disposer les esprits en faveur d'un poëte naissant, qui donnait, disait-il, de belles espérances. Enfin le grand jour arrive, et le connaisseur assemble à dîner ses amis. Allons, messieurs, dit-il, soutenez votre ouvrage. Vous avez trouvé la pièce admirable, vous en avez garanti le succès; et il y va de votre honneur. Pour moi, vous savez quelle est ma faiblesse; j'ai des entrailles de père pour tous les talents qui s'élèvent, et je sens aussi vivement qu'eux-mêmes les inquiétudes qu'ils éprouvent dans ces terribles moments.

Après le dîné, les bons amis du connaisseur embrassèrent tendrement Célicour, et lui dirent qu'ils allaient au parterre, pour être les témoins, plutôt que les instruments de son triomphe. Ils s'y rendirent en effet. On joua la pièce: elle ne fut point achevée; et le premier signal de l'impatience fut donné par ces bons amis.

Fintac était dans l'amphithéâtre, tremblant et pâle comme la mort; mais pendant tout le temps que le spectacle se soutint, ce père malheureux et tendre fit des efforts incroyables pour encourager les spectateurs à secourir son enfant. Enfin il le vit expirer; et alors succombant à sa douleur, il se traîna dans son carrosse, confondu, anéanti, et se plaignant au Ciel de l'avoir fait naître dans un siècle si dépravé. Et où était le pauvre Célicour? Hélas! on lui avait accordé les honneurs de la loge grillée, où, sur un fagot d'épines, il avait vu ce qu'on appelait sa pièce chanceler au premier acte, trébucher au second, et tomber au troisième. Fintac lui avait promis de l'aller prendre, et l'avait oublié. Que devenir? Comment s'échapper à travers cette multitude qui ne manquerait pas de le reconnaître et de le montrer au doigt? Enfin, voyant la salle vide et les lumières éteintes, il prit courage, et descendit; mais les foyers, les corridors, l'escalier étaient encore pleins; sa consternation le fit remarquer, et il entendait de tous côtés: C'est lui, sans doute; oui, le voilà, c'est lui. Le malheureux! c'est dommage! il fera mieux une autre fois. Il aperçut dans un coin un groupe d'auteurs sifflés, qui se moquaient de leur camarade. Il vit aussi les bons amis de Fintac, qui triomphaient de sa chûte, et qui, en le voyant, lui tournèrent le dos. Accablé de confusion et de douleur, il se rendit chez l'auteur véritable ; et son premier soin fut de demander Agathe. Il eut toute liberté de la voir ; car l'oncle s'était enfermé dans son cabinet. Je vous l'avais prédit : elle est tombée, et tombée honteusement, dit Célicour en se jetant dans un fauteuil. Tant mieux, dit Agathe. — Eh quoi, tant mieux ! quand votre amant est couvert de honte, et qu'il se rend, pour vous complaire, la fable et la risée de tout Paris ! Ah ! c'en est trop. Non, mademoiselle, il n'est pas temps de plaisanter. Je vous aime plus que ma vie ; mais dans l'état d'humiliation où je me vois, je suis capable de renoncer et à la vie et à vous-même. Je ne sais à quoi il a tenu que le secret ne m'ait échappé. C'est peu de m'exposer au mépris public, votre cruel oncle m'y abandonne ! Je le connais, il sera le premier à rougir de me revoir ; et ce que j'ai fait pour vous obtenir m'en interdit peut-être à jamais l'espérance. Qu'il se prépare cependant à reprendre sa pièce ou à me donner votre main. Il n'y a que ce moyen de me consoler et de m'obliger au silence. Le Ciel m'est témoin que si, par impossible, son ouvrage avait réussi, je lui en aurais rendu la gloire : il est tombé, j'en supporte la honte ; mais c'est un effort de l'amour dont vous seule pouvez être le prix. Il faut avouer, dit la maligne Agathe afin de l'irriter encore, qu'il est cruel de se voir sifflé pour un autre. — Cruel! au point que je ne voudrais pas jouer ce rôle pour mon père. — Avec quel air de mépris on voit passer un malheureux dont la pièce est tombée! — Le mépris est injuste, on s'en console; mais l'orgueilleuse pitié, c'est là ce qui est humiliant. — Je crois que vous étiez bien confus en descendant l'escalier! Avez-vous salué les dames? — J'aurais voulu m'anéantir. — Pauvre garçon! Et comment oserez-vous reparaître dans le monde? — Je n'y paraîtrai, je vous jure, qu'avec le nom de votre époux, ou qu'après avoir rejeté sur M. de Fintac l'humiliation de cette chûte. — Vous êtes donc bien résolu à mettre mon oncle au pied du mur? — Très-résolu, n'en doutez pas. Qu'il se décide dès ce soir même. S'il me refuse votre main, tous les journaux vont annoncer qu'il est l'auteur de la pièce sifflée. Et voilà ce que je voulais, dit Agathe en triomphant; voilà l'objet de ces *tant mieux* qui vous impatientaient si fort. Allez voir mon oncle, tenez bon, et soyez assuré que nous serons heureux.

Eh bien! monsieur, qu'en dites-vous? demanda Célicour au connaisseur. — Je dis, mon ami, que le public est un animal stupide, et qu'il faut renoncer à travailler pour lui. Mais consolez-vous, votre ouvrage vous fait honneur dans l'esprit des gens de goût. — Qu'appelez-vous mon ouvrage? c'est bien le vôtre. — Parlez plus bas, je vous conjure, mon cher enfant, parlez plus bas. — Il vous est bien facile de vous modérer, monsieur, vous qui vous êtes sauvé prudemment de la chûte de votre pièce; mais moi qu'elle écrase! — Ah! ne croyez pas qu'une pareille chûte vous fasse tort. Les gens éclairés ont vu dans cet ouvrage des choses qui annoncent le talent. — Non, monsieur, je ne me flatte point, la pièce est mauvaise: j'ai acquis le droit d'en parler avec franchise, et tout le monde est du même avis. Si elle avait eu un plein succès, j'aurais déclaré qu'elle était de vous; si elle avait eu un demi-revers, je l'aurais prise sur mon compte; mais un désastre aussi accablant est au-dessus de mes forces; et je vous prie de vous en charger. — Moi! mon enfant; moi, sur mon déclin, me donner ce ridicule! perdre en un jour une considération qui est l'ouvrage de quarante ans, et qui fait l'espérance de ma vieillesse! auriez-vous bien la cruauté de l'exiger? — N'avez-vous pas celle de me rendre la victime de ma complaisance? Vous savez combien il m'en a coûté. — Je sais tout ce que je vous dois; mais, mon cher Célicour, vous êtes jeune, vous avez le temps de prendre des revanches, et il ne faut qu'un succès pour faire oublier ce malheur: au nom de l'amitié, soutenez-le avec constance, je vous en conjure les larmes aux yeux. — J'y consens, monsieur; mais je sens trop les conséquences d'un premier début pour m'exposer au préjugé qu'il laisse. Je renonce au théâtre, à la poésie, aux belles-lettres. — Oui, c'est bien fait; il y a, pour un jeune homme de votre âge, tant d'autres objets d'ambition. — Il n'y en a qu'un pour moi, monsieur, et il dépend de vous. — Parlez, il n'est point de service que je ne vous rende; qu'exigez-vous? — La main de votre nièce. — La main d'Agathe! — Oui, je l'adore, et c'est elle qui, pour vous plaire, m'a fait consentir à tout ce que vous avez voulu. — Ma nièce est de la confidence? — Oui, monsieur. — Ah! son étourderie aura peut-être... Hola! quelqu'un : vite, ma nièce, qu'elle vienne. — Rassurez-vous; Agathe est moins enfant, moins étourdie qu'elle ne paraît l'être. — Ah! vous me faites trembler... Ma chère Agathe, tu sais ce qui se passe et le malheur qui vient d'arriver? — Oui, mon oncle. — As-tu révélé ce fatal secret à personne? — A personne au monde. — Y puis-je bien compter? — Oui, je vous le jure. — Eh bien! mes enfants, qu'il meure avec nous trois; je vous le demande comme la vie. Agathe, Célicour vous aime; il renonce, par amitié pour moi, au théâtre, à la poésie, aux lettres; et je lui dois votre main pour prix d'un si grand sacrifice. Il est trop payé! s'écria Célicour en saisissant la main d'Agathe. J'épouse un auteur malheureux, dit-elle en souriant; mais je me charge de le consoler de son infortune; le pis aller est qu'on lui refuse de l'esprit, et tant d'honnêtes gens s'en passent! Or çà, mon cher oncle, voilà Célicour qui renonce à la gloire d'être poëte; ne feriez-vous pas bien de renoncer à celle d'être connaisseur? vous en seriez bien plus tranquille. Agathe fut interrompue par l'arrivée de Clément, valet de chambre affidé de son oncle. Ah! monsieur, dit-il tout essoufflé, vos amis, vos bons amis! — Eh bien! Clément? — J'étais au parterre; ils y étaient tous. — Je le sais bien. Ont-ils applaudi? — Applaudi! les traîtres! Si vous aviez vu avec quelle fureur ils ont déchiré ce malheureux jeune homme. Je vous demande mon congé, si ces gens-là rentrent chez vous. Ah! les lâches! dit Fintac. Oui, c'en est fait, je brûle mes livres, et romps tout commerce avec les gens de lettres. Gardez vos livres pour votre amusement, dit Agathe en embrassant son oncle; et à l'égard des gens de lettres, n'en veuillez faire que vos amis, et vous en verrez d'estimables.

L'HEUREUX DIVORCE.

L'inquiétude et l'inconstance ne sont, dans la plupart des hommes, que la suite d'un faux calcul. Une prévention trop avantageuse pour les biens qu'on désire, fait qu'on éprouve, dès qu'on les possède, ce mal-aise et ce dégoût qui ne nous laissent jouir de rien. L'imagination détrompée et le cœur mécontent se portent à de nouveaux objets dont la perspective nous éblouit à son tour et dont l'approche nous désabuse. Ainsi, d'illusion en illusion, l'on passe sa vie à changer de chimère; c'est la maladie des ames vives et délicates; la nature n'a rien d'assez parfait pour elles; de-là vient qu'on a mis tant de gloire à fixer le goût d'une jolie femme.

Lucile, au couvent, s'était peint les charmes de l'amour et les délices du mariage avec le coloris d'une imagination de quinze ans, dont rien encore n'avait terni la fleur.

Elle n'avait vu le monde que dans ces fictions ingénieuses, qui sont le roman de l'humanité. Il n'en coûte rien à un homme éloquent pour donner à l'amour et à l'hymen tous les charmes qu'il imagine. Lucile, d'après ces tableaux, voyait les amants et les époux comme ils ne sont que dans les fables, toujours tendres et passionnés, ne disant que des choses flatteuses, occupés uniquement du soin de plaire, ou par des hommages nouveaux, ou par des plaisirs variés sans cesse.

Telle était la prévention de Lucile, quand on vint la tirer du couvent pour épouser le marquis de Lisère. Sa figure intéressante et noble la prévint favorablement. Ses premiers entretiens achevèrent de déterminer l'irrésolution de son ame. Elle ne voyait point encore, dans le marquis, l'ardeur d'un amour passionné; mais elle pensait assez modestement d'elle-même pour ne pas prétendre l'enflammer d'un premier coup-d'œil. Ce goût, tranquille dans sa naissance, allait faire des progrès rapides; il fallait lui en donner le temps. Cependant le mariage fut conclu et terminé avant que l'inclination du marquis fût devenue une passion violente.

Rien de plus vrai, de plus solide que le caractère du marquis de Lisère. En épousant une jeune personne, il se proposait, pour la rendre heureuse, de commencer par être son ami, persuadé qu'un honnête homme fait tout ce qu'il veut d'une femme bien née quand il a gagné sa confiance; et qu'un époux qui se fait craindre invite sa femme à le tromper, et l'autorise à le haïr.

Pour suivre le plan qu'il s'était tracé, il était

essentiel de n'être point amant passionné; la passion ne connaît point de règle. Il s'était bien consulté, avant de s'engager, sur l'espèce de goût que lui inspirait Lucile, résolu de n'épouser jamais celle dont il serait follement épris. Lucile ne trouva dans son mari que cette amitié vive et tendre, cette complaisance attentive et soutenue, cette volupté douce et pure, cet amour enfin, qui n'a ni accès ni langueur. D'abord elle se flattait que l'ivresse, l'enchantement, les transports, auraient leur tour; l'ame de Lisère fut inaltérable.

Cela est singulier, disait-elle; je suis jeune, je suis belle, et mon mari ne m'aime pas! Je lui appartiens, c'en est assez pour me posséder avec froideur; mais aussi pourquoi le laisser tranquille? Peut-il désirer ce qui est à lui sans réserve et sans trouble? Il serait passionné s'il était jaloux. Que les hommes sont injustes! il faut les tourmenter pour leur plaire. Soyez tendre, fidèle, empressée, ils se négligent, ils vous dédaignent. L'égalité du bonheur les ennuie. Le caprice, la coquetterie, l'inconstance, les réveillent, les excitent; ils n'attachent de prix au plaisir qu'autant qu'il leur coûte des peines. Lisère, moins sûr d'être aimé, en serait mille fois plus amoureux lui-même. Cela est aisé, soyons à la mode. Tout ce qui m'environne m'offre assez de quoi l'inquiéter, s'il est capable de jalousie.

D'après ce beau projet, Lucile joua la dissipation, la coquetterie; elle mit du mystère dans ses démarches; elle se fit des sociétés dont le marquis n'était pas. Ne l'ai-je pas prévu, disait-il en lui-même, que j'avais une femme comme une autre? Au bout de six mois de mariage elle commence à s'en ennuyer. Je serais un joli homme si j'étais amoureux de ma femme! Heureusement mon goût et mon estime pour elle me laissent toute ma raison; il faut en faire usage, dissimuler, me vaincre, et n'employer, pour la retenir, que la douceur et les bons procédés. Ils ne réussissent pas toujours; mais les reproches, les plaintes, la gêne et la violence réussissent encore moins. La modération, la complaisance, la tranquillité du marquis achevaient d'impatienter Lucile. Hélas! disait-elle, j'ai beau faire, cet homme-là ne m'aimera jamais; c'est une de ces ames froides que rien n'émeut, que rien n'intéresse; et je suis condamnée à passer ma vie avec un marbre qui ne sait aimer ni haïr! O délices des ames sensibles! charme des cœurs passionnés! Amour, qui nous élèves au ciel sur tes ailes enflammées! où sont ces traits brûlants dont tu blesses les amants heureux? où est l'ivresse où tu les plonges? où sont ces transports ravissants qu'ils s'inspirent tour-à-tour? Où ils sont? poursuivait-elle; dans l'amour libre et indépendant, dans l'abandon de deux cœurs qui se donnent eux-mêmes. Et pourquoi le marquis serait-il passionné? Quel sacrifice lui ai-je fait? par quels traits courageux, par quel dévouement héroïque ai-je ému la sensibilité de son ame? Où est le mérite d'avoir obéi, d'avoir accepté pour époux un jeune homme aimable et riche qu'on a choisi sans mon aveu? Est-ce à l'amour à se mêler d'un mariage de convenance? Cependant est-ce là le sort d'une femme de seize ans, à qui, sans vanité, la nature a donné de quoi plaire, et plus encore de quoi aimer? Car enfin je ne puis me dissimuler ni les grâces de ma figure, ni la sensibilité de mon cœur. A seize ans, languir sans espoir dans une froide indifférence, et voir s'écouler sans plaisir au moins une vingtaine d'années qui pourraient être délicieuses! Je dis une vingtaine au moins; et ce n'est pas vouloir ennuyer le monde que d'y renoncer avant quarante ans. Cruelle famille! est-ce pour toi que j'ai pris un époux? Tu m'as choisi un honnête homme; le rare présent que tu m'as fait! S'ennuyer avec un honnête homme, et s'ennuyer toute sa vie! En vérité, cela est bien dur.

Le mécontentement dégénéra bientôt en humeur du côté de Lucile; et Lisère crut enfin s'apercevoir qu'elle l'avait pris en aversion. Ses amis lui déplaisaient, leur société lui était importune; elle les recevait avec une froideur capable de les éloigner. Le marquis ne put dissimuler plus longtemps. Madame, dit-il à Lucile, l'objet du mariage est de se rendre heureux; nous ne le sommes pas ensemble; et il est inutile de nous piquer d'une constance qui nous gêne. Notre fortune nous met en état de nous passer l'un de l'autre, et de reprendre cette liberté dont nous nous sommes fait imprudemment un mutuel sacrifice. Vivez chez vous, je vivrai chez moi; je ne vous demande pour moi que de la décence, et les égards que vous vous devez à vous-même. Très-volontiers, monsieur, lui répondit Lucile avec la froideur du dépit; et dès ce moment tout fut arrangé pour que madame eût son équipage, sa table, ses gens, en un mot, sa maison à elle.

Le souper de Lucile devint bientôt un des plus brillants de Paris. Sa société fut recherchée par tout ce qu'il y avait de jolies femmes et d'hommes galants. Mais il fallait que Lucile eût quelqu'un; et c'était à qui l'engagerait dans ce premier pas, le seul, dit-on, qui soit difficile. Cependant elle jouissait des hommages d'une cour brillante; et son cœur, irrésolu encore, semblait ne suspendre son choix que pour le rendre plus flatteur. On crut voir enfin celui qui devait le déterminer. A l'approche du comte de Blamzé, tous les aspirants baissèrent le ton. C'était l'homme de la cour le plus redoutable pour une jeune femme. Il était décidé qu'on ne pouvait lui résister; et l'on s'en épargnait la peine. Il était beau comme le jour, se présentait avec grâce, parlait peu, mais très-bien; et s'il disait des choses communes, il les rendait intéressantes par le son de voix le plus flatteur, et le plus beau regard du monde. On n'osait dire que Blamzé fût un fat, tant sa fatuité avait de noblesse. Une hauteur modeste formait son caractère ; il décidait de l'air du monde le plus doux, et du ton le plus laconique; il écoutait les contradictions avec bonté, n'y répondait que par un sourire; et si on le pressait de s'expliquer, il souriait encore et gardait le silence, ou répétait ce qu'il avait dit. Jamais il n'avait combattu l'avis d'un autre, jamais il n'avait pris la peine de rendre raison du sien; c'était la politesse la plus attentive, et la présomption la plus décidée qu'on eût encore vu réunies dans un jeune homme de qualité.

Cette assurance avait quelque chose d'imposant qui le rendait l'oracle du goût et le législateur de la mode. On n'était sûr d'avoir bien choisi le dessin d'un habit ou la couleur d'une voiture, qu'après que Blamzé avait applaudi d'un coup-d'œil. *Il est bien, elle est jolie,* étaient de sa bouche des mots précieux, et son silence un arrêt accablant. Le despotisme de son opinion s'étendait jusques sur la beauté, les talents, l'esprit et les grâces. Dans un cercle de femmes, celle qu'il avait honorée d'une attention particulière était à la mode dès ce même instant.

La réputation de Blamzé l'avait précédé chez Lucile; mais les déférences que lui marquaient ses rivaux eux-mêmes redoublèrent l'estime qu'elle avait pour lui. Elle fut éblouie de sa beauté, et plus surprise encore de sa modestie. Il se présenta de l'air le plus respectueux, s'assit à la dernière place; mais bientôt tous les regards se dirigèrent sur lui. Sa parure était un modèle de goût, tous les jeunes gens qui l'environnaient l'étudiaient avec une attention scrupuleuse. Ses dentelles, sa broderie, sa coiffure, on examinait tout; on écrivait les noms de ses marchands et de ses ouvriers. Cela est singulier, disait-on, je ne vois ces dessins, ces couleurs qu'à lui. Blamzé avouait modestement qu'il lui en coûtait peu de soin. L'industrie, disait-il, est au plus haut point; il n'y a qu'à l'éclairer et à la conduire. Il prenait du tabac en disant ces mots, et sa boîte excitait une curiosité nouvelle; elle était cependant d'un jeune artiste que Blamzé tirait de l'oubli. On lui demandait le prix de tout; il répondait en souriant, qu'il ne savait le prix de rien; et les femmes se disaient à l'oreille le nom de celle qui était chargée de ces détails.

Je suis honteux, madame, dit Blamzé à Lucile, que ces bagatelles occupent une attention qui devrait se réunir sur un objet bien plus intéressant. Pardon, si je me prête aux questions frivoles de cette jeunesse; jamais complaisance ne m'a tant coûté. J'espère, ajouta-t-il tout bas, que vous voudrez bien me permettre de venir m'en dédommager dans quelque moment plus tranquille. J'en serai fort aise, répondit Lucile en rougissant; et à sa rougeur, et au sourire tendre dont Blamzé accompagna une révérence respectueuse, l'assemblée jugea que l'intrigue ne traînerait pas en longueur. Lucile, qui ne sentait pas la conséquence de quelques mots dits à l'oreille, et qui ne croyait pas avoir donné un rendez-vous, fit à peine attention aux regards d'intelligence que les femmes se lançaient, et aux légères plaisanteries qui échappaient aux hommes. Elle se livra insensiblement à ses réflexions, et fut rêveuse toute la soirée. On ramena souvent le propos sur Blamzé. Tout le monde en dit du bien; ses rivaux en parlaient avec estime; les rivales de Lucile en parlaient avec complaisance. Personne n'était plus honnête, plus galant, plus respectueux; et de vingt femmes dont il avait eu à se louer, aucune n'avait eu à s'en plaindre. Alors Lucile devenait attentive; rien ne lui échappait. Vingt femmes! disait-elle en elle-même, cela est bien fort! mais faut-il en être surpris? il en cherche une qui soit digne de le fixer, et capable de se fixer elle-même.

On espérait le lendemain qu'il viendrait de bonne heure et avant la foule; on l'attendit, on fut inquiète; il ne vint point, on eut de l'humeur; il écrivit, on lut son billet, et l'humeur cessa. Il était désespéré de perdre les plus beaux moments de sa vie; des importuns l'excédaient; il eût voulu pouvoir s'échapper; mais ces importuns étaient des personnages. Il ne pouvait être heureux que le jour suivant; mais il conjurait Lucile de le recevoir le matin, pour abréger, disait-il, de quelques heures les ennuis cruels de l'absence. La société s'assembla comme de coutume; et Lucile reçut son monde avec une froideur dont on fut piqué. Nous n'aurons pas Blamzé ce soir, dit Clarice avec l'air affligé, il va souper à la petite maison d'Araminte. A ces mots, Lucile pâlit; et la gaîté qui régnait autour d'elle ne fit que redoubler la douleur qu'elle tâchait de dissimuler. Son premier mouvement fut de ne plus revoir le perfide; mais Clarice avait voulu peut-être, ou par malice ou par jalousie, lui donner un tort qu'il n'avait pas. Ce n'était, après tout, s'engager à rien que de le voir encore une fois; et avant de le condamner, il était juste de l'entendre.

Comme elle était à sa toilette, Blamzé arrive en polisson; mais le plus élégant polisson du monde. Lucile fut un peu surprise de voir paraître en négligé un homme qu'elle connaissait à peine; et s'il lui en avait donné le temps, peut-être se serait-elle fâchée. Mais il lui dit tant de jolies choses sur la fraîcheur de son teint, sur la beauté de ses cheveux, sur l'éclat de son réveil, qu'elle n'eut pas le courage de se plaindre. Cependant Araminte ne lui sortait pas de l'idée; mais il n'eût pas été décent de paraître sitôt jalouse; et un reproche pouvait la trahir. Elle se contenta de lui demander ce qu'il avait fait la veille. — Ce que j'ai fait! et le sais-je moi-même? Ah! que le monde est fatigant! qu'on est heureux d'être oublié loin de la foule, d'être à soi, d'être à ce qu'on aime! Croyez-moi, Lucile, défendez-vous de ce tourbillon qui vous environne; plus de repos, plus de liberté, si-tôt qu'on s'y laisse entraîner. A propos de tourbillon, que faites-vous de ces jeunes gens qui composent votre cour? Ils se disputent votre conquête. Avez-vous daigné faire un choix? La tranquille familiarité de Blamzé avait d'abord étonné Lucile; cette question acheva de l'interdire. Je suis indiscret peut-être? reprit Blamzé, qui s'en aperçut. Point du tout, répondit Lucile avec douceur; je n'ai rien à dissimuler, et je ne crains pas que l'on me devine. Je m'amuse de la légèreté de cette jeunesse évaporée, mais pas un d'eux ne me semble digne d'un attachement sérieux. Blamzé parla de ses rivaux avec indulgence, et trouva que Lucile les jugeait trop sévèrement. Cléon, par exemple, disait-il, a de quoi être aimable; il ne sait rien encore; c'est dommage, car il parle assez bien des choses qu'il ne sait pas, et il me prouve qu'avec de l'esprit on se passe du sens commun. Clairfon est un étourdi; mais c'est le premier feu de l'âge; et il n'a besoin que d'être discipliné par une femme qui ait vécu. Le caractère de Pomblac annonce un homme à sentiment; et cette naïveté, qui ressemble à de la bêtise, me plairait assez, si j'étais femme; quelque coquette en fera son profit. Le petit Linval est suffisant; mais il n'aura pas été supplanté cinq ou six fois, qu'on sera surpris de le voir modeste. Quant à-présent, poursuivit Blamzé, rien de tout cela ne vous convient. Cependant vous voilà libre; que faites-vous de cette liberté? Je tâche d'en jouir, répondit Lucile. C'est une enfance, reprit le comte : on ne jouit de sa liberté qu'au moment qu'on y renonce; et l'on ne doit la conserver avec soin qu'afin de la perdre à-propos. Vous êtes jeune, vous êtes belle; ne vous flattez pas d'être long-temps à vous même; si vous ne donniez pas votre cœur, il se donnerait tout seul; mais parmi ceux qui peuvent y prétendre, il est important de choisir. Dès que vous aimerez, et quand vous n'aimeriez pas, vous serez aimée infailliblement; ce n'est point là ce qui m'inquiète; mais à votre âge on a besoin de trouver, dans un amant, un conseil, un guide, un ami, un homme formé par l'usage du monde, et en état de vous éclairer sur les dangers que vous y allez courir. Un homme comme vous, par exemple, dit Lucile d'un ton ironique et avec un sourire moqueur. Vraiment oui, continua Blamzé; je serais assez votre fait, sans tout ce monde qui m'assiége; mais le moyen de m'en débarrasser? N'en faites rien, reprit Lucile, vous exciteriez trop de plaintes, et vous m'attireriez trop d'ennemis. Pour les plaintes, dit froidement le comte, j'y suis accoutumé. A l'égard des ennemis, l'on ne s'en met guère en peine, lorsqu'on a de quoi se suffire, et le bon sens de vivre pour soi. A mon âge, dit Lucile en souriant, on est trop timide encore; et quand il n'y aurait à essuyer que le désespoir d'une Araminte, cela seul me ferait trembler. Une Araminte ? reprit Blamzé sans s'émouvoir, une Araminte est une bonne femme qui entend raison, et qui ne se désespère point. Je vois qu'on vous en a parlé ; voici mon histoire avec elle. Araminte est une de ces beautés qui, se voyant sur leur déclin, pour ne pas tomber dans l'oubli, et pour ranimer leur considération expirante, ont besoin de temps en temps de faire un éclat dans le monde. Elle m'a engagé à lui rendre quelques soins, et à lui marquer quelque empressement. Il n'eût pas été honnête de la refuser ; je me suis prêté à ses vues. Pour donner plus de célébrité à notre aventure, elle a voulu prendre une petite maison. J'ai eu beau lui représenter que ce n'était pas la peine, pour un mois tout au plus que j'avais à lui donner ; la petite maison a été meublée à mon insu, et le plus galamment du monde. On m'a fait promettre, et c'était là le grand point, d'y souper avec l'air du mystère ; c'était hier le jour annoncé. Araminte, pour plus de secret, n'y avait invité que cinq de ses amies, et ne m'avait permis d'y amener qu'un pareil nombre de mes amis. J'y allai donc ; j'eus l'air du plaisir, je fus galant, empressé auprès d'elle ; en un mot, je laissai partir les convives, et ne me retirai qu'une demi-heure après eux ; c'est là, je crois, tout ce qu'exigeait la bienséance ; aussi Araminte fut-elle enchantée de moi. C'en est assez pour lui attirer la vogue; et je puis désormais prendre congé d'elle quand il me plaira, sans avoir aucun reproche à craindre. Voilà, madame, quelle est ma façon de me conduire. La réputation d'une femme m'est aussi chère que la mienne; je vous dirai plus; il ne m'en coûte rien de faire à sa gloire le sacrifice de ma vanité. Le plus grand malheur pour une femme à prétentions, c'est d'être quittée : je ne quitte jamais, je me fais renvoyer, je fais semblant même d'en être inconsolable; et il m'est arrivé quelquefois de m'enfermer trois jours de suite sans voir personne, pour laisser à celle dont je me détachais tous les honneurs de la rupture. Vous voyez, belle Lucile, que les hommes ne sont pas tous aussi mal-honnêtes qu'on le dit, et qu'il y a encore parmi nous des principes et des mœurs.

Lucile, qui n'avait lu que les romans du temps passé, n'était point accoutumée à ce nouveau style, et sa surprise redoublait à chaque mot qu'elle entendait. Quoi! monsieur, dit-elle, c'est là ce que vous appelez des mœurs et des principes! — Oui, madame, mais cela est rare, et la considération singulière que mes procédés m'ont acquise ne fait pas l'éloge de nos jeunes gens. En honneur, plus j'y pense, plus je voudrais, pour votre intérêt même, que vous eussiez quelqu'un comme moi. Je me flatte, dit Lucile, que je serais ménagée comme une autre, et qu'au moins n'aurais-je pas le désagrément d'être quittée. — C'est une plaisanterie, madame; mais ce qui n'en est pas une, c'est que vous méritez un homme qui pense, et qui sache développer les qualités de l'esprit et du cœur que je crois démêler en vous. Lisère est un bon enfant; mais il n'aurait jamais su tirer parti de sa femme, et en général le désir de plaire à un mari n'est pas assez vif pour qu'on se donne la peine d'être aimable avec lui jusqu'à un certain point. Heureusement qu'il vous laisse à votre aise, et vous ne seriez pas digne d'un procédé aussi raisonnable, si vous perdiez le temps le plus précieux de votre vie dans l'indolence ou dans la dissipation.

Je ne crains, dit Lucile, de tomber dans aucun de ces deux excès. — On ne voit pourtant que cela dans le monde. — Je le sais bien, monsieur, et voilà pourquoi je serais difficile dans le choix, si j'avais dessein d'en faire un; car je ne pardonne un attachement qu'autant qu'il est solide et durable. — Quoi! Lucile, à votre âge, vous piqueriez-vous de constance? En vérité, si je le croyais, je serais capable de faire une folie. — Et cette folie serait? — D'être sage, et de m'attacher tout de bon. — Sérieusement, vous auriez ce courage? — Ma foi, j'en ai peur, si vous voulez que je vous parle vrai. — Voilà une singulière déclaration! — Elle est assez mal tournée; mais je vous prie de me pardonner; c'est la première de ma vie. — La première? dites-vous. —

Oui, madame; jusqu'ici on avait eu la bonté de m'épargner les avances; mais je vois bien que je vieillis. — Eh bien! monsieur, pour la rareté du fait, je vous pardonne ce coup d'essai. Je ferai plus encore, je vous avouerai qu'il ne peut me déplaire. — En vérité? Cela est heureux! Madame approuve que je l'aime! Et me fera-t-elle aussi l'honneur de m'aimer? — Ah! c'est autre chose: le temps m'apprendra si vous le méritez. — Regardez-moi, Lucile. — Je vous regarde. — Et vous ne riez pas? — De quoi rirais-je? — De votre réponse. Me prenez-vous pour un enfant? — Je vous parle raison, ce me semble. — Et c'est pour me parler raison que vous m'avez fait l'honneur de m'accorder un tête-à-tête? — Je ne croyais pas que pour être raisonnable nous eussions besoin de témoins. Après tout, que vous ai-je dit à quoi vous n'ayez dû vous attendre? Je vous trouve des grâces, de l'esprit, un air intéressant et noble. — Vous avez bien de la bonté. — Mais ce n'est pas assez pour mériter ma confiance et pour déterminer mon inclination. — Ce n'est pas assez, madame? Excusez du peu. Et que faut-il de plus, s'il vous plaît? — Une connaissance plus approfondie de votre caractère, une persuasion plus intime de vos sentiments pour moi. Je ne vous promets rien, je ne me défends de rien : vous avez tout à espérer, mais rien à prétendre; c'est à vous de voir si cela vous convient. — Rien ne doit coûter sans doute, belle

Lucile, pour vous mériter et vous obtenir; mais, de bonne foi, voulez-vous que je renonce à tout ce que le monde a de charmes pour faire dépendre mon bonheur d'un avenir incertain? Je suis, vous le savez, et je ne m'en fais pas accroire, je suis l'homme de France le plus recherché : soit goût, soit caprice, il n'importe; c'est à qui m'aura, ne fût-ce qu'en passant. Vous avez raison, dit Lucile; j'étais injuste, et vos moments sont trop précieux. — Non, je l'avoue de bonne foi; je suis las d'être à la mode; je cherchais un objet qui pût me fixer; je l'ai trouvé, je m'y attache : rien de plus heureux; mais encore faut-il que ce ne soit pas en vain. Vous voulez le temps de la réflexion; je vous donne vingt-quatre heures; je crois que cela est bien honnête, et je n'en ai jamais tant donné. J'ai la réflexion trop lente, reprit Lucile, et vous êtes trop pressé pour nous accorder sur ce point. Je suis jeune, peut-être sensible; mais mon âge et ma sensibilité ne m'engageront jamais dans une démarche imprudente. Je vous l'ai dit : si mon cœur se donne, le temps, les épreuves, la réflexion, la douce habitude de la confiance et de l'estime, l'auront décidé dans son choix. — Mais, madame, de bonne foi, croyez-vous trouver un homme aimable assez désœuvré pour perdre son temps à filer une intrigue? et vous-même, prétendez-vous passer votre jeunesse à consulter si vous aimerez? Je ne sais, répondit Lucile, si j'aimerai jamais, ni quel temps j'emploierai à m'y résoudre; mais ce temps ne sera pas perdu, s'il m'épargne des regrets. Je vous admire, madame, je vous admire, dit Blamzé en prenant congé d'elle; mais je n'ai pas l'honneur d'être de l'ancienne chevalerie, et je n'étais pas venu si matin pour composer avec vous un roman.

Lucile, étourdie de la scène qu'elle venait d'avoir avec Blamzé, passa bientôt de l'étonnement à la réflexion. C'est donc là, dit-elle, l'homme à la mode, l'homme aimable par excellence! Il daigne me trouver jolie, et s'il me croyait capable de constance, il ferait la folie de m'aimer tout de bon! Encore n'a-t-il pas le loisir d'attendre que je me sois consultée; il fallait saisir le moment de lui plaire, me décider dans les vingt-quatre heures; il n'en a jamais tant donné. Est-ce donc ainsi que les femmes s'avilissent et que les hommes leur font la loi? Heureusement il s'est fait connaître. Sous cet air modeste qui m'avait séduite, quelle suffisance, quelle présomption! Ah! je vois que le malheur le plus humiliant pour une femme est celui d'aimer un fat.

Le même jour, après l'opéra, la société de Lucile étant assemblée, Pomblac vint lui dire, avec l'air du mystère, qu'elle n'aurait à souper ni Blamzé, ni Clairfons. A la bonne heure, dit-elle : je n'exige pas de mes amis une assiduité qui les gêne; il y a même telles gens dont l'assiduité me gênerait. Si Blamzé était de ce nombre, reprit ingénuement Pomblac, Clairfons vous en a délivrée au moins pour quelque temps. — Comment cela? — Ne vous effrayez point; tout s'est passé le mieux du monde. — Eh quoi! monsieur, que s'est-il passé? — Après l'opéra, la toile baissée, nous étions sur le théâtre, et, selon notre usage, nous écoutions Blamzé décidant sur tout. Après nous avoir dit son avis sur le chant, la danse, les décorations, il nous a demandé si nous soupions chez la petite marquise. (Pardon, madame, c'est de vous qu'il parlait.) Nous lui avons répondu qu'oui. Je n'en serai point, a-t-il dit; depuis ce matin nous nous boudons. J'ai demandé quel pouvait être le sujet de cette bouderie. Blamzé nous a raconté que vous lui aviez donné un rendez-vous; qu'il y avait manqué, que vous en aviez été piquée; qu'il avait réparé cela ce matin; que vous faisiez l'enfant; qu'il s'était pressé de conclure, que vous aviez demandé le temps de la réflexion; et qu'ennuyé de vos *si* et de vos *mais*, il vous avez plantée là. Il nous a dit que vous vouliez débuter par un engagement sérieux; qu'il en avait eu quelque envie, mais qu'il n'avait pas assez de moments à lui; qu'en calculant les forces de la place, il avait jugé qu'elle pouvait soutenir un siége, et qu'il n'était bon, lui, que pour les coups-de-main. C'est un exploit digne de quelqu'un de vous, a-t-il ajouté : vous êtes jeunes, c'est l'âge où l'on aime à trouver des difficultés pour les vaincre; mais je vous préviens que la vertu est son fort, et que le sentiment est son faible. Tout était dit, si j'avais pris la peine de jouer l'amant passionné. J'étais bien persuadé qu'il mentait, reprit le jeune homme; mais j'ai eu la prudence de me taire. Clairfons n'a pas été aussi patient que moi; il lui a témoigné qu'il ne croyait pas un mot de son histoire. A ce propos, ils sont sortis ensemble. Je les ai suivis. Clairfons a reçu un coup d'épée. — Et Blamzé? — Blamzé en tient deux dont il guérira difficilement. Tandis que je lui aidais à gagner son carrosse, si Clairfons, m'a-t-il dit, sait tirer avantage de cette aventure, il aura Lucile. Une femme se défend mal contre un homme qui la défend si bien. Dis-lui que je le dispense du secret avec elle; il est juste qu'elle sache ce qu'elle doit à son chevalier.

Lucile eut toutes les peines du monde à cacher le trouble et la frayeur dont ce récit l'avait pénétrée; elle feignit un mal de tête; et l'on sait qu'un mal de tête, pour une jolie femme, est une manière civile de congédier les importuns. On la laissa seule au sortir de table.

Livrée à elle-même, Lucile ne se consolait pas d'être le sujet d'un combat qui allait la rendre la fable du monde. Elle était vivement touchée de la chaleur avec laquelle Clairfons avait vengé son injure; mais quelle humiliation pour elle si cette aventure faisait un éclat, et si Lisère en était instruit! Heureusement le secret fut gardé,

Pomblac et Clairfons se firent un devoir de ménager l'honneur de Lucile; et Blamzé, guéri de ses blessures, n'eut garde de se vanter d'une imprudence dont il était si bien puni. On demandera peut-être comment un homme si discret jusqu'alors avait tout-à-coup cessé de l'être? C'est qu'on est moins tenté de publier les faveurs qu'on obtient, que de se venger des rigueurs qu'on éprouve. Cette première indiscrétion faillit à lui coûter la vie; il fut un mois au bord du tombeau. Clairfons eut moins de peine à guérir de sa blessure, et Lucile le revit avec un attendrissement qui lui était inconnu. Si l'on s'attache à quelqu'un qui a exposé sa vie pour nous, on s'attache aussi naturellement à quelqu'un pour qui l'on a exposé sa vie; et de tels services sont peut-être des liens plus forts pour celui qui les a rendus, que pour celui qui en est redevable. Clairfons devint donc éperduement amoureux de Lucile; mais plus elle lui devait de retour, moins il osait en exiger. Il avait un plaisir sensible à se trouver généreux, et il allait cesser de l'être, s'il se prévalait des droits qu'il avait acquis sur la reconnaissance de Lucile : aussi fut-il plus timide auprès d'elle que s'il n'avait rien mérité; mais Lucile lut dans son ame, et cette délicatesse de sentiment acheva de l'intéresser. Cependant la crainte de paraître manquer à la reconnaissance, ou celle de la porter trop loin, lui fit dissimuler la confidence que Pomblac lui avait faite; ainsi la bienveillance qu'elle témoignait à Clairfons paraissait libre et désintéressée, et il en était d'autant plus touché. Leur inclination mutuelle faisait chaque jour des progrès sensibles. Ils se cherchaient des yeux, se parlaient avec intimité, s'écoutaient avec complaisance, se rendaient compte de leurs démarches, à la vérité, sans affectation et comme pour dire quelque chose, mais avec tant d'exactitude, qu'ils savaient, à une minute près, l'heure à laquelle ils devaient se revoir. Insensiblement Clairfons devint plus familier et Lucile moins réservée. Il n'y avait plus qu'à s'expliquer, et pour cela il n'était pas besoin de ces incidents merveilleux que l'amour envoie quelquefois au secours des amants timides. Un jour qu'ils étaient seuls, Lucile laissa tomber son évantail; Clairfons le relève et le lui présente; elle le reçoit avec un doux sourire; ce sourire donne à son amant la hardiesse de lui baiser la main : cette main était la plus belle du monde, et dès que la bouche de Clairfons s'y fut appliquée, elle ne put s'en détacher. Lucile, dans son émotion, fit un léger effort pour retirer sa main; il lui opposa une douce violence, et ses yeux, tendrement attachés sur les yeux de Lucile, achevèrent de la désarmer. Leurs regards s'étaient tout dit avant que leur voix s'en fût mêlée, et l'aveu mutuel de leur amour fut fait et rendu en deux mots. Je respire, nous nous aimons, dit Clairfons enivré de joie. Hélas! oui, nous nous aimons, répondit Lucile avec un profond soupir ; il n'est plus temps de s'en dédire ; mais souvenez-vous que je suis liée par des devoirs ; ces devoirs sont inviolables, et si je vous suis chère, ils vous seront sacrés.

Le penchant de Lucile n'était point de ces amours à la mode qui étouffent la pudeur en naissant ; et Clairfons le respectait trop pour s'en prévaloir comme d'une faiblesse. Enchanté d'être aimé, il borna long-temps ses désirs à la possession délicieuse d'un cœur pur, vertueux, et fidèle. Qu'on aime peu, disait-il lui-même dans son délire, quand on n'est pas heureux du seul plaisir d'aimer ! Quel est le sauvage stupide qui le premier appela rigueur la résistance que la pudeur craintive oppose aux désirs insensés ? Est-il, belle Lucile, est-il un refus que n'adoucissent vos regards ? Puis-je me plaindre, quand vous me souriez ? et mon ame a-t-elle des vœux à former encore, quand mes yeux puisent dans les vôtres cette volupté céleste dont vous enivrez tous mes sens ? Loin de nous, j'y consens, tous ces plaisirs suivis de regrets, qui troubleraient la sérénité de votre vie ! Je respecte votre vertu autant que vous la chérissez ; et je ne me pardonnerais jamais d'avoir fait naître le remords dans le sein de l'innocence même. Des sentiments si héroïques enchantaient Lucile ; et Clairfons, plus tendre chaque jour, était chaque jour plus aimé, plus heureux, plus digne de l'être. Mais enfin les plaisanteries de ses amis, et les soupçons qu'on lui fit naître sur cette vertu qu'il adorait, empoisonnèrent son bonheur. Il devint sombre, inquiet, jaloux : tout l'importunait, tout lui faisait ombrage. Chaque jour Lucile sentait resserrer et appesantir sa chaîne, chaque jour c'étaient de nouvelles plaintes à entendre, de nouveaux reproches à essuyer. Tout homme reçu avec bienveillance était un rival qu'il fallait bannir. Les premiers sacrifices qu'il exigea lui furent faits sans résistance; il en demanda de nouveaux, il les obtint; il en voulut encore, on se lassa de lui obéir. Clairfons crut voir, dans l'impatience de Lucile, un attachement invincible aux liaisons qu'il lui défendait; et cet amour, d'abord si délicat et si soumis, devint farouche et tyrannique. Lucile en fut effrayée; elle tâcha de l'appaiser, mais inutilement. Je ne croirai, lui dit l'impérieux Clairfons, je ne croirai que vous m'aimez que lorsque vous vivrez pour moi seul, comme je vis pour vous seule. Eh! si je possède, si je remplis votre ame, que vous fait ce monde importun ? Doit-il vous en coûter d'éloigner de vous ce qui m'afflige ? M'en coûterait-il de renoncer à tout ce qui vous déplairait ? Que dis-je ? n'est-ce pas une violence continuelle que je me fais, de voir tout ce qui n'est pas Lucile ? Plût au Ciel être délivré de cette foule qui vous assiége, et qui me dérobe à chaque instant ou vos regards ou vos pensées! la solitude, qui vous effraie, mettrait le comble à tous mes vœux. Nos ames ne sont-elles pas de la même nature? ou l'amour que vous croyez ressentir n'est-il pas le même que je ressens? Vous vous plaignez que je vous demande des sacrifices! Exigez, Lucile, exigez à votre tour; choisissez parmi les épreuves, les plus pénibles, les plus douloureuses; vous verrez si je balance. Il n'est point de lien que je ne rompe; il n'est point d'efforts que je ne fasse; ou plutôt je n'en ferai aucun. Le plaisir de vous complaire me dédommagera, me tiendra lieu de tout; et ce qu'on appelle des privations, seront pour moi des jouissances. Vous le croyez, Clairfons, lui répondit la tendre et naïve Lucile; mais vous vous faites illusion. Chacune de ces privations est peu de chose; mais toutes ensemble sont beaucoup. C'est la continuité qui en est fatigante : vous m'avez fait éprouver qu'il n'est point de complaisance inépuisable. Tandis qu'elle parlait ainsi, les yeux de Clairfons, étincelants d'impatience, tantôt se tournaient vers le ciel, tantôt s'attachaient sur elle. Croyez-moi, poursuivit Lucile, les sacrifices du véritable amour se font dans le cœur et sous le voile du mystère; l'amour-propre seul en veut de solennels : pour lui, c'est peu de la victoire; il aspire aux honneurs du triomphe : c'est là ce que vous demandez.

Quelle froide analyse! s'écria-t-il, et quelle vaine métaphysique! C'est bien ainsi que raisonne l'amour! Je vous aime, madame; rien n'est plus vrai pour mon malheur : je sacrifierais mille vies pour vous plaire; et quel que soit ce sentiment, que vous appelez amour-propre, il me détache de l'univers entier pour me livrer uniquement à vous : mais en m'abandonnant ainsi, je veux vous posséder de même. Cléon, Linval, Pomblac, tout cela peut m'inquiéter : je ne réponds pas de moi-même. Après cela, si vous m'aimez, rien ne doit vous être plus précieux que mon repos ; et mon inquiétude, fût-elle une folie, c'est à vous de la dissiper. Mais que dis-je? une folie? Vous ne rendez que trop raisonnables mes alarmes et mes soupçons. Et comment serais-je tranquille, en voyant que tout ce qui vous approche vous intéresse plus que moi?

Ah! monsieur, que je vous dois de reconnaissance! dit Lucile avec un soupir : vous me faites voir la profondeur de l'abyme où l'amour allait m'entraîner. Oui, je reconnais qu'il n'est point d'esclavage comparable à celui qu'impose un amant jaloux. — Moi, madame, je vous rends esclave! N'avez-vous pas vous-même un empire absolu sur moi? Ne disposez-vous pas.... — C'en est assez, monsieur : j'ai souffert long-temps, je me suis flattée; vous me tirez de mon illusion, et rien ne peut m'y ramener. Soyez mon ami, si vous pouvez l'être; c'est le seul titre qui vous reste avec moi. — Ah! cruelle, voulez-vous ma mort? — Je veux votre repos et le mien. — Vous m'accablez. Quel est mon crime? — De vous aimer trop vous-même, et de ne m'estimer pas assez. — Ah! je vous jure.... — Ne jurez de rien; votre jalousie est un vice de caractère, et le caractère ne se corrige pas. Je vous connais, Clairfons, je commence à vous craindre, et je cesse de vous aimer. Dans ce moment, je le vois, ma franchise vous désespère; mais de deux supplices je choisis le plus court; et en vous ôtant le droit d'être jaloux, je vous fais une heureuse nécessité de cesser de l'être. Je vous connais à mon tour, reprit Clairfons avec une fureur étouffée : la délicatesse d'une ame sensible s'accorde mal avec la légèreté de la vôtre : c'est un Blamzé qu'il vous faut pour amant; et j'étais bien fou de trouver mauvais.... N'allez pas plus loin, interrompit Lucile : je sais tout ce que je vous dois; mais je me retire, pour vous épargner la honte de m'en avoir fait un reproche.

Clairfons s'en alla furieux, et bien résolu de ne plus revoir une femme qu'il avait si tendrement aimée, et qui le congédiait avec tant d'inhumanité.

Lucile, rendue à elle-même, se sentit comme soulagée d'un fardeau qui l'accablait. Mais, d'un côté, les dangers de l'amour qu'elle venait de connaître; de l'autre, la triste perspective d'une éternelle indifférence, ne lui laissèrent voir, dans l'avenir, que de cruelles inquiétudes, ou que des ennuis accablants. Eh quoi! disait-elle, le Ciel ne m'a-t-il donné un cœur sensible que pour me rendre le jouet d'un fat, la victime d'un tyran, ou la triste compagne d'une espèce de sage qui ne s'affecte et ne s'émeut de rien? Ces réflexions la plongèrent dans une langueur qu'elle ne put dissimuler : sa société s'en ressentit, et devint bientôt aussi triste qu'elle. Les femmes, dont sa maison était le rendez-vous, en furent alarmées. Elle est perdue, dirent-elles, si nous ne la retirons pas de cet état funeste : la voilà dégoûtée du monde; elle n'aime plus que la solitude : les symptômes de sa mélancolie deviennent chaque jour plus terribles; et à moins de quelque passion violente qui la ranime, il est à craindre qu'elle ne retombe en puissance de mari. Ne connaissons-nous personne qui puisse tourner cette jeune tête? Blamzé lui-même s'y est mal pris, et n'en est pas venu à bout. Pour ce Clairfons, sur lequel nous comptions, c'est un petit sot qui aime comme un fou; il n'est pas étonnant qu'elle en soit excédée. Attendez, dit Céphise après avoir rêvé quelque temps, Lucile a du romanesque dans l'esprit, il lui faut de la féerie, et le magnifique Dorimon est justement l'homme qui lui convient. Elle en raffollera, j'en suis sûre; engageons-la seulement à lui aller demander à souper dans sa belle maison de campagne : je me charge de le prévenir et de lui faire sa leçon. La partie fut acceptée, et Dorimon en fut averti.

Dorimon était l'homme du monde qui savait le mieux quels étaient les plus habiles artistes, qui les accueillait avec le plus de grâces, et qui les récompensait le plus libéralement ; aussi avait-il la réputation de connaisseur et d'homme de goût.

Si dans quelques siècles on lisait ce conte, on le croirait fait à plaisir ; et le séjour que je vais décrire passerait pour un château de fée : mais ce n'est pas ma faute, si le luxe de notre temps le dispute au merveilleux des fables, et si, dans la peinture de nos folies, la vraisemblance manque à la vérité.

Sur les riches bords de la Seine s'élève en amphithéâtre un coteau exposé aux premiers rayons de l'aurore, et aux feux ardents du midi. La forêt qui le couronne le défend du souffle glacé des vents du nord et de l'humide influence du couchant. Du sommet de la colline tombent en cascades trois sources abondantes d'une eau plus pure que le crystal ; la main industrieuse de l'art les a conduites, par mille détours, sur des pentes de verdure. Tantôt ces eaux se divisent et serpentent en ruisseau ; tantôt elles se réunissent dans des bassins où le ciel se plaît à se mirer ; tantôt elles se précipitent et vont se briser contre des rochers taillés en grottes, où le ciseau a imité les jeux variés de la nature. La Seine, qui se courbe au pied de la colline, les reçoit dans son paisible sein, et leur chûte rappelle ce temps fabuleux où les Nimphes des fontaines descendaient dans l'humide palais des fleuves pour y tempérer les ardeurs de la jeunesse et de l'amour.

Un caprice ingénieux semble avoir dessiné les jardins que ces ondes arrosent. Toutes les parties de ce riant tableau sont d'accord, sans monotonie; la symétrie même en est piquante; la vue s'y promène sans lassitude et s'y repose sans ennui. Une élégance noble, une richesse bien ménagée, un goût mâle et pourtant délicat, ont pris soin d'embellir ces jardins. On n'y voit rien de négligé, rien de recherché avec trop d'art. Le concours des beautés simples en fait la magnificence; et l'équilibre des masses, joint à la variété des formes, produit cette belle harmonie qui fait les délices des yeux.

Des bosquets ornés de statues, des treillages façonnés en corbeilles et en berceaux, décorent tous les jardins connus; mais le plus souvent ces richesses, étalées sans intelligence et sans goût, ne causent qu'une admiration froide et triste, que suit de près la satiété. Ici l'ordonnance et l'enchaînement des parties ne fait, de mille sensations diverses, qu'un enchantement continu. Le second objet qu'on découvre ajoute au plaisir que le premier a fait; et l'un et l'autre s'embellissent encore des charmes de l'objet nouveau qui leur succède sans les effacer.

Ce paysage délicieux est terminé par un palais d'une architecture aérienne; l'ordre corinthien lui-même a moins d'élégance et de légèreté. Ici les colonnes imitent les palmiers unis en berceaux. La naissance des palmes forme un chapiteau plus naturel et aussi noble que le vase de Callimaque. Les palmes s'entrelacent dans l'intervalle des colonnes, et leurs volutes naturelles dérobent aux yeux séduits l'épaisseur de l'entablement. Cette architecture a quelque chose de fabuleux, d'aérien, qui ressemble aux palais des fées, ou à ces temples de Diane et de Vénus, qui l'imagination de l'Albane a fait renaître de leurs débris. On ne sait si l'on est à Gnide ou à Délos, dans les jardins d'Armide ou dans l'île d'Alcine.

Le luxe intérieur du palais répond à la richesse des dehors. Tous les arts se sont disputé le soin et la gloire de l'embellir. Les marbres, les métaux, ce précieux argile émaillé de mille couleurs, tout ce que l'industrie a inventé pour les délices de la vie, y est étalé avec une sage profusion; et les Voluptés, filles de l'Opulence, y flattent l'ame par tous les sens.

Lucile fut éblouie de tant de magnificence. La première soirée lui parut un songe; ce ne fut qu'une fête brillante et variée dont elle s'aperçut bien qu'elle était la divinité. L'empressement, la vivacité, la galanterie avec laquelle Dorimon fit les honneurs de ce beau séjour, les changements de scène qu'il produisait d'un seul regard, l'empire absolu qu'il semblait exercer sur les arts et sur les plaisirs, rappelait à Lucile tout ce qu'elle avait lu des plus célèbres enchanteurs. Elle n'osait se fier à ses yeux, et se croyait enchantée elle-même. Si Dorimon eût profité de l'ivresse où elle était plongée, peut-être le songe eût-il fini comme finissent les romans nouveaux; mais Dorimon ne fut que galant, et tout ce qu'il osa se permettre, fut de demander à Lucile qu'elle vînt quelquefois embellir son ermitage; car c'est ainsi qu'il nommait ce séjour.

Les compagnes de Lucile l'avaient observée avec soin. Les plus expérimentées jugèrent que Dorimon s'était trop occupé de sa magnificence, et pas assez de son bonheur. Il fallait saisir, disaient-elles, le premier moment de la surprise; c'est une espèce de ravissement que l'on n'éprouve pas deux fois.

Cependant Lucile, la tête remplie de tout ce qu'elle venait de voir, se faisait de Dorimon lui-même la plus merveilleuse idée. Tant de galanterie supposait une imagination vive et brillante, un esprit cultivé, un goût délicat, et un amant, s'il l'était jamais, tout occupé du soin de plaire. Ce portrait, quoiqu'un peu flatté, ne manquait pas de ressemblance. Dorimon était jeune encore, d'une figure intéressante, et du caractère le plus enjoué. Son esprit était tout en saillies; il avait dans le sentiment peu de chaleur, mais beaucoup de finesse. Personne ne disait des choses plus galantes; mais il n'avait pas le don de les persuader : on aimait à l'entendre, on ne le croyait pas. C'était l'homme du monde le plus séduisant pour une coquette, le moins dangereux pour une femme à sentiment.

Elle consentit à le revoir chez lui; et ce furent de nouvelles fêtes. Mais en vain la galanterie de Dorimon y avait rassemblé tous les plaisirs qu'elle faisait naître, en vain ces plaisirs furent-ils variés à chaque instant avec autant d'art que de goût; Lucile en fut d'abord légèrement émue, bientôt après rassasiée; et, avant la fin du jour, elle conçut qu'on pouvait s'ennuyer dans ce séjour délicieux. Dorimon, qui ne la quittait pas, mit en usage tous les talents de plaire; il lui tint mille propos ingénieux, il y en mêla même de tendres; mais ce n'était point encore ce qu'elle avait imaginé. Elle croyait trouver un dieu, et Dorimon n'était qu'un homme. Le faste de sa maison l'éclipsait; les proportions n'étaient pas gardées, et Dorimon, en se surpassant, fut toujours au-dessous de l'idée que donnait de lui tout ce qui l'environnait.

Il était bien loin de soupçonner le tort que lui faisait cette comparaison dans l'esprit de Lucile; et il n'attendait qu'un moment heureux pour profiter de ses avantages. Après le concert et avant le souper, il l'amena, comme par hasard, dans un cabinet solitaire où elle irait rêver, disait-il, quand elle aurait des moments d'humeur. La porte s'ouvre, et Lucile voit son image répétée mille fois dans des trumeaux éblouissants; les peintures voluptueuses dont les panneaux étaient couverts se multipliaient autour d'elle. Lucile crut voir, en se mirant, la déesse des amours. A ce spectacle, il lui échappa un cri de surprise et d'admiration; et Dorimon saisit l'instant de cette émotion soudaine. Régnez ici, voilà votre trône, lui dit-il, en lui montrant un sopha que la main des fées avait semé de fleurs. Mon trône! dit Lucile en s'asseyant, et sur le ton de la gaieté; mais oui, je m'y trouve assez bien; et je suis reine d'un joli peuple. Elle parlait de la foule des amours qu'elle apercevait dans les glaces. Parmi ces sujets daigneriez-vous m'admettre? dit Dorimon avec ardeur, en se jetant à ses genoux. Ah! pour vous, dit-elle d'un air sérieux, vous n'êtes pas un enfant; et à ces mots, elle voulut se lever. Mais il la retint d'une main hardie, et l'effort qu'elle fit pour s'échapper le rendit plus audacieux. Où suis-je donc? dit-elle avec frayeur. Laissez-moi, laissez-moi, vous dis-je; ou mes cris... Ces mots lui imposèrent. Excusez, madame, dit-il, une imprudence dont vous êtes un peu la cause. Venir ici, tête-à-tête, se reposer sur ce sopha, comme vous avez fait, c'est donner à entendre, selon l'usage reçu, qu'on veut bien souffrir un peu de violence. Avec vous, je vois bien que cela ne veut rien dire; nous nous sommes mal entendus. Oh! très-mal, dit Lucile en sortant courroucée; et Dorimon la suivit, un peu confus de sa méprise. Heureusement leur absence n'avait pas été assez longue pour donner le temps d'en médire. Lucile, dissimulant son trouble, annonça qu'elle venait de voir un cabinet très-bien décoré. On y courut en foule; et les cris d'admiration ne furent interrompus que par l'arrivée du souper.

La somptuosité de ce festin semblait renchérir encore sur tous les plaisirs qu'on avait goûtés. Mais Dorimon eut beau prendre sur lui-même, il n'eut point cette gaieté qui lui était si naturelle; et Lucile ne répondit aux galanteries qu'on lui adressait pour la tirer de sa rêverie, que par ce sourire forcé, avec lequel la politesse tâche de déguiser la mauvaise humeur.

Voilà, lui dirent ses amies en se retirant avec elle, voilà l'homme qui vous convient; avec lui, la vie est un enchantement continuel; il semble que tous les plaisirs reconnaissent sa voix; dès qu'il commande, ils arrivent en foule.

Il en est, dit froidement Lucile, qui ne se commandent point; ils sont au-dessus des richesses; on ne les trouve que dans son cœur. Ma foi, ma chère enfant, lui dit Céphise, vous êtes bien difficile. Oui, madame, bien difficile, répondit-elle avec un soupir. Et pendant tout le reste du voyage elle garda un profond silence. Ce n'est là qu'une jolie femme manquée, dirent ses amies en la quittant. Encore si ses caprices étaient enjoués, on s'en amuserait; mais rien au monde n'est plus triste. C'était bien la peine de se séparer de son mari pour être prude dans le monde!

Est-ce donc là ce monde si vanté, disait de

son côté Lucile? J'ai parcouru rapidement tout ce qu'il y a de plus aimable; qu'ai-je trouvé? Un fat, un jaloux; un homme avantageux, qui s'attribue, comme autant de charmes, ses jardins, son palais, ses fêtes, et qui croit que la vertu la plus sévère ne demande pas mieux que de lui céder. Ah! que je hais ces faiseurs de romans qui m'ont bercée de leurs fables! L'imagination pleine de mille chimères, j'ai trouvé mon mari insipide; et il vaut mieux que tout ce que j'ai vu. Il est simple; mais sa simplicité n'est-elle pas mille fois préférable aux vaines prétentions d'un Blamzé? Il est tranquille dans ses goûts; et que deviendrais-je s'il était violent et passionné comme Clairfons? Il m'aimait peu; mais il n'aimait que moi; et si j'avais été raisonnable, il m'aimait assez pour me rendre heureuse. Je n'avais point avec lui de ces plaisirs fastueux et bruyants qui nous enivrent d'abord, et qui bientôt nous excèdent; mais sa complaisance, sa douceur, ses attentions délicates me ménageaient à chaque instant des plaisirs plus purs, plus solides, si j'avais bien su les goûter. Insensée que j'étais! je courais après des illusions, et je fuyais le bonheur même; il est dans le silence des passions, dans l'équilibre et le repos de l'ame. Mais, hélas! il est bien temps de reconnaître mes erreurs, quand elles m'ont fait perdre l'amitié, la confiance, peut-être l'estime de mon mari! Grâce au Ciel, je n'ai à me reprocher que les imprudences de mon âge. Mais Lisère est-il obligé de m'en croire, et daignerait-il m'écouter? Ah! qu'il est mal-aisé de rentrer dans son devoir quand on en est une fois sorti! Mal-aisé! pourquoi donc? Qui me retient? La crainte d'être humiliée? Mais Lisère est honnête homme; et s'il m'a épargnée dans mes erreurs, m'accablerait-il dans mon retour? Je n'ai qu'à me détacher d'une société pernicieuse, à vivre chez moi avec celles de mes amies que mon époux respecte, et que je puis voir sans rougir. Tant qu'il m'a vue livrée au monde, il ne s'est pas rapproché de moi; mais s'il me voit rendue à moi-même, il daignera peut-être me rappeler à lui; et si son cœur ne m'est pas rendu, la seule consolation qui me reste est celle de m'en rendre digne; je serai du moins réconciliée avec moi-même, si je ne puis l'être avec mon mari.

Lisère, en gémissant, l'avait suivie des yeux dans le tourbillon du monde; il comptait sur la justesse de son esprit et sur l'honnêteté de son ame. Elle sentira, disait-il, la frivolité des plaisirs qu'elle cherche, la folie des femmes, la vanité des hommes, la fausseté des uns et des autres; et si elle revient vertueuse, sa vertu n'en sera que plus affermie par les dangers qu'elle aura courus. Mais aura-t-elle échappé à tous les écueils qui l'environnent, aux charmes de la louange, aux piéges de la séduction, aux attraits de la volupté? L'on méprise le monde quand on le connaît bien; mais on s'y livre avant de le connaître; et souvent le cœur est égaré avant que la raison l'éclaire. O Lucile! s'écriait-il en regardant le portrait de sa femme, qui était, dans la solitude, son unique entretien, ô Lucile! vous étiez si digne d'être heureuse! et je me flattais que vous le seriez avec moi. Hélas! peut-être quelqu'un de ces jolis corrupteurs qui font l'ornement et les malheurs du monde, est-il actuellement occupé à séduire son innocence, et ne s'obstine à sa défaite, que pour le plaisir de s'en glorifier. Quoi! la honte de ma femme éleverait entre nous une éternelle barrière! Il ne me serait plus permis de vivre avec celle dont la mort seule devait me séparer! Je l'ai trahie en l'abandonnant. Le Ciel m'avait choisi pour gardien de sa jeunesse imprudente et fragile. Je n'ai consulté que l'usage, et je n'ai été frappé que de l'idée effrayante d'être haï comme un tyran.

Tandis que Lisère flottait ainsi dans cette cruelle incertitude, Lucile n'était pas moins agitée entre le désir de retourner à lui, et la crainte d'en être rebutée. Vingt fois, après avoir passé la nuit à gémir et à pleurer, elle s'était levée dans la résolution d'aller attendre son réveil, de se jeter à ses pieds, et de lui demander pardon; mais une honte qui est bien connue des ames sensibles et délicates, avait toujours retenu ses pas. Si Lisère ne la méprisait point, s'il conservait encore pour elle quelque sensibilité, quelque estime, depuis le temps qu'elle avait rompu avec ses sociétés, depuis qu'elle vivait retirée et solitaire, comment n'avait-il pas daigné la voir une seule fois ? Tous les jours, en passant, il s'informait de la santé de madame ; elle l'entendait, elle espérait qu'à la fin il demanderait à la voir. Chaque jour cet espoir renaissait ; elle attendait toute tremblante le moment du passage de Lisère ; elle s'approchait le plus près qu'il lui était possible pour l'écouter, et se retirait tout en larmes, après avoir entendu demander en passant, *Comment se porte madame ?* Elle aurait voulu que Lisère fût instruit de son repentir, de son retour à elle-même. Mais à qui se fier ? disait-elle : à des amis ? En est-il d'assez sûrs, d'assez discrets, d'assez sages pour une entremise si délicate ? Les uns en auraient le talent, et n'en auraient pas le zèle ; et les autres en auraient le zèle, et n'en auraient pas le talent. D'ailleurs il est si dur de confier aux autres ce qu'on n'ose s'avouer à soi-même ! Une lettre.... Mais que lui écrirai-je ? des mots vagues ne le toucheraient pas ; et les détails sont si humiliants ! Enfin il lui vint une idée dont sa délicatesse et sa sensibilité furent également satisfaites. Lisère s'était absenté pour deux jours ; et Lucile saisit le temps de son absence pour exécuter son dessein.

Lisère avait un vieux domestique que Lucile avait vu s'attendrir au moment de leur séparation, et dont le zèle, l'honnêteté, la discrétion, lui étaient connus. Ambroise, lui dit-elle, j'ai un service à vous demander. Ah! madame, dit le bon homme, ordonnez; je suis à vous de toute mon ame. Plût à Dieu que vous et mon maître vous vous aimassiez comme je vous aime! Je ne sais qui de vous deux a tort; mais je vous plains tous les deux : c'était un charme de vous voir ensemble; et je ne vois plus rien ici qui ne m'afflige depuis que vous faites mauvais ménage. C'est peut-être ma faute, dit Lucile humiliée; mais, mon enfant, le mal n'est pas sans remède; fais seulement ce que je te dirai. Tu sais que mon portrait est dans la chambre de ton maître? — Oh! oui, madame, il le sait bien aussi; car il s'enferme quelquefois avec lui des journées entières; c'est toute sa consolation; il le regarde, il lui parle, il soupire à faire pitié; et je vois bien que le pauvre homme aimerait encore mieux s'entretenir avec vous qu'avec votre ressemblance. — Tu me dis là des choses fort consolantes, mon cher Ambroise; mais va prendre ce portrait en cachette, et choisis, pour l'apporter chez moi, un moment où tu ne sois vu de personne. — Moi, madame, priver mon maître de ce qu'il a de plus cher au monde! Demandez-moi plutôt ma vie. Rassure-toi, reprit Lucile : mon dessein n'est pas de l'en priver. Demain au soir tu viendras le reprendre et le remettre en place; je te demanderai seulement de n'en rien dire à mon mari. A la bonne heure, dit Ambroise. Je sais que vous êtes la bonté même; et vous ne voudriez pas me donner, à la fin de mes jours, le chagrin d'avoir affligé mon maître. Le fidèle Ambroise exécuta l'ordre de Lucile. Elle avait dans son portrait l'air tendre et languissant qui lui était naturel; mais son regard était serein, et ses cheveux étaient mêlés de fleurs. Elle fit venir son peintre, lui ordonna de la représenter échevelée, et de faire couler des larmes de ses yeux. Dès que son idée fut remplie, le tableau fut replacé dans l'appartement de Lisère. Il arrive, et bientôt ses yeux se lèvent sur cet objet chéri. Il est aisé de concevoir quel fut l'excès de sa surprise. Les cheveux épars le frappent d'abord. Il approche, et il voit couler des larmes. Ah! s'écria-t-il, ah! Lucile, sont-ce les larmes du repentir? Est-ce la douleur de l'amour? Il sort transporté, il vole chez elle, il la cherche des yeux, et il la trouve dans la même situation où le tableau la lui avait présentée. Immobile un instant, il la contemple avec attendrissement; et tout-à-coup se précipitant à ses genoux : Est-il bien vrai, dit-il, que ma femme me soit rendue? Oui, dit Lucile avec des sanglots, oui, si vous la trouvez encore digne de vous. Peut-elle avoir cessé de l'être? reprit Lisère en la serrant dans ses bras. Non, mon enfant, rassure-toi; je connais ton ame, et je n'ai jamais cessé de te plaindre et de t'estimer. Tu ne reviendrais pas à moi, si le monde avait pu te séduire; et ce retour volontaire est la preuve de ta vertu. Oh! grâce au Ciel, dit-elle (le cœur soulagé par les pleurs qui coulaient en abondance de ses yeux), grâce au Ciel, je n'ai à rougir d'aucune faiblesse honteuse; j'ai été folle, mais j'ai été honnête. Si j'en doutais, serais-tu dans mon sein? reprit Lisère. Et à ces mots.... Mais qui peut rendre les transports de deux cœurs sensibles, qui, après avoir gémi d'une séparation cruelle, se réunissent pour toujours? En apprenant leur réconciliation, leurs gens furent saisis de joie; et le bon homme Ambroise disait, les yeux mouillés de larmes : Dieu soit loué! je mourrai content.

Depuis ce jour, la tendre union de ces époux sert d'exemple à tous ceux de leur âge. Leur divorce les a convaincus que le monde n'avait rien qui pût les dédommager l'un de l'autre; et c'est ce que j'appelle un divorce heureux.

LE BON MARI.

L'un de ces bons pères de famille qui nous rappellent l'âge d'or, Félisonde avait marié Hortence, sa fille unique, au baron de Valsain, et sa nièce Amélie au président de Lusane.

Valsain, galant sans assiduité, assez tendre sans jalousie, trop occupé de sa gloire et de son avancement pour s'établir le gardien de sa femme, la laissait, sur sa bonne foi, se livrer aux dissipations d'un monde où, répandu lui-même, il se plaisait à la voir briller. Lusane, plus recueilli, plus assidu, ne respirait que pour Amélie, qui, de son côté, ne vivait que pour lui. Le soin mutuel de se complaire les occupait sans cesse; et pour eux le plus saint des devoirs était le plus doux des plaisirs.

Le vieux Félisonde jouissait de l'union de sa famille, quand la mort d'Amélie et celle de Valsain y répandirent la tristesse et le deuil. Lusane, dans sa douleur, n'avait pas même la consolation d'être père. Valsain laissait à Hortence deux enfants, avec peu de bien. Les premiers regrets de la jeune veuve n'eurent pour objet que son époux; mais on a beau s'oublier soi-même, on y revient insensiblement. Le temps du deuil fut celui des réflexions.

A Paris, une jeune femme qui n'est que dissipée, est à l'abri de la censure tant qu'elle est au pouvoir d'un mari : l'on suppose que le plus intéressé doit être le plus difficile, et ce qu'il approuve, on n'ose le blâmer; mais livrée à elle-même, elle rentre sous la tutelle d'un public sévère et jaloux, et ce n'est pas à vingt-deux ans que le veuvage est un état libre. Hortence vit donc bien qu'elle était trop jeune pour ne dépendre que d'elle-même; et Félisonde le vit encore mieux. Un jour, ce bon père confia ses craintes à Lusane, son neveu. Mon ami, lui dit-il, tu es bien à plaindre; mais je le suis beaucoup plus que toi. Je n'ai qu'une fille : tu sais si je l'aime; et tu vois les dangers qu'elle court. Ce monde qui l'a séduite, la rappelle : son deuil fini, elle va s'y livrer; et je crains, tout vieux que je suis, de vivre assez pour avoir à rougir. Ma fille a un fond de vertu; mais notre vertu est en nous, et notre honneur, cet honneur si cher, est dans l'opinion des autres. — Je vous entends, Monsieur, et, s'il faut l'avouer, je partage votre inquiétude; mais ne peut-on pas déterminer Hortence à un nouvel engagement? — Eh! mon ami, quelles raisons n'a-t-elle pas à m'opposer! deux enfants, deux enfants sans fortune; car tu sais que je ne suis pas riche, et que leur père était ruiné. — N'importe, Monsieur, consultez

Hortence : je connais un homme, s'il lui convenait, qui pense assez bien, qui a le cœur assez bon pour servir de père à ses enfants. Le vieux bon homme crut l'entendre. O toi, dit-il, qui faisais le bonheur de ma nièce Amélie, toi, que j'aime comme mon fils, Lusane ! le Ciel lit dans mon cœur...... Mais, dis-moi, l'époux que tu proposes connaît-il ma fille ? n'est-il point effrayé de sa jeunesse, de sa légèreté, de l'essor qu'elle a pris dans le monde ? — Il la connaît comme vous-même, et il ne l'en estime pas moins. Félisonde ne tarda point à parler à sa fille. Oui, mon père, je conviens, lui dit-elle, que ma position est délicate. S'observer, se craindre sans cesse, être dans le monde comme devant son juge, c'est le sort d'une veuve à mon âge : il est pénible et dangereux. — Eh bien, ma fille, Lusane m'a parlé d'un époux qui te conviendrait. — Lusane, mon père ! ah ! s'il est possible, qu'il m'en donne un qui lui ressemble. Heureuse moi-même avec Valsain, je ne laissais pas quelquefois d'envier le sort de sa femme. Le père, enchanté de sa réponse, vint la rendre à son neveu. Si vous ne me flattez pas, lui dit Lusane, demain nous serons tous contents. — Quoi ! mon ami, c'est toi ! — C'est moi-même. — Hélas ! mon cœur me l'avait dit. — Oui c'est moi, monsieur, qui veux faire la consolation de votre vieillesse en ramenant à ses devoirs une fille digne de vous. Sans donner dans des travers indécents, je vois qu'Hortence a pris tous les airs, tous les ridicules d'une femme à la mode. La vivacité, le caprice, l'envie de plaire et de s'amuser, l'ont engagée dans le labyrinthe d'une société bruyante et frivole ; il s'agit de l'en tirer. J'ai besoin pour cela d'un peu de courage et de résolution. J'aurai peut-être des larmes à combattre, et c'est beaucoup pour un cœur aussi sensible que le mien ; cependant je vous réponds de moi. Mais vous, monsieur, vous êtes père ; et si Hortence venait se plaindre à vous......

— Ne crains rien ; dispose de ma fille : je la confie à ta vertu ; et si ce n'est pas assez de l'autorité d'un époux, je te remets celle d'un père.

Lusane fut reçu d'Hortence avec les grâces les plus touchantes. Croyez voir en moi, lui dit-elle, l'épouse que vous avez perdue : si je la remplace dans votre cœur, je n'ai plus rien à regretter.

Quand il s'agit de dresser les articles, monsieur, dit Lusane à Félisonde, n'oublions pas que nous avons deux orphelins. L'état de leur père ne lui a pas permis de leur laisser un gros héritage : ne les privons pas de celui de leur mère ; et que la naissance de mes enfants ne soit pas un malheur pour eux. Le vieillard fut touché jusqu'aux larmes de la générosité de son neveu, qu'il appela dès ce moment son fils. Hortence ne fut pas moins sensible aux procédés de son nouvel époux. Le plus élégant équipage, les plus riches habits, les bijoux les plus précieux, une maison où tout respirait le goût, l'agrément, l'opulence, annoncèrent à cette jeune femme un mari soigneux de tous ses plaisirs; mais la joie qu'elle en ressentit ne fut pas de longue durée.

Dès que le calme eut succédé au tumulte des noces, Lusane crut devoir s'expliquer avec elle sur le plan de vie qu'il voulait lui tracer. Il prit pour cet entretien sérieux le moment paisible du réveil, ce moment où le silence des sens laisse à la raison toute sa liberté, où l'ame elle-même, appaisée par l'évanouissement du sommeil, semble renaître avec des idées pures, et, se possédant tout entière, se contemple et lit dans son sein, comme on voit au fond d'une eau claire et tranquille.

Ma chère Hortence, lui dit-il, je veux que vous soyez heureuse, et que vous le soyez toujours; mais il vous en coûtera de légers sacrifices, et j'aime mieux vous les demander de bonne foi, que de vous y engager par des détours qui marqueraient de la défiance. Vous avez passé, avec le baron de Valsain, quelques années agréables. Fait pour le monde et pour les plaisirs, jeune, brillant et dissipé lui-même, il vous inspirait tous ses goûts. Mon caractère est plus sérieux, mon état plus modeste, mon humeur un peu plus sévère : il ne m'est pas possible de prendre ses mœurs, et je crois que c'est un bien pour vous. La route que vous avez suivie est semée de fleurs et de piéges; celle que nous allons tenir a moins d'attraits et moins de dangers. Le charme qui vous environnait se fût dissipé avec la jeunesse; les jours sereins que je vous prépare seront les mêmes dans tous les temps. Ce n'est pas au milieu du monde qu'une honnête femme trouve le bonheur; c'est dans l'intérieur de son ménage, dans l'amour de ses devoirs, dans le soin de ses enfants, et dans le commerce intime d'une société composée de gens de bien.

Ce début causa quelque surprise à Hortence : sur-tout le *ménage* étonna son oreille; mais prenant le ton de la plaisanterie : Je serai peut-être quelque jour, lui dit-elle, une excellente ménagère : quant-à-présent, je n'y entends rien. Mon devoir est de vous aimer, je le remplis : mes enfants n'ont pas encore besoin de moi : pour ma société, vous savez bien que je ne vois que d'honnêtes gens. — Ne confondons pas, ma chère amie, les honnêtes gens avec les gens de bien. — Oui, j'entends votre distinction : mais en fait de connaissances, l'on ne doit pas être si difficile. Le monde, tel qu'il est, m'amuse; et ma façon d'y vivre n'a rien d'incompatible avec la décence de votre état : ce n'est pas moi qui porte la robe, et je ne vois pas pourquoi madame de Lusane serait plus obligée de s'ennuyer que madame de Valsain. Soyez donc, mon cher président, aussi grave qu'il vous plaira; mais trouvez bon que votre femme soit étourdie encore quelques années : chaque âge amènera ses goûts. C'est dommage, reprit Lusane, de te ramener au sérieux; car tu es charmante quand tu badines. Il faut cependant te parler raison. Dans le monde, aimes-tu sans choix tout ce qui le compose?—Non pas en détail; mais ensemble, tout ce mélange me plaît assez. —Quoi ! les méchants, par exemple? — Les méchants ont leur agrément. — Ils ont celui de donner un tour ridicule aux choses les plus simples, un air criminel aux plus innocentes, et de publier, en les exagérant, les faiblesses ou les travers de ceux qu'ils viennent de flatter. —Il est certain qu'au premier coup-d'œil on est effrayé de ces caractères, mais, dans le fond, ils sont peu dangereux : depuis qu'on médit de tout le monde, la médisance ne fait plus aucun mal : c'est une espèce de contagion qui s'affaiblit à mesure qu'elle s'étend. — Et ces étourdis, dont les seuls regards insultent une honnête femme, et dont les propos la déshonorent, qu'en dis-tu? — On ne les croit pas. —Je ne veux pas les imiter en disant du mal de ton sexe : il y a beaucoup de femmes estimables, je le sais; mais il y en a.... — C'est, comme parmi vous, mélange de vertus et de vices. — Eh bien, dis-moi : dans ce mélange qui nous empêche de faire un choix?— On en fait un pour l'intimité; mais dans le monde, on vit avec le monde. — Moi, mon enfant, je ne veux vivre qu'avec des gens qui, par leurs mœurs et leur caractère, méritent d'être mes amis. — Vos amis, monsieur, vos amis ! Et combien en a-t-on dans la vie ? — On en a beaucoup, quand on en est digne, et que l'on sait les cultiver. Je ne parle point de cette amitié généreuse dont le dévouement va jusqu'à l'héroïsme : j'appelle amis ceux qui viennent chez moi avec le désir d'y trouver la joie et la paix, disposés à me pardonner des faiblesses, à les dissimuler aux yeux du public, à me traiter, présent, avec franchise, absent, avec ménagement. De tels amis ne sont pas si rares ; et j'ose espérer d'en avoir. — A la bonne heure, nous en ferons notre société familière. — Je n'aurai point deux sociétés. — Quoi, monsieur, votre porte ne sera pas ouverte ! — Ouverte à mes amis, toujours ; à tout venant, jamais, je te le jure. — Non, monsieur, je ne souffrirai point que vous révoltiez le public par des distinctions offensantes. On peut ne pas aimer le monde ; mais on doit le craindre et le ménager. — Oh ! sois tranquille, ma chère amie : c'est moi seul que cela regarde. Ils diront que je suis un sauvage, peut-être un jaloux : peu m'importe. — Il m'importe à moi. Je veux que mon époux soit considéré, et n'avoir pas à me reprocher d'en avoir fait la fable du monde. Composez votre société comme bon vous semblera ; mais laissez-moi cultiver mes anciennes connaissances, et empêcher que la cour et la ville ne se déchaînent contre vous.

Lusane admirait l'adresse d'une jeune femme

à défendre sa liberté. Ma chère Hortence, lui dit-il, ce n'est pas en étourdi que j'ai pris ma résolution : elle est bien méditée, tu peux m'en croire; et rien au monde ne peut la changer. Choisis, parmi les gens que tu vois, tel nombre qu'il te plaira de femmes décentes et d'hommes honnêtes, ma maison sera la leur; mais ce choix fait, prends congé du reste. Je joindrai mes amis aux tiens : nos deux listes réunies seront déposées chez mon portier, pour être sa règle de tous les jours; et s'il s'en écarte, il sera renvoyé. Voilà le plan que je me propose, et que j'ai voulu te communiquer.

Hortence resta confondue de voir en un moment tous ses beaux projets s'évanouir. Elle ne pouvait croire que ce fût Lusane, cet homme si doux, si complaisant, qui venait de lui parler. Après cela, dit-elle, que l'on se fie aux hommes : voyez le ton que prend celui-ci! avec quel sang-froid il me dicte ses volontés! Ne voir que des femmes vertueuses, que des hommes accomplis! la bonne chimère! et puis l'amusante société que ce cercle d'amis respectables! Tel est mon plan, dit-il : comme s'il n'y avait plus qu'à obéir, quand il a parlé! Voilà comme on les gâte. Ma cousine était une bonne petite femme, qui s'ennuyait tant qu'on voulait. Elle était contente comme une reine, dès que son mari daignait lui sourire; et enchantée d'une caresse, elle venait me le vanter comme un homme divin. Il croit sans doute qu'à son exemple, je vais n'avoir d'autre soin que de lui complaire : il se trompe ; et s'il a prétendu me mener à la lisière, je lui ferai voir que je ne suis plus un enfant.

Dès ce moment, à l'air enjoué, libre et caressant qu'elle avait eu avec Lusane, succéda un air froid et réservé dont il s'aperçut à merveille ; mais il ne lui en témoigna rien. Elle n'avait pas manqué de faire part de son mariage à cet essaim de connaissances légères qu'on appelle des amis. On vint en foule la féliciter ; et Lusane ne put s'empêcher de rendre avec elle ces visites de bienséance : mais il mit dans sa politesse des distinctions si frappantes, qu'il ne fut pas difficile à Hortence de remarquer ceux qu'il voulait revoir.

De ce nombre n'était pas une Olympe, qui, pleine d'un mépris tranquille pour l'opinion du public, prétend que tout ce qui plaît est bien, et qui joint l'exemple au précepte ; ni une Climène, qui ne sait pas pourquoi l'on fait scrupule de changer d'amant, quand on est lasse de celui qu'on a pris, et qui trouve les timides précautions du mystère trop au-dessous de sa qualité. De ce nombre n'étaient pas non plus ces jolis coureurs de toilettes et de coulisses, qui, promenant dans Paris leur oisive inutilité, *chenilles le matin et papillons le soir,* passent la moitié de leur vie à ne rien faire, et l'autre moitié à faire des riens ; ni ces complaisantes de profession, qui, n'ayant plus dans le monde d'existence personnelle, s'attachent à une jolie femme, pour passer encore à sa suite, et qui la perdent pour se soutenir.

Hortence rentra chez elle inquiète et rêveuse. Elle se croyait voir au moment d'être privée de tout ce qui fait l'agrément de la vie. La vanité, le goût du plaisir, l'amour de la liberté, tout en elle se révoltait contre l'empire que son époux voulait prendre. Cependant, après s'être armée de résolution, elle crut devoir dissimuler encore, pour mieux choisir le moment d'éclater.

Le lendemain, Lusane lui demanda si elle avait fait sa liste. Non, monsieur, dit-elle, je n'en ai point fait, et je n'en ferai point. Voici la mienne, poursuivit-il, sans s'émouvoir : voyez si, dans le nombre de vos amis et des miens, j'ai oublié quelqu'un qui vous plaise et qui vous convienne. — Je vous l'ai dit, monsieur, je ne me mêle point de vos arrangements; et je vous prie, une fois pour toutes, de ne pas vous mêler des miens. Si nos sociétés ne s'accordent pas, faisons ce que fait tout le monde, partageons-nous sans nous gêner. Ayez à dîner les personnes que vous aimez; j'inviterai à souper celles que j'aime. Ah! ma chère Hortence, que ce que vous me proposez est éloigné de mes principes! N'y pensez point : jamais dans ma maison cet usage ne s'établira. Je la rendrai pour vous aussi agréable qu'il me sera possible; mais point de distinctions, s'il vous plaît, entre vos amis et les miens. Ce soir, tous ceux que contient cette liste sont invités à souper avec vous. Recevez-les bien, je vous en conjure, et arrangez-vous pour vivre avec eux. A ces mots, il se retira en laissant la liste sous les yeux d'Hortence. Voilà donc, dit-elle, sa loi tracée! et en la parcourant des yeux, elle s'encourageait elle-même à ne pas s'y assujétir, lorsque la comtesse de Fierville, tante de Valsain, vint la voir et la trouva les larmes aux yeux. Cette femme hautaine avait pris Hortence en amitié; et comme elle flattait ses penchants, elle avait gagné sa confiance. La jeune femme, dont le cœur avait besoin de se soulager, lui dit la cause de son dépit. Eh quoi! s'écria la comtesse, après avoir eu la sottise de vous mésallier, auriez-vous celle de vous avilir? Vous, esclave! et de qui? d'un homme de robe! Souvenez-vous que vous avez eu l'honneur d'être madame de Valsain. Hortence rougit d'avoir eu la faiblesse de compromettre son mari. Le tort qu'il peut avoir, dit-elle, ne m'empêche pas de le respecter : c'est le plus honnête homme du monde, et ce qu'il a fait pour mes enfants.... — Honnête homme! et qui ne l'est pas? c'est un mérite qui court les rues. Qu'a-t-il donc fait, cet honnête homme, de si merveilleux pour vos enfants? Il ne leur a pas volé leur bien. Certes, il eût mieux valu qu'il abusât de la faiblesse de votre père! Non, madame, il n'a point acquis le droit de vous parler en maître. Qu'il préside à son audience; mais qu'il vous laisse commander chez vous. A ces mots Lusane rentra. Chez moi, lui dit-il, madame, ce n'est ni ma femme ni moi qui commande, c'est la raison; et vraisemblablement ce n'est pas vous qu'elle choisira pour arbitre. Non, monsieur, répliqua la comtesse du ton le plus imposant, il ne vous appartient pas de faire des lois à madame. Vous m'avez entendue, et j'en suis bien aise : vous savez ce que je pense du ridicule de vos procédés. Madame la comtesse, reprit Lusane, si j'avais les torts que vous me supposez, ce n'est pas avec des injures que l'on me corrigerait. La douceur et la modestie sont les armes de votre sexe, et Hortence toute seule est bien plus forte qu'avec vous. Laissez-nous le soin de nous accorder, puisque c'est nous qui devons vivre ensemble. Quand vous lui auriez rendu ses devoirs odieux vous ne la dispenseriez pas de les remplir; quand vous lui auriez fait perdre la confiance et l'amitié de son mari, vous ne l'en dédommageriez pas. Épargnez-lui des conseils qu'elle ne veut ni ne doit suivre. Pour une autre ils seraient dangereux; grâce au Ciel, pour elle ils ne sont qu'inutiles. Hortence, ajouta-t-il en s'en allant, vous n'avez pas voulu me faire de la peine; mais que ceci vous serve de leçon.

Voilà donc comme vous vous défendez? dit madame de Fierville à Hortence, qui n'avait pas même osé lever les yeux. Obéissez, mon enfant, obéissez : c'est le partage des ames faibles. Juste

Ciel! disait-elle en sortant, je suis la plus douce, la plus vertueuse femme qui soit sur la terre; mais si un mari osait me traiter ainsi, je me vengerais de la bonne façon. Hortence eut à peine la force de se lever pour accompagner madame de Fierville, tant elle était confuse et tremblante. Elle sentait l'avantage que son imprudence donnait à son époux; mais loin de s'en prévaloir, il ne lui en fit pas même un reproche; et sa délicatesse la punit mieux que n'eût fait son ressentiment.

Le soir, les convives s'étant assemblés, Lusane saisit le moment où sa femme était encore chez elle. C'est ici, leur dit-il, le rendez-vous de l'amitié : s'il peut vous plaire, venez-y souvent, et passons notre vie ensemble. Il n'y eut qu'une voix pour lui répondre que l'on ne demandait pas mieux. Voilà, poursuivit-il en leur présentant le bon homme Félisonde, voilà notre digne et tendre père, qui sera l'ame de nos plaisirs. A son âge, la joie a quelque chose de plus sensible, de plus intéressant que dans la jeunesse; et rien n'est plus aimable qu'un aimable vieillard. Il a une fille que nous aimons et que nous voulons rendre heureuse. Aidez-nous, mes amis, à la retenir au milieu de nous; et que l'amour, la nature et l'amitié conspirent à lui rendre sa maison plus agréable chaque jour. Elle a pour le monde les préjugés de son âge; mais quand elle aura goûté les charmes d'une société vertueuse, ce monde vain la touchera peu. Comme Lusane parlait ainsi, le vieux Félisonde ne put s'empêcher de laisser échapper quelques larmes. O mon ami, lui dit-il en le serrant dans ses bras, heureux le père qui peut, en mourant, laisser sa fille en de si bonnes mains!

L'instant d'après, arriva madame de Lusane. Tous les cœurs volèrent au-devant d'elle; mais le sien n'était pas content. Elle déguisa son humeur sous l'air réservé de la cérémonie; et sa politesse, quoique sérieuse, parut encore aimable et touchante : tant les grâces naturelles ont le don de tout embellir!

On joua. Lusane fit remarquer à Hortence que tout son monde jouait petit jeu. C'est, dit-il, le moyen d'entretenir l'union et la joie. Le gros jeu préoccupe et aliène les esprits : il afflige ceux qui perdent; il impose à ceux qui gagnent le devoir d'être sérieux; et je le crois incompatible avec une franche amitié. Le soupé fut délicieux : l'enjouement, la belle humeur se répandit autour de la table. L'esprit et le cœur étaient à leur aise. La galanterie fut telle, que la pudeur pouvait lui sourire; et ni la décence, ni la liberté, ne se gênèrent mutuellement. Hortence, dans une autre situation, aurait goûté ces plaisirs tranquilles; mais l'idée de contrainte qu'elle y attachait en empoisonnait la douceur.

Le lendemain, Lusane fut surpris de lui trouver un air plus libre et plus enjoué. Il se douta bien qu'elle avait pris quelque résolution nouvelle. Que faisons-nous aujourd'hui? lui demanda-t-il. Je vais au spectacle, lui dit-elle, et je reviens souper chez moi. — C'est fort bien fait : et quelles sont les femmes avec qui vous allez ? — Deux amies de Valsain, Olympe et Artenice. Il est cruel pour moi, dit l'époux, d'avoir à vous affliger sans cesse; mais vous, Hortence, pourquoi m'y exposer? Me croyez-vous assez inconséquent dans les principes que je me suis faits pour consentir que l'on vous voie en public avec ces femmes? — Il faut bien que vous y consentiez, car la partie est arrangée; et certainement je n'y manquerai pas. — Pardonnez-moi, madame, vous y manquerez, pour ne pas vous manquer à vous-même. — Est-ce me manquer que de voir des femmes que tout le monde voit ? — Oui, c'est vous exposer à être confondue avec elles dans l'opinion du public. — Le public, monsieur, n'est pas injuste; et dans le monde, chacun répond de soi. — Le public, madame, suppose avec raison que celles qui sont en société de plaisirs sont en société de mœurs; et vous ne devez avoir rien de commun avec Olympe et Artenice. Si vous voulez rompre avec ménagement, il y a moyen : dispensez-vous seulement du spectacle, et proposez-leur de venir souper : ma porte sera fermée à tous mes amis, et nous serons seuls avec elles. Non, monsieur, non, lui dit-elle avec humeur, je n'abuserai pas de votre complaisance; et elle écrivit pour se dégager. Rien ne lui avait tant coûté que ce billet : les larmes du dépit l'arrosèrent. Assurément, disait-elle, je me soucie fort peu de ces femmes; la comédie m'intéresse encore moins : mais se voir contrariée en tout! n'avoir jamais de volonté à soi! être soumise à celle d'un autre! l'entendre me dicter ses lois avec une tranquillité insultante! Voilà ce qui me désespère, ce qui me rendrait capable de tout.

Il s'en fallait cependant bien que la tranquillité de Lusane eût l'air de l'insulte; et il était facile de voir qu'il se faisait violence à lui-même. Son beau-père, qui vint souper chez lui, s'aperçut de la tristesse où il était plongé. Ah! monsieur, lui dit Lusane, je sens que j'ai pris avec vous un engagement bien pénible à remplir! Il lui raconta ce qui s'était passé. Courage, mon ami, lui dit ce bon père; ne nous rebutons point : s'il plaît au Ciel, tu la rendras digne de tes soins et de ton amour. Par pitié pour moi, par pitié pour ma fille, soutiens ta résolution jusqu'au bout. Je vais la voir, et si elle se plaint...... — Si elle se plaint, consolez-la, monsieur; et paraissez sensible à sa peine : sa raison sera bien plus docile, quand son cœur sera soulagé. Qu'elle me haïsse dans ce moment, je m'y attendais, je n'en suis point surpris; mais si l'amertume de son humeur altérait dans son ame les sentiments de la nature, si sa confiance pour vous s'affaiblissait, tout serait perdu. La bonté de son cœur est ma seule ressource; et ce n'est que par une douceur inaltérable que nous pouvons l'empêcher de s'aigrir. Après tout, les épreuves où je la mets sont douloureuses à son âge ; et c'est à vous d'être son soutien.

Ces précautions furent inutiles. Soit vanité, soit délicatesse, Hortence eut la force de dissimuler ses chagrins aux yeux de son père. Bon, dit Lusane, elle sait se vaincre ; et il n'y a que les ames faibles dont on doive désespérer. Le jour suivant on dîna tête-à-tête et dans le plus profond silence. Au sortir de table, Hortence ordonna que l'on mît ses chevaux. Où allez-vous? lui demanda son mari. — M'excuser, monsieur, de l'impolitesse que j'ai faite hier. — Allez, Hortence, puisque vous le voulez ; mais si mon repos vous est cher, faites vos derniers adieux à ces femmes.

Artenice et Olympe, à qui madame de Fierville avait conté la scène qu'elle avait eue avec Lusane, se doutèrent bien que c'était lui qui avait empêché Hortence d'aller au spectacle avec elles. Oui, lui dirent-elles, c'est lui-même : nous ne l'avons vu qu'un moment ; mais nous l'avons jugé : c'est un homme dur, absolu, et qui vous rendra malheureuse.—Il ne m'a parlé jusqu'ici que sur le ton de l'amitié. Il est vrai qu'il a des principes à lui, et une façon de vivre peu compatible avec les usages du monde. Mais...... mais qu'il vive seul, reprit Olympe, et qu'il nous laisse nous amuser en paix. Exigez-vous de lui qu'il vous suive? Un mari est l'homme du monde dont on se passe le mieux; et je ne vois pas pourquoi vous avez besoin de son avis pour recevoir qui bon vous semble, pour aller voir qui vous plaît. Non, madame, lui dit Hortence, il n'est pas aussi facile que vous l'imaginez de se mettre, à mon âge, au-dessus de la volonté d'un mari qui en a si bien agi avec moi. Elle fléchit, la voilà subjuguée, reprit Artenice. Ah! mon enfant, vous ne savez pas ce que c'est que de céder une fois à un homme avec qui l'on doit passer sa vie. Nos maris sont nos tyrans, s'ils ne sont pas nos esclaves. Leur autorité est un torrent qui se grossit à chaque pas : on ne peut l'arrêter qu'à sa source; et je vous en parle avec connaissance de cause. Pour avoir eu le malheur de complaire deux fois à mon époux j'ai été six mois à lutter contre l'ascendant que lui avait donné ma faiblesse; et sans un effort de courage inouï on n'entendait plus parler de moi, j'étais une femme noyée. Cela dépend des caractères, dit Hortence; et mon mari n'est pas de ceux que l'on réduit par l'obstination. Détrompez-vous, reprit Olympe, il n'y en a pas un que la douceur ramène; c'est en leur résistant qu'on leur impose; c'est par la crainte du ridicule et de la honte qu'on les retient. Que craignez-vous? On est bien forte quand on est jolie et qu'on n'a rien à se reprocher. Votre cause est celle de toutes les femmes; et les hommes eux-mêmes, les hommes qui savent vivre, se rangeront de votre parti. Hortence objecta l'exemple de sa cousine que Lusane avait rendue heureuse. On lui répondit, que sa cousine était une imbécille, que si la vie qu'elle avait menée était bonne pour elle, c'est qu'elle ne connaissait pas mieux; mais qu'une femme répandue dans le grand monde, qui en avait goûté les charmes, et qui en faisait l'ornement, n'était pas faite pour s'ensevelir dans la solitude de sa maison et dans le cercle étroit d'une obscure société. On lui parla d'un bal superbe que donnait le lendemain madame la duchesse de... Toutes les jolies femmes y sont invitées, lui dit-on : si votre mari vous empêche d'y aller, c'est un trait qui criera vengeance, et nous vous conseillons en amies de saisir cette occasion pour faire un éclat et pour vous séparer.

Quoiqu'Hortence fût bien éloignée de vouloir suivre ces conseils violents, elle ne laissait pas d'avoir la douleur dans l'ame, en voyant que son malheur allait être connu dans le monde, et qu'on la chercherait vainement des yeux dans ces fêtes où naguère elle s'était vue adorée. En arrivant chez elle, on lui remit un billet; elle le lut avec impatience, et soupira après l'avoir lu. Sa main tremblante le tenait encore, lorsque son mari l'aborda. C'est, lui dit-elle avec négligence, un billet d'invitation pour le bal de la duchesse de...... — Eh bien, madame? — Eh bien, monsieur, je n'irai pas, soyez tranquille. — Pourquoi donc, Hortence, vous priver des plaisirs honnêtes? Est-ce moi qui vous les interdis? L'honneur qu'on vous fait me flatte autant et plus que vous-même : allez au bal, effacez tout ce qu'il y aura de plus aimable; ce sera un triomphe pour moi. Hortence ne put dissimuler sa surprise et sa joie. Ah! Lusane, lui dit-elle, que n'êtes-vous toujours le même! et voilà l'époux que je m'étais promis. Je le retrouve; mais est-ce pour long-temps? La société de Lusane s'assembla le soir, et Hortence y fut adorable. On proposa des soupés, des parties de spectacle; elle s'y engagea de la meilleure grâce. Enjouée avec les hommes, caressante avec les femmes, elle les enchantait tous. Lusane lui seul n'osait encore se livrer à la joie qu'elle inspirait : il prévoyait que cette belle humeur ne serait pas long-temps sans nuages. Cependant il dit un mot à son valet-de-chambre; et le lendemain, quand sa femme demanda son domino, ce fut comme un coup de théâtre. On lui présenta une parure de bal que la main de Flore semblait avoir semée des plus belles couleurs du printemps. Ces fleurs où l'art de l'Italie égale la nature et trompe les yeux enchantés, ces fleurs parcouraient en guirlandes les ondes légères d'un tissu de soie de la plus brillante fraîcheur. Hortence, amoureuse de son habit, de son époux, et d'elle-même, ne put cacher son ravissement. Son miroir consulté lui promit des succès éclatants; et cet oracle ne la trompait jamais : aussi, en paraissant dans l'assemblée, jouit-elle du mouvement flatteur d'une admiration unanime; et pour une jeune femme, ce flux, ce reflux, ce murmure, ont quelque chose de si touchant! Il est aisé de juger qu'à son retour Lusane fut assez bien traité : il semblait qu'elle voulût lui peindre tous les transports qu'elle avait fait naître. Il reçut d'abord ses caresses sans réflexion; car le plus sage quelquefois s'oublie; mais quand il revint à lui-même : Un bal, disait-il, un domino tourne cette jeune tête! Ah! que j'ai de combats à livrer encore avant de la voir telle que je la veux!

Hortence avait vu au bal toute cette jeunesse étourdie dont son époux voulait la détacher. Il fait bien, lui dit-on, de devenir raisonnable, et de vous rendre à vos amis : le ridicule allait tomber sur lui; et nous avions fait une ligue pour le désoler par-tout où il aurait paru. Dites-lui donc, pour son repos, qu'il daigne permettre qu'on vous voie. Si nous avons le malheur de lui déplaire, nous lui permettrons de ne pas se gêner; mais qu'il se contente de se rendre invisible, sans exiger que sa femme le soit. Intimidée par ces menaces, Hortence fit entendre à son époux qu'on trouvait mauvais que sa porte fût interdite; que des gens comme il faut s'en plaignaient, et se proposaient de s'en plaindre à lui-même. S'ils veulent, dit-il, je leur enseignerai un bon moyen de se venger de moi : c'est d'épouser chacun une jolie femme, de vivre chez eux avec leurs amis, et de me fermer leur porte au nez toutes les fois que j'irai troubler leur repos.

Quelques jours après, deux de ces jeunes gens, piqués de n'avoir pu s'introduire chez Hortence, virent Lusane à l'Opéra, et l'abordèrent pour lui demander raison des impolitesses de son suisse. Monsieur, lui dit le chevalier de Saint-Placide, vous a-t-on dit que le marquis de Cirval et moi avons passé deux fois chez vous? — Oui, messieurs, je sais que vous avez pris cette peine. — Ni vous ni madame n'étiez visibles. — Cela nous arrive souvent. — Cependant vous voyez du monde? — Nous ne voyons guère que nos amis. — Nous sommes des amis d'Hortence, et du règne de Valsain nous la voyions tous les jours. Ah! monsieur, l'aimable homme que Valsain! Elle n'a pas perdu au change; mais c'était bien le plus honnête, le plus complaisant de tous les maris! — Je le sais. — C'est lui, par exemple, qui n'était pas jaloux! — Qu'il était heureux! — Vous en parlez d'un air d'envie. Serait-il vrai, comme on le dit, que vous n'êtes pas aussi tranquille? — Ah! messieurs, si vous vous mariez jamais, gardez-vous bien d'être amoureux de vos femmes; c'est une cruelle chose que la jalousie! — Quoi, sérieusement, vous en êtes atteint? — Hélas! oui, pour mes péchés. — Mais Hortence est si honnête! — Je le sais bien. — Elle a vécu comme un ange avec Valsain. — Avec moi, j'espère qu'elle vivra de même. — Pourquoi donc lui faire l'injure d'être jaloux! — C'est un mouvement involontaire dont je ne puis me rendre raison. — Vous avouez donc que c'est une folie? — Elle est au point que je ne puis voir auprès de ma femme un homme d'une jolie figure ou d'un mérite distingué sans que la tête me tourne; et voilà pourquoi ma porte est fermée aux plus aimables gens du monde. — Le marquis et moi, dit le chevalier, nous ne sommes pas dangereux; et nous espérons..... — Vous! messieurs, vous êtes de ceux qui feraient le malheur de ma vie. Je vous connais trop bien pour ne pas vous craindre; et, puisqu'il faut vous l'avouer, j'ai moi-même exigé de ma femme qu'elle ne vous revît jamais. — Mais, monsieur le président, voilà un compliment fort mal-honnête. — Ah! messieurs, c'est le plus flatteur que puisse vous faire un jaloux. Chevalier, dit le marquis quand Lusane les eut quittés, nous voulions, ce me semble, nous moquer de cet homme-là. — C'était mon dessein. — Je crois, Dieu me pardonne, que c'est lui qui se moque de nous. — J'en ai quelque soupçon; mais je m'en vengerai. — Comment? — Comme on se venge d'un mari.

Le soir même à souper chez la marquise de Bellune, ils dénoncèrent Lusane comme le plus odieux des hommes. Et la petite femme, dit la marquise, a la bonté de souffrir qu'il la gêne!

Ah! je lui ferai sa leçon. La maison de madame de Bellune était le rendez-vous de tous les étourdis de la ville et de la cour; et son secret, pour les attirer, était d'assembler les plus jolies femmes. Hortence fut invitée à un bal qu'elle donnait. Il fallut en prévenir Lusane; mais sans avoir l'air de lui demander son aveu, on lui en dit un mot en passant. Non, ma bonne amie, dit Lusane à Hortence, la maison de madame de Bellune est sur un ton qui ne vous va point. Le bal, chez elle, est un rendez-vous dont vous ne devez pas être. Le public n'est pas obligé de vous croire plus infaillible qu'une autre ; et pour lui ôter tout soupçon de naufrage, le plus sûr est d'éviter l'écueil. La jeune femme, d'autant plus irritée de ce refus qu'elle s'y attendait moins, se répandit en plaintes et en reproches. Vous abusez, lui dit-elle, de l'autorité que je vous ai confiée; mais craignez de me pousser à bout. Je vous entends, madame, lui répondit Lusane d'un ton plus ferme et plus sérieux; mais tant que je vous estimerai, je ne craindrai point cette menace; et je la craindrais encore moins si je cessais de vous estimer. Hortence, qui n'avait attaché aucune idée aux paroles qui venaient de lui échapper, rougit du sens qu'elles présentaient, et ne fit plus que verser des larmes. Lusane saisit le moment où la vivacité avait fait place à la confusion. Je vous deviens odieux, lui dit-il; cependant quel est mon crime? de sauver votre jeunesse des dangers qui l'environnaient; de vous détacher de ce qui peut porter atteinte, je ne dis pas à votre innocence, mais à votre réputation; de vouloir vous faire aimer de bonne heure ce qu'il faut que vous aimiez toujours. — Oui, monsieur, vos intentions sont bonnes; mais vous vous y prenez mal. Vous voulez me faire aimer mes devoirs, et vous m'en faites une servitude! Il peut y avoir dans mes liaisons des conséquences à prévoir; mais il fallait dénouer au lieu de rompre, et me détacher insensiblement des personnes qui vous déplaisent, sans vous donner le ridicule de m'emprisonner chez moi. Quand le ridicule n'est pas fondé, reprit Lusane, il retombe sur ceux qui le donnent. Cette prison dont vous vous plaignez est l'asile des bonnes mœurs, et sera celui de la paix et du bonheur quand il vous plaira. Vous me reprochez de n'avoir pas usé de ménagements avec le monde et avec vous-même; j'ai eu mes raisons pour couper dans le vif. Je sais qu'à votre âge la contagion de la mode, de l'exemple et de l'habitude fait chaque jour de nouveaux progrès, et qu'à moins d'interrompre toute communication, il n'y a pas moyen de s'en garantir. Il m'en coûte plus que je ne puis dire de vous parler d'un ton absolu; mais c'est ma tendresse pour vous qui m'en donne le courage; un ami doit savoir au besoin déplaire à son ami. Soyez donc bien sûre que tant que je vous aimerai j'aurai la force de vous

résister; et malheur à vous si je vous abandonne!
— Malheur à moi! Vous m'estimez bien peu si vous me croyez perdue dès que vous cesserez de me tenir à l'attache! Allez, monsieur, j'ai su me conduire; et Valsain, qui me rendait justice, n'a jamais eu à se repentir d'avoir daigné se fier à moi. Je vous déclare que dans mon époux je n'ai pas prétendu me donner un tyran. Il faut, pour condescendre à vos volontés, une force ou une faiblesse que je n'ai pas; toutes les privations que vous m'imposez me sont douloureuses; et je ne m'y accoutumerai jamais.

Lusane, livré à lui-même, se reprocha les larmes qu'il lui faisait répandre. Qu'ai-je entrepris? disait-il, et quelle épreuve pour mon ame! Moi, son tyran, moi qui l'aime plus que ma vie, et à qui ses plaintes déchirent le cœur! Si je persiste, je la désespère; et si je fléchis un seul instant, je perds le fruit de ma constance. Un pas dans ce monde qu'elle aime, va l'y engager de-nouveau. Il faut donc le soutenir, ce personnage si cruel, et bien plus cruel pour moi que pour elle.

Hortence passa la nuit dans la plus vive agitation; tous les partis violents se présentèrent à son esprit; mais l'honnêteté de son ame en fut effrayée. Pourquoi me décourager? dit-elle quand son dépit fut un peu calmé. Cet homme-là se possède et me domine, parce qu'il ne m'aime pas; mais s'il venait jamais à m'aimer, je régnerais bientôt moi-même. Employons les seules armes que la nature nous a données, la douceur et la séduction.

Lusane, qui n'avait pu fermer l'œil, vint lui demander le matin, avec l'air de l'amitié, comment elle avait passé la nuit. Vous le savez, lui dit-elle, vous qui vous plaisez à troubler mon repos. Ah! Lusane, était-ce à vous de faire mon malheur? qui m'eût dit que je me repentirais d'un choix que j'avais fait de si bon cœur et de si bonne foi? En prononçant ces mots, elle lui avait tendu la main; et des yeux, les plus éloquents qu'eût jamais fait parler l'amour, lui reprochaient son ingratitude. Moitié de moi-même, lui dit-il en l'embrassant, crois que j'ai mis ma gloire et mon bonheur à te rendre heureuse. Je veux que ta vie soit semée de fleurs; mais permets que j'en arrache les épines. Fais des vœux qui ne doivent jamais te coûter aucun regret, et sois sûre qu'ils seront accomplis dans mon ame aussitôt que formés dans la tienne. La loi que je t'impose n'est que ta volonté, non celle du moment, qui est une fantaisie, un caprice, mais celle qui naîtra de la réflexion et de l'expérience, celle que tu auras dans dix ans d'ici. J'ai pour toi la tendresse d'un amant, la franchise d'un ami, et l'inquiète vigilance d'un père : voilà mon cœur; il est digne de toi; et si tu es encore assez injuste pour t'en plaindre, tu ne le seras pas longtemps. Ce discours fut accompagné des marques les plus touchantes d'un amour passionné; et

Hortence y parut sensible. Huit jours se passèrent dans la plus douce intelligence, dans l'union la plus intime qui puisse régner entre deux époux. Aux charmes de la beauté, de la jeunesse, et des grâces, Hortence joignait l'enchantement de ces caresses timides que l'amour d'intelligence avec le devoir semble voler à la pudeur. C'est le plus délié de tous les filets pour envelopper un cœur tendre; mais tout cela était-il bien sincère? Lusane le croyait; je le crois aussi. Après tout, ce ne serait pas la première femme qui aurait accordé son penchant avec ses vues, et sa politique avec ses plaisirs.

Cependant on approchait de ces jours consacrés à la folie et à la joie, et pendant lesquels nous sommes aussi fous, mais beaucoup moins joyeux que nos pères. Hortence fit entrevoir à Lusane l'envie de donner une fête, où la musique précéderait un souper qui serait suivi de la danse. Lusane y consentit de la meilleure grâce du monde, mais non pas sans précaution; il convint avec sa femme du choix et du nombre des personnes qu'elle inviterait; et selon cet arrangement, les billets furent distribués.

Le jour arrive, et tout est préparé avec les soins d'un amant magnifique; mais ce matin même, le suisse demande à parler à monsieur. Outre les personnes qui se présenteront avec des billets, madame veut, lui dit-il, que je laisse entrer celles qui viendront au bal : est-ce l'intention de monsieur? Assurément, dit Lusane en dissimulant sa surprise, et vous ne devez pas douter que je n'approuve ce que madame vous a prescrit. A l'instant même il se rendit chez elle; et après lui avoir raconté ce qui venait d'arriver : Vous vous êtes exposée, lui dit-il, à rougir devant vos domestiques; vous avez fait plus, vous avez hasardé ce qu'une femme ne peut trop ménager, la confiance de votre époux. Est-ce à vous, Hortence, d'user de surprise avec moi? Si j'étais moins persuadé de l'honnêteté de votre ame, quelle idée m'en donneriez-vous? et quel eût été le succès de cette imprudence? Le plaisir de m'affliger un moment, et de me rendre avec vous plus défiant que je ne veux l'être. Ah! laissez-moi vous estimer toujours; et respectez-vous autant que je vous respecte. Je ne veux point vous humilier en révoquant l'ordre que vous avez donné, mais vous me ferez un chagrin mortel si vous ne le révoquez pas vous-même; et votre conduite d'aujourd'hui sera la règle de toute ma vie. J'ai fait une faute, dit-elle, je la sens, je vais la réparer. Je vais écrire qu'il n'y aura chez moi ni musique, ni souper, ni danse; je ne veux point afficher la joie, quand j'ai la mort dans le cœur. Le public saura que je suis malheureuse; mais je suis lasse de dissimuler. Alors Lusane tombant à ses pieds : Si je t'aimais moins, lui dit-il, je céderais à tes reproches; mais je t'adore; je me vaincrai. Je mourrai de douleur d'être haï de ma femme; mais je ne puis vivre avec la honte de l'avoir trahie en l'abandonnant. Je me suis fait une joie sensible de te donner une fête; tu la refuses, parce que j'en exclus ce qui n'est pas digne de t'approcher; tu m'annonces par-là qu'un monde frivole t'est plus cher que ton époux; c'en est assez; je vais faire dire que la fête n'aura pas lieu. Hortence, émue jusqu'au fond de l'ame de ce qu'elle venait d'entendre, et plus touchée encore des pleurs qu'elle avait vus couler, fit un retour sur elle-même. A quoi vais-je m'obstiner? dit-elle. Les gens dont il veut que je me détache sont-ils mes amis? me sacrifieraient-ils le plus léger de leurs intérêts? et pour eux je perds le repos de ma vie, je la trouble, je l'empoisonne, je renonce à tout ce qui peut en faire la douceur! C'est le dépit, c'est la vanité, qui m'inspirent. Ai-je seulement voulu examiner si mon époux avait raison? Je n'ai vu que l'humiliation d'obéir. Mais qui commandera, si ce n'est le plus sage? Je suis esclave; et qui ne l'est pas, ou qui ne doit pas l'être de ses devoirs? J'appelle tyran un honnête homme qui me conjure, les larmes aux yeux, de prendre soin de ma réputation! Où est donc cet orgueil que je lui reproche? Ah! je serais peut-être bien à plaindre, s'il était aussi faible que moi. Je l'afflige dans le moment même qu'il vient d'avoir l'attention la plus délicate à me ménager! Voilà des torts, en voilà de réels, et non pas ceux que je lui attribue. Allez, dit-elle à une de ses femmes, allez dire à monsieur que je veux lui parler. A peine eut-elle donné ce message, qu'il lui prit un saisissement. Je vais donc, dit-elle, consentir à m'ennuyer toute ma vie? Car je ne puis me dissimuler qu'on ne s'amuse que dans le monde; et tous ces honnêtes gens au milieu desquels il veut que je vive, n'ont point l'agrément des amis de Valsain. Comme cette réflexion avait un peu changé la disposition de son ame, elle se contenta de dire à Lusane qu'elle voulait bien céder encore une fois. Elle s'excusa auprès des personnes qui lui avaient demandé à venir au bal; et la fête, aussi brillante qu'il était possible, eut toute la vivacité de la joie, sans tumulte et sans confusion.

Dis-moi donc, ma chère amie, s'il a rien manqué à nos amusements? demanda Lusane à Hortence. Vous me déguisez quelquefois, lui dit-elle, la gêne que vous m'imposez; mais tous les jours ne sont pas des fêtes. C'est dans le vide et dans le silence de sa maison qu'une femme de mon âge respire le poison de l'ennui; et si vous voulez voir ce poison lent consumer ma jeunesse, vous en aurez tout le plaisir. Non, madame, lui dit-il pénétré de douleur, je n'ai point cette cruauté froide que vous me supposez. S'il faut que je renonce au soin de vous rendre heureuse, à ce soin si cher et si doux qui devait occuper ma vie, au moins n'aurai-je pas à me reprocher d'avoir empoisonné vos jours. Ni moi, ni les amis vertueux que je vous ai choisis, n'avons de quoi vous dédommager des privations que je vous cause; sans la foule qui vous environnait, ma maison est pour vous une solitude effrayante; vous avez la dureté de me le déclarer à moi-même; il faut donc vous rendre cette liberté, sans laquelle vous n'aimez rien. Je n'exige plus de vous qu'un seul acte de complaisance : demain je vous amenerai une société nouvelle; et si vous ne la jugez pas digne d'occuper vos loisirs, si elle ne vous tient pas lieu de ce monde qui vous est si cher, c'en est fait, je vous rends à vous-même. Hortence n'eut pas de peine à lui accorder ce qu'il exigeait; elle était bien sûre qu'il n'avait rien à lui offrir qui valût sa liberté : mais ce n'était pas l'acheter trop cher, que de subir encore cette légère épreuve.

Le lendemain, à son réveil, elle vit entrer son époux avec un front radieux où brillaient l'amour et la joie. Voici, dit-il, la nouvelle société que je te propose; si tu n'es pas contente de celle-ci, je ne sais plus comment t'amuser. Que l'on s'imagine la surprise de cette mère sensible, en voyant paraître les deux enfants qu'elle avait eus de Val-sain. Mes enfants, dit Lusane en les prenant dans ses bras pour les élever sur le lit d'Hortence, embrassez votre mère, et obtenez de sa tendresse qu'elle daigne partager les soins que je prendrai de vous élever. Hortence les reçut dans son sein, et les arrosa de ses larmes. En attendant, poursuivit Lusane, que la nature m'accorde le titre de père, l'amour et l'amitié me le donnent, et j'en vais remplir les devoirs. Viens, mon ami, dit Hortence, voilà pour moi la plus chère et la plus touchante de tes leçons. J'avais oublié que j'étais mère, j'allais oublier que j'étais ton épouse; tu m'en rappelles les devoirs; et ces deux liens réunis m'y attachent pour toute ma vie.

LA FEMME
COMME IL Y EN A PEU.

Jouissez, madame, de tous les agréments de votre maison; faites-en les honneurs et les délices; mais ne vous y mêlez de rien. Ainsi parlait, depuis près de huit ans, le fastueux Mélidor à sa femme. C'était un conseil agréable à suivre : aussi la jeune et vive Acélie l'avait-elle assez bien suivi; mais la raison vint avec l'âge, et l'espèce d'enivrement où elle avait été se dissipa.

Mélidor avait eu le malheur de naître dans l'opulence. Élevé parmi la jeune noblesse du royaume, revêtu, en entrant dans le monde, d'une charge considérable, maître de son bien dès l'âge de raison, ce fut pour lui l'âge des folies. Son ridicule dominant était de vouloir vivre en homme de qualité. Il se familiarisait avec les grands, en étudiait avec soin les manières; et comme les grâces nobles et simples d'un véritable homme de cour ne sont pas faciles à imiter, c'était aux airs de nos petits seigneurs qu'il s'attachait, comme à de bons modèles.

Il eût été honteux pour lui de ne pouvoir pas

dire, *mes domaines et mes vassaux*; il employa donc la meilleure partie de ses fonds en des terres, dont le revenu était mince, à la vérité, mais dont les droits étaient magnifiques.

Il avait ouï dire que les grands seigneurs avaient des intendants qui les volaient, des créanciers qu'ils ne payaient pas, et des maîtresses peu fidèles; il eût regardé comme au-dessous de lui de voir ses comptes, de payer ses dettes, et d'être délicat en amour.

L'aîné de ses enfants avait à peine atteint sa septième année : il eut grand soin de lui choisir un gouverneur suffisant et sot, qui, pour tout mérite, saluait avec grâce.

Ce gouverneur était le protégé d'un complaisant de Mélidor, appelé Duranson, personnage insolent et bas, espèce de dogue qui aboyait à tous les passants, et ne caressait que son maître. Son rôle était celui d'un misanthrope plein d'arrogance et d'humeur. Riche, mais avare, il trouvait commode d'avoir une bonne maison qui ne fût pas la sienne, et des plaisirs de toute espèce dont un autre que lui fît les frais. Taciturne observateur de tout ce qui se passait, on le voyait, enfoncé dans un fauteuil, décider de tout par quelques mots tranchants, et s'ériger en censeur domestique. Malheur à l'homme de bien qui n'était pas à craindre; il le déchirait sans ménagement, pour peu que son air lui eût déplu.

Mélidor prenait l'humeur de Duranson pour

de la philosophie. Il savait bien qu'il était son héros; et l'encens d'un homme de ce caractère était pour lui un parfum délicat. Le brusque flatteur n'avait garde de se compromettre et de s'afficher. S'il applaudissait Mélidor en public, ce n'était que d'un coup-d'œil ou d'un sourire complaisant : il gardait la louange pour le tête-à-tête; mais alors il l'en rassasiait. Mélidor avait de la peine à se croire doué d'un mérite si éminent : mais il fallait bien qu'il en fût quelque chose; car l'ami Duranson, qui l'en assurait, n'était rien moins qu'un fade adulateur.

C'était peu de plaire au mari, Duranson s'était aussi flatté de séduire la jeune femme. Il commença par lui dire du bien d'elle seule, et du mal de toutes celles de son âge et de son état; mais elle fut aussi peu touchée de ses satires que de ses éloges. Il essaya de se faire craindre; et, par des traits malins et piquants, il lui fit sentir qu'il ne tenait qu'à lui d'être méchant aux dépens d'elle-même. Cela ne réussit pas mieux. Je puis avoir des ridicules, lui dit-elle, et je permets qu'on les attaque, mais d'un peu plus loin, s'il vous plaît. Chez moi, un censeur assidu m'ennuierait presque autant qu'un complaisant servile.

Au ton résolu qu'elle prit, Duranson vit bien que pour la réduire il fallait un plus long détour. Tâchons, dit-il, qu'elle ait besoin de moi : affligeons-la pour la consoler; et quand sa vanité blessée me la livrera sans défense, je saisirai un moment de dépit. Le confident des peines d'une femme en est souvent l'heureux vengeur.

Je vous plains, lui dit-il, madame, et je ne dois plus vous dissimuler ce qui m'afflige sensiblement. Depuis quelque temps Mélidor se dérange ; il fait des folies ; et s'il continue, il n'aura plus besoin d'un ami tel que moi.

Soit légèreté, soit dissimulation avec un homme qu'elle n'estimait pas, Acélie reçut cet avis sans daigner en paraître émue. Il insista, fit valoir son zèle, déclama contre les caprices et les travers des maris d'à-présent, dit en avoir fait rougir Mélidor ; et, opposant les charmes d'Acélie aux vains appas qui touchaient son époux, il s'anima si fort qu'il s'oublia, et se trahit bientôt lui-même. Elle sourit avec dédain de la mal-adresse du fourbe. Voilà ce que j'appelle un ami, dit-elle, et non pas ces vils complaisants que le vice tient à ses gages pour le flatter et le servir. Je suis bien sûre, par exemple, que vous avez dit à Mélidor en face tout ce que vous venez de me dire. — Oui, madame, et beaucoup plus encore. — Vous aurez donc bien le courage de lui reprocher devant moi ses torts, de l'en accabler ? — Devant vous, madame ! Ah ! gardez-vous de faire un éclat ; ce serait l'éloigner sans retour. Il est fier, il serait indigné d'avoir à rougir à vos yeux. Il ne verrait en moi qu'un perfide ami. Et qui sait même quel motif caché il donnerait à notre intelligence? — N'importe; je veux le convaincre, et lui opposer en vous un témoin qu'il ne puisse désavouer. — Non, madame, non, vous seriez perdue. C'est en dissimulant qu'une femme règne : les ménagements, la douceur et vos charmes, voilà sur nous vos avantages. La plainte et le reproche ne font que nous aigrir; et de tous les moyens de nous corriger, le plus mauvais, c'est de nous confondre. Il avait raison, mais inutilement; Acélie ne voulait rien entendre. Je sais, disait-elle, tout ce que je risque; mais fallût-il en venir à une rupture, je ne veux pas être, par mon silence, la complaisante de mon mari. Il eut beau vouloir la dissuader, il fut réduit à lui demander grâce et à la supplier de ne pas le punir d'un zèle peut-être imprudent. Et voilà donc, lui dit Acélie, cette franchise courageuse que rien ne peut intimider? Je serai plus sage que vous; mais souvenez-vous, Duranson, de ne jamais dire de vos amis ce que vous ne voulez pas qu'ils entendent. Quant à moi, quelque tort que mon mari se donne, je vous défends de m'en parler jamais.

Duranson, furieux d'avoir été si mal reçu, jura la perte d'Acélie; mais il fallait d'abord l'entraîner dans la ruine de son mari.

Personne à Paris n'a autant d'amis qu'un homme opulent et prodigue. Ceux de Mélidor, à son soupé, ne manquaient pas de le louer en face; et ils avaient l'honnêteté d'attendre qu'on fût hors de table pour se moquer de lui. Ses créanciers, qui croissaient en nombre, n'étaient pas si complaisants; mais l'ami Duranson en écartait la foule. Il savait, disait-il, la manière d'imposer à ces fripons-là. Cependant, comme ils n'étaient pas tous également timides, il fallait de temps en temps, pour appaiser les plus mutins, avoir recours aux expédients; et Duranson, sous un nom supposé, venant au secours de son ami, lui prêtait sur gages à la plus grosse usure.

Plus les affaires de Mélidor se dérangeaient, moins il voulait en entendre parler. Faites, disait-il à son intendant, je signerai; mais laissez-moi tranquille. Enfin l'intendant vint lui annoncer qu'il ne savait plus où donner de la tête, et que ses biens allaient être saisis. Mélidor s'en prit à l'homme d'affaires, et lui dit qu'il était un fripon. Je suis tout ce qu'il vous plaira, lui répondit le tranquille intendant; mais vous devez, il faut payer, faute de quoi l'on va vous poursuivre.

Mélidor fit appeler le fidèle Duranson, et lui demanda s'il était sans ressource. — Vous en avez une bien sûre : madame n'a qu'à s'engager. — Oui; mais y consentira-t-elle? — Assurément : peut-elle hésiter, quand il y va de votre honneur? Cependant ne l'alarmez pas : traitez légèrement la chose, et ne lui laissez voir, dans cet engagement, qu'une formalité d'usage qu'elle ne peut s'empêcher de remplir. Mélidor embrassa son ami, et il se rendit chez sa femme.

Acélie, tout occupée de ses amusements, ne savait rien de ce qui se passait; mais heureusement le Ciel l'avait douée d'un esprit juste et d'une ame ferme. Je viens, madame, lui dit son mari, de voir votre nouvelle voiture; elle sera délicieuse. Vos chevaux neufs sont arrivés; Ah! madame, le joli attelage! C'est le comte de Pise qui les dresse. Ils sont fringants, mais il les domptera : c'est le meilleur cocher de Paris.

Quoiqu'Acélie fût accoutumée aux galanteries de son époux, elle ne laissa pas d'être surprise et flattée de celle-ci. Je vous ruine, lui dit-elle. Eh! madame, quel plus digne usage puis-je faire de mon bien que de l'employer à ce qui peut vous plaire? Désirez sans ménagement, et jouissez sans inquiétude : je n'ai rien qui ne soit à vous; et je me flatte que vous pensez de même. A propos, ajouta-t-il négligemment, j'ai quelque arrangement à faire, où, pour remplir les formalités, j'aurai besoin de votre seing; mais nous parlerons de cela ce soir. A-présent ce qui m'occupe, c'est la couleur de votre voiture : le vernisseur n'attend que votre goût. Je me consulterai, dit-elle; et dès qu'il fut sorti, elle tomba dans les réflexions.

Acélie était une riche héritière; et la loi lui assurait son bien. Elle entrevit les conséquences de l'engagement qu'on lui proposait; et le soir, au lieu d'aller au spectacle, elle passa chez son notaire. Quelle fut sa surprise en apprenant que

Mélidor était réduit aux expédients les plus ruineux! Elle employa le temps du spectacle à s'instruire et à se consulter.

A son retour, elle dissimula sa peine aux yeux du monde qu'elle avait à souper; mais lorsque son mari, tête-à-tête avec elle, lui proposa de s'engager pour lui : Je ne vous abandonnerai pas, lui dit-elle, si vous daignez vous fier à moi; mais j'exige une confiance entière, un plein pouvoir de régir ma maison.

Mélidor fut humilié de l'idée d'avoir sa femme pour tuteur. Il lui dit qu'elle prenait l'alarme mal-à-propos, et qu'il ne souffrirait point qu'elle entrât dans un détail ennuyeux pour elle. — Non, monsieur, je l'ai trop négligé : c'est un tort que je n'aurai plus. Il ne crut pas devoir insister davantage; et les créanciers s'étant assemblés le lendemain : Messieurs, leur dit-il, vos visites m'obsèdent; voilà madame qui veut bien vous entendre; voyez avec elle à vous arranger. Messieurs, leur dit Acélie d'un ton sage, mais assuré, quoique mon bien soit à mes enfants, je sens qu'il est juste que j'en aide leur père; mais je veux de la bonne foi. Les honnêtes gens me trouveront exacte; mais je ne réponds point à des fripons des folies d'un dissipateur. Vous m'apporterez demain copie de vos titres. Je ne veux que le temps de les examiner : je ne vous ferai pas languir.

Dès qu'Acélie se vit à la tête de sa maison, ce

ne fut plus la même femme; elle jeta les yeux sur sa vie passée, et n'y vit que le papillotage de mille vaines occupations. Sont-ce là, dit-elle, les devoirs d'une mère de famille? Est-ce donc au prix de son honneur et de son repos qu'il faut payer de jolis soupés, des équipages lestes, et de brillantes frivolités?

Monsieur, dit-elle à son mari, j'aurai demain l'état de vos dettes; il me faut celui de vos revenus; faites venir votre intendant. L'intendant vint, et rendit ses comptes. Rien de plus clair; loin d'avoir des fonds, il se trouvait avoir fait des avances, et il lui était dû le double de ses gages accumulés. Je vois, dit Acélie, que monsieur l'intendant sait son compte un peu mieux que nous. Il ne nous reste qu'à le payer, en le remerciant de ce qu'il ne lui est pas dû davantage. — Le payer! dit Mélidor tout bas, et avec quoi? — De ma cassette. Le premier pas, dans l'économie, est le renvoi d'un intendant.

La réforme fut mise l'instant d'après dans le domestique et dans la dépense; et Acélie donnant l'exemple: Courage, monsieur, disait-elle, coupons dans le vif; nous ne sacrifions que notre vanité. — Et la décence, madame? — La décence, monsieur, consiste à ne pas dissiper le bien d'autrui, et à jouir du sien sans reproche. — Mais, madame, en renvoyant vos gens, vous les payez, et c'est épuiser notre unique ressource. — Soyez tranquille, mon ami; j'ai des bijoux, des diamants, et en sacrifiant ces parures je m'en fais une qui les vaut bien.

Le jour suivant les créanciers arrivent, et Acélie leur donne audience. Ceux dont Mélidor avait acheté des meubles de prix ou des curiosités superflues consentirent à les reprendre avec un bénéfice honnête; les autres, enchantés de l'accueil et de la bonne volonté d'Acélie, s'accordèrent, tout d'une voix, à n'avoir qu'elle pour arbitre, et les grâces conciliatrices réunirent tous les esprits.

Un seul, d'un air assez confus, disait ne pouvoir se relâcher sur rien. Il avait des effets précieux en gage, et sur la liste des emprunts, il était noté pour une usure énorme. Acélie le retint seul, pour le fléchir, s'il était possible. Moi! madame, lui dit-il, pressé par ses reproches, je ne suis pas ici pour moi, et M. Duranson aurait pu se passer de me faire jouer ce vilain personnage. — Duranson! dites-vous, quoi! c'est lui qui sous votre nom?..... — C'est lui-même. Ainsi, nos gages sont dans ses mains? — Oui, sans doute, et un écrit de moi, où je déclare qu'il ne m'est rien dû. — Et cet écrit qu'il a de vous, puis-je en avoir un double? — Assurément, et tout-à-l'heure, si vous voulez, car le nom d'usurier me pèse. C'était une arme pour Acélie; mais il n'était pas temps d'éclairer Mélidor et de révolter Duranson; elle crut devoir dissimuler encore.

Son notaire, qui vint la voir, trouva que dans vingt-quatre heures elle avait mis en épargne une bonne partie de son revenu et acquitté une foule de dettes. Vous êtes, lui dit-il, dans les bons principes : l'économie est de toutes les ressources la plus sûre et la plus facile; on s'enrichit dans un instant de tout le bien qu'on dissipait.

Pendant leur entretien, Mélidor confondu s'affligeait de voir sa maison dépouillée. Eh! monsieur, lui dit sa femme, consolez-vous; je ne vous retranche que des ridicules. Mais il ne voyait que le monde et l'humiliation de déchoir. Il se retira consterné, laissant Acélie avec le notaire.

Une jeune femme a dans les affaires un avantage prodigieux; sans inspirer ce qu'on entend par l'espoir et le désir de plaire, elle intéresse, elle engage à une espèce de facilité que les hommes n'ont pas l'un pour l'autre. La nature ménage, entre les deux sexes, une intelligence secrète; tout s'applanit, tout se concilie, et au lieu que l'on traite en ennemis d'homme à homme, avec une femme on se livre en ami. Acélie en fit plus d'une fois l'épreuve, et son notaire mit à la servir un zèle et une affection qu'il n'eût pas eus pour son mari.

Madame, lui dit-il, en faisant la balance des biens de Mélidor avec la somme de ses dettes, je trouve assez de quoi l'acquitter; mais des biens vendus à la hâte le sont communément à vil prix.

Supposons que les siens soient libres, ils peuvent répondre, et au-delà, de deux cent mille écus qu'il doit, et si vous voulez vous engager pour lui, il n'est pas impossible de réduire cette foule de créances ruineuses et bruyantes à un petit nombre d'articles plus simples et moins onéreux. Faites, monsieur, dit Acélie, je consens à tout : je m'engage pour mon mari, mais que ce soit à son insu. Le notaire usa de prudence, et Acélie fut autorisée à contracter au nom de Mélidor.

Celui-ci avait été de bonne foi sur tous les articles, excepté sur un seul, qu'il n'avait osé déclarer à sa femme. La nuit, Acélie, l'entendant gémir, tâchait avec douceur de le consoler. Vous ne savez pas tout, lui dit-il, et ces mots furent suivis d'un profond silence. Acélie le pressait en vain; la honte lui étouffait la voix. Eh quoi! lui dit-elle, vous avez des peines que vous n'osez me confier! avez-vous un ami plus tendre, plus sûr, plus indulgent que moi? Plus vous avez droit à mon estime, reprit Mélidor, plus je dois rougir de l'aveu qui me reste à vous faire. Vous avez entendu parler de la courtisane Éléonore... que vous dirai-je? elle a de moi pour cinquante mille écus de billets. Acélie vit avec joie le moment de regagner le cœur de son mari. Ce n'est pas le temps de vous reprocher, lui dit-elle, une folie dont vous avez honte, et à laquelle ma dissipation a peut-être contribué. Réparons et oublions nos torts; celui-ci n'est pas sans remède. Mélidor ne concevait pas qu'une femme, jusque-là si légère, eût tout-à-coup acquis tant de raison. Acélie n'était pas moins surprise qu'un homme si haut et si vain fût tout-à-coup devenu si modeste. Serait-ce un bien pour nous, disaient-ils l'un et l'autre, d'être tombés dans le malheur?

Le lendemain, Acélie, s'étant bien consultée, se rendit elle-même chez Éléonore. Vous ne savez pas, lui dit-elle, qui vient vous voir? C'est une rivale; et sans détour elle se nomma. Madame, lui dit Éléonore, je suis confuse de l'honneur que vous me faites. Je sens que j'ai des torts avec vous; mais mon état en est l'excuse. C'est Mélidor qu'il faut blâmer, et en vous voyant, je le blâme moi-même; il est plus injuste que je ne croyais. Mademoiselle, lui dit Acélie, je ne me plains ni de vous ni de lui; c'est la punition d'une femme dissipée d'avoir un mari libertin, et j'ai du moins le plaisir de voir que Mélidor a dans ses goûts encore quelque délicatesse. Vous avez de l'esprit, l'air de la décence, et des grâces qui seraient faites pour embellir la vertu. — Vous me voyez, madame, avec trop d'indulgence; et cela prouve ce qu'on m'a dit souvent, que les femmes les plus honnêtes ne sont pas celles qui nous ménagent le moins. Comme elles n'ont rien à nous envier, elles ont la bonté de nous plaindre. Celles qui nous ressemblent sont bien plus injustes; elles nous déchirent en nous imitant. Écoutez, reprit Acélie qui voulait l'amener au but, ce que l'on blâme le plus dans celles de votre état, ce n'est pas cette faiblesse dont tant de femmes ont à rougir, mais une passion plus odieuse encore. Le feu de l'âge, le goût des plaisirs, l'attrait d'une vie voluptueuse et libre, quelquefois même le sentiment, car je vous en crois susceptibles, tout cela peut avoir son excuse; mais en renonçant à la vertu d'une femme, vous n'en êtes que plus obligées d'avoir au moins celle d'un homme, et il est une sorte d'honnêteté à laquelle vous ne renoncez pas. — Non, sans doute. — Eh bien! dites-moi, cette honnêteté vous permet-elle d'abuser de l'ivresse et de la folie d'un amant au point d'exiger, d'accepter de lui des engagements insensés et ruineux pour sa famille? Mélidor, par exemple, vous a fait pour cinquante mille écus de billets; en sentez-vous la conséquence, et combien l'on a droit de sévir contre une telle séduction? Madame, répondit Éléonore, c'est un don volontaire, et M. Duranson m'est témoin que j'ai refusé beaucoup mieux. — Vous connaissez Duranson? — Oui, madame; c'est lui qui m'a donné Mélidor, et j'ai bien voulu pour cela le tenir quitte de ses promesses. — Fort bien; il a mis son article sur le compte de son ami. — Il me l'a dit, et j'ai supposé que Mélidor le trouvait bon. Du reste, Mélidor était libre : je n'ai de lui que ce qu'il m'a donné, et rien, je crois, n'est mieux acquis. — Vous le croyez; mais le croiriez-vous, si vous étiez l'enfant qu'on dépouille? Mettez-vous à la place d'une mère de famille dont l'époux se ruine ainsi, qui touche au moment de le voir déshonoré, poursuivi, chassé de ses biens, privé de son état, obligé de se cacher aux yeux du monde, et de laisser sa femme et ses enfants en proie à la honte et à la douleur : soyez un moment cette femme sensible et désolée, et jugez-vous dans cet état. Que ne feriez-vous pas, mademoiselle? vous auriez sans doute recours aux lois qui veillent sur les mœurs; vos plaintes et vos larmes réclameraient contre une surprise odieuse, et la voix de la nature et celle de l'équité s'éleveraient en votre faveur. Oui, mademoiselle, les lois sévissent contre le poison, et le don de plaire en est un, lorsqu'on en abuse. Il n'attaque pas la vie, mais il attaque la raison et l'honneur; et si, dans l'ivresse qu'il cause, on exige, on obtient d'un homme des sacrifices insensés, ce que vous appelez des dons libres sont réellement des larcins. Voilà ce qu'une autre dirait, ce que vous diriez peut-être à ma place. Eh bien! je suis plus modérée; il vous est dû; je viens vous payer, mais noblement, et non pas follement. Il y a six mois que Mélidor vous aime, et en vous donnant mille louis, vous avouerez qu'il est magnifique. Éléonore, attendrie et confuse, n'eut pas le courage de refuser; elle prit les billets de Mélidor, et suivit Acélie chez son notaire.

N'aimeriez-vous pas mieux, lui dit Acélie en

arrivant, une rente de cent louis, que cette somme, qui dans vos mains sera peut-être bientôt dissipée? Le moyen de se détacher du vice, mon enfant, c'est de se mettre au-dessus du besoin, et j'ai dans l'idée que quelque jour vous serez bien aise de pouvoir être honnête.

Éléonore, baisant la main d'Acélie, et laissant échapper quelques larmes : Ah! madame, dit-elle, que sous vos traits la vertu est aimable et touchante! si j'ai le bonheur de revenir à elle, mon cœur vous devra ce retour.

Le notaire, enchanté d'Acélie, lui apprit que les deux cent mille écus étaient dans ses mains, et qu'ils l'attendaient. Elle s'en alla comblée de joie; et en revoyant Mélidor, voilà vos billets-doux, lui dit-elle; on a eu bien de la peine à s'en dessaisir; n'en écrivez plus de si tendres. L'ami Duranson était présent; et à l'air sombre de Mélidor, elle vit bien qu'il l'avait fait rougir de s'être livré à sa femme. Vous recevez bien froidement, dit-elle à son mari, ce qui pourtant vous vient d'une main chère! — Voulez-vous, madame, que je me réjouisse d'être la fable de Paris? On ne parle que de ma ruine; et vous la rendez si éclatante, que mes amis eux-mêmes ne peuvent plus la desavouer. — Vos amis avaient donc, monsieur, quelque moyen d'y remédier sans bruit? Ils sont venus apparemment vous offrir leur crédit et leurs bons offices? M. Duranson, par exemple... — Moi, madame! je ne puis rien; mais je crois que sans un éclat déshonorant il était facile de trouver des ressources. — Oui, de ces ressources qui n'en laissent aucune? Mon mari n'en a que trop usé; vous le savez mieux que personne. Quant au déshonneur que vous attachez à l'éclat de notre malheur, je sais quelle est votre délicatesse, et je l'estime comme je dois. — Madame! je suis un honnête homme; et on le sait. — On doit le savoir, car vous le dites à tout le monde; mais comme Mélidor n'aura plus d'intrigue amoureuse à nouer, votre honnêteté lui devient inutile. Mélidor, à ces mots, prit feu lui-même, et dit à sa femme qu'elle lui manquait, en insultant son ami. Elle allait poursuivre; mais sans vouloir l'entendre, il se retira transporté de colère; et Duranson suivit ses pas.

Acélie n'en fut pas plus émue; et les laissant conspirer ensemble, elle s'occupa du soin de sa maison. Le gouverneur de son fils, depuis leur décadence, trouvait ses fonctions au-dessous de lui, et le témoignait sans ménagement. Il fut renvoyé le soir même; et à sa place vint un bon abbé, simple, modeste et assez instruit, qu'elle pria d'être leur ami, et de donner ses mœurs à son élève.

Mélidor à qui Duranson avait fait regarder comme le comble de l'humiliation l'ascendant qu'avait pris sa femme, fut révolté d'apprendre que le gouverneur était congédié. Oui, monsieur, lui dit-elle, je donne à mon fils, pour modèle et pour guide, un homme sage, au lieu d'un fat ; je prétends aussi éloigner de vous un complaisant plein d'insolence, qui vous fait payer ses plaisirs. Voilà mes torts, je les avoue, et vous pouvez les rendre publics. Il est odieux, lui dit Mélidor sans l'écouter, il est odieux d'abuser de l'état où je suis pour vouloir me faire la loi. Non, madame, mon malheur n'est pas tel qu'il me réduise à être votre esclave. Votre devoir était de contracter l'engagement que je vous proposais ; vous ne l'avez pas fait ; vous ne m'êtes plus rien ; et vos soins me sont inutiles. Si je me suis dérangé, c'est pour vous ; le seul remède à mon malheur, c'est d'en éloigner la cause ; et dès demain nous nous séparons. — Non, monsieur, ce n'est pas le moment. Dans peu vous jouirez paisiblement et sans reproche d'une fortune honnête ; vous serez libre, tranquille, heureux. Alors, après avoir rétabli votre honneur et votre repos, je verrai si je dois faire place aux artisans de votre ruine, et vous abandonner, pour vous punir, au bord de l'abyme d'où je vais vous tirer. Jusques-là nous sommes inséparables ; et mon devoir et votre malheur sont des liens sacrés pour moi. Du reste, vous jugerez demain quel est l'homme qui m'est préféré. C'est devant lui que je vous donnerai les preuves de sa perfidie ; et je renonce à votre estime s'il ose les désavouer.

Mélidor, interdit de la généreuse fermeté d'Acélie, fut combattu toute la nuit entre le dépit et la reconnaissance; mais à son réveil il reçut une lettre qui le jeta dans le désespoir. On lui écrivait qu'il n'était bruit à la cour que de son luxe, de sa dépense, et du malheur qui en était le fruit; que chacun le blâmait hautement; et qu'on ne se proposait pas moins que de l'obliger à quitter sa charge. Lisez, dit-il en voyant Acélie, lisez, madame, et frémissez de l'état où vous m'avez réduit. O mon ami! dit-il à Duranson qui venait d'arriver, je suis perdu; vous me l'aviez prédit. L'éclat qu'elle a fait me déshonore. On m'ôte ma charge et mon état. Duranson fit semblant d'être accablé de cette nouvelle. N'ayez pas peur, lui dit Acélie : votre créance est assurée. Vous n'y perdrez que l'usure effroyable que vous vouliez tirer de votre ami. Oui, Mélidor, vous voyez en lui notre usurier, notre prêteur sur gages. — Moi, madame! — Oui, monsieur, vous-même, et la preuve en est dans mes mains. La voilà, dit-elle à son mari; mais ce n'est pas tout : ce digne ami vous faisait payer à Éléonore les faveurs qu'il en avait reçues; il osait vouloir séduire votre femme en l'instruisant de vos amours; et il vous ruinait sous un nom supposé. Ah! c'en est trop, dit Duranson; et il se levait pour sortir. Encore un mot, lui dit Acélie. Vous êtes démasqué dans une heure, connu de la ville et de la cour, et noté par-tout d'infamie, si à l'instant même vous n'apportez chez mon notaire, où je vais vous attendre, et les gages et les billets que vous avez de Mélidor. Duranson pâlit, se troubla, disparut et laissa Mélidor confondu, immobile d'indignation et d'étonnement.

Vous, mon ami, rassurez-vous, dit Acélie à son mari; je prends sur moi le soin de conjurer l'orage. Adieu; ce soir il sera dissipé.

Elle se rend chez le notaire, s'engage, reçoit les deux cent mille écus, acquitte ses dettes, en déchire les titres à commencer par ceux de Duranson, qui prudemment s'était exécuté. De-là, elle monte en chaise de poste, et sans délai se rend à la cour.

Le ministre ne lui dissimula point son mécontentement, ni la résolution qu'on avait prise d'obliger Mélidor à vendre sa charge. Je ne prétends pas l'excuser, dit-elle; le luxe est une folie dans notre état, je le sais; mais cette folie a été la mienne plutôt que celle de mon mari. Sa complaisance est son unique faute; et, monsieur, que ne fait-on pas pour une femme que l'on aime! J'étais jeune, et belle à ses yeux; mon mari a consulté mes désirs plutôt que ses moyens; il n'a su craindre, il n'a connu que le malheur de me déplaire; voilà son imprudence; elle est réparée : il ne doit plus rien que ma dot, et je lui en fais le sacrifice. — Quoi! madame, s'écria le ministre, vous vous êtes engagée pour lui? — Et qui devait réparer son malheur, si ce n'est celle qui en était la cause? Oui, monsieur, je me suis engagée; mais j'ai acquis par-là le droit de ménager son bien, et d'assurer l'état de mes enfants. Mélidor est facile, mais il est honnête. Il ignore ce que j'ai fait pour lui, et il ne laisse pas de me donner le plein pouvoir de disposer de tout. Je suis à la tête de ma maison, et déja tout y est réduit à la plus sévère économie. Voici en deux mots ce que j'ai fait, et ce que je me propose de faire. Alors elle entra dans quelques détails que le ministre voulut bien entendre. Mais, poursuivit-elle, l'amitié, l'estime, la confiance de mon mari, tout est perdu pour moi, si vous le punissez d'une faute qu'il doit me reprocher, tant que je ne l'ai pas effacée. Vous êtes juste, sensible, humain; de quoi voulez-vous le punir? D'avoir trop aimé la moitié de lui-même? de s'être oublié, sacrifié pour moi? Je lui serai donc odieuse; et il aura sans cesse à rappeler à mes enfants l'égarement et le déshonneur où leur mère l'aura plongé! A qui voulez-vous satisfaire en le punissant? Au public? Ah! monsieur, il est un public envieux et méchant qui n'est pas digne de cette complaisance. Quant au public indifférent et juste, laissez-nous lui donner un spectacle bien plus utile et plus touchant que celui de notre ruine. Il verra qu'une femme sensée peut ramener un mari honnête homme, et qu'il y a pour des cœurs bien nés des ressources inépuisables dans le courage et dans la vertu. Notre retour sera un exemple; et s'il est honorable pour nous de le donner, il sera glorieux de le suivre ; au lieu que si la peine d'une imprudence qui ne nuit qu'à nous seuls excède la faute et lui survit, on sera peut-être indigné sans fruit de nous voir malheureux sans crime.

Le ministre l'écoutait avec étonnement. Loin de mettre obstacle à vos vues, lui dit-il, madame, je les seconderai, même en punissant votre époux. Il faut qu'il renonce au titre de sa charge. — Ah, monsieur ! — J'en ai disposé en faveur de votre fils ; et c'est par égard, par respect pour vous que j'en laisse au père la survivance. La surprise où fut Acélie d'obtenir une grâce au lieu d'un châtiment, la fit presque tomber aux genoux du ministre. Monsieur, lui dit-elle, il est digne de vous de corriger ainsi un père de famille. Les larmes que vous voyez couler sont l'expression de ma reconnaissance. Mes enfants, mon mari et moi ne cesserons de vous bénir.

Mélidor attendait Acélie avec frayeur ; et l'inquiétude fit place à la joie, quand il apprit avec quelle douceur on punissait sa dissipation. Eh bien, lui dit Acélie en l'embrassant, est-ce aujourd'hui que nous nous séparons ! As-tu encore quelque bon ami que tu préfères à ta femme ?

On sait avec quelle facilité les bruits de Paris se répandent et sont détruits aussitôt que semés ; l'infortune de Mélidor avait fait la nouvelle de quelques jours ; son arrangement, ou plutôt le parti courageux qu'avait pris sa femme, fit une espèce de révolution dans les esprits et dans les propos. On ne parlait que de la sagesse, de la résolution d'Acélie; et lorsqu'elle parut dans le monde, avec l'air modeste et libre d'une personne qui ne brave ni n'appréhende les regards du public, elle fut reçue avec un respect qu'elle n'avait jamais inspiré. Ce fut alors qu'elle sentit le prix de la considération que donne la vertu; et les hommages qu'on avait rendus à sa jeunesse et à sa beauté ne l'avaient jamais tant flattée.

Mélidor, plus timide, ou plus vain, ne savait quel ton il devait prendre, ni quelle contenance il devait tenir. Ayons, lui dit sa femme, l'air d'avouer de bonne foi que nous avons été imprudents, et que nous sommes devenus sages. Personne n'a rien à nous reprocher; ne nous humilions pas pas nous-mêmes. Si l'on nous voit bien aises d'être corrigés, on nous en estimera davantage. Et de quel œil verrez-vous, lui dit-il, cette multitude de faux amis qui nous ont abandonnés?—Du même œil dont je les ais vus, comme des gens que le plaisir attire, et qui s'envolent avec lui. De quel droit comptiez-vous sur eux? Était-ce pour eux que se donnaient vos fêtes? La maison d'un homme opulent est une salle de spectacle où chacun croit avoir payé sa place, quand il l'a remplie avec agrément. Le spectacle fini, chacun se retire, et l'on ne se doit plus rien. Cela est fâcheux à imaginer; mais en perdant l'illusion d'être aimé, vous changez une agréable erreur contre une expérience utile; et il en est de ce remède comme de bien d'autres : l'amertume en fait la bonté. Voyez donc le monde comme il est, sans être humilié de l'avoir méconnu, sans vous vanter de le mieux connaître. Sur-tout, que personne ne soit instruit de nos petits démêlés; qu'aucun de nous deux n'ait l'air d'avoir cédé à l'autre; mais qu'il semble qu'un même esprit nous anime et nous fait agir. Quoiqu'il ne soit pas aussi ridicule qu'on le dit de se laisser conduire par une femme, je ne veux pas que l'on sache que c'est moi qui vous ai décidé.

Mélidor devait tout à sa femme; mais rien ne l'avait touché aussi sensiblement que ce trait de délicatesse; et il eut la bonne foi de l'avouer. Acélie avait une autre vue que de ménager la vanité de son mari; elle voulait l'engager, par sa vanité même, à suivre le plan qu'elle lui avait tracé. S'il voit tout le monde persuadé, disait-elle, qu'il n'a fait que ce qu'il a voulu, il le croira bientôt comme tout le monde; on tient à ses propres résolutions par ce sentiment de liberté qui résiste à celle des autres; et le point le plus essentiel dans l'art de mener les esprits, c'est de leur cacher qu'on les mène. Acélie eut donc l'attention de renvoyer à son mari les éloges qu'on lui donnait; et Mélidor, de son côté, ne parlait d'elle qu'avec estime.

Cependant elle craignait pour lui la solitude et le silence de sa maison. On ne retient point un homme qui s'ennuie; et avant que Mélidor se fût fait des occupations, il lui fallait des amusements. Acélie eut soin de lui former une société peu nombreuse et choisie. Je ne vous invite point à des fêtes, disait-elle aux femmes qu'elle y engageait; mais au lieu du faste, nous aurons le plaisir. Je vous donnerai de bon cœur un bon souper qui ne coûtera guère; nous y boirons en liberté à la santé de nos amis; peut-être même y rirons-nous, chose assez rare dans le monde. Elle tint ce qu'elle avait promis; et son mari lui seul regrettait encore l'opulence où il avait vécu. Ce n'est pas qu'il ne fît de son mieux pour s'accoutumer à une vie simple; mais on eût dit qu'il s'était fait dans son ame le même vide que dans sa maison. Ses yeux et son oreille, habitués à un mouvement tumultueux, étaient comme étonnés du calme et du repos. Il voyait encore avec envie ceux qui se ruinaient comme lui; et Paris, où il se trouvait condamné aux privations au milieu des jouissances, lui était devenu odieux.

Acélie, qui s'en aperçut, et qui suivait son plan avec cette constance que l'on ne trouve que dans les femmes, lui proposa d'aller ensemble voir les terres qu'ils avaient acquises; mais avant de partir, elle chargea son notaire de lui louer, au lieu de l'hôtel qu'ils occupaient, une maison simple avec agrément, pour y loger à son retour.

Des trois terres qu'avait Mélidor, les deux plus honorables produisaient à peine le tiers de l'intérêt des fonds. Il fut décidé qu'il fallait les vendre. L'autre, dès long-temps négligée, ne demandait que des avances pour devenir un excellent bien. Voilà celle qu'il faut conserver, dit Acélie; donnons tous nos soins à la mettre en valeur. L'air en est sain, l'aspect riant, et le terrain fertile; nous y passerons les beaux jours de l'année; et, si tu m'en crois, nous nous y aimerons. Ta femme n'aura pas les airs, les caprices, l'art des coquettes, mais une bonne et tendre amitié, qui fera, si tu la partages, ton bonheur, le mien, celui de nos enfants, et la joie de notre maison. Je ne sais, mais depuis que je respire l'air de la campagne, mes goûts sont plus simples et plus naturels; le bonheur me semble plus près de moi, plus accessible à mes désirs; je le vois pur et sans nuages dans l'innocence des mœurs champêtres; et j'ai, pour la première fois, l'idée de la sérénité d'une vie innocente qui coule en paix jusqu'à sa fin. Mélidor écoutait sa femme avec complaisance; et la consolation se répandait dans son ame comme un baume délicieux.

Il consentit, non sans répugnance, à la vente de celles de ses terres dont les droits l'avaient le plus flatté; et le bon notaire fit si bien, que, dans l'espace de six mois, Mélidor se trouva ne plus rien devoir à personne.

Il n'y avait plus qu'à l'affermir contre la pente de l'habitude; et Acélie, qui connaissait son faible, ne désespéra point de détruire en lui le goût du luxe, par un goût plus sage et plus satisfaisant. La terre qu'ils s'étaient réservée, offrait un champ vaste à d'utiles travaux; et Acélie, pour les diriger, imagina de se former un petit conseil d'agricoles. Ce conseil était composé de sept bons villageois pleins de sens, à qui tous les dimanches elle donnait à dîner. Ce dîner s'appela le banquet des sept sages. Le conseil se tenait à table; et Mélidor, Acélie et le petit abbé assistaient aux délibérations. La qualité des terrains et la culture qui leur convenait, le choix des plants et des semences, l'établissement de nouvelles fermes et la division de leur sol en bois, en pâturages et en moissons, la distribution des troupeaux destinés à l'engrais et au labourage, la direction et l'emploi des eaux, les plantations et les clôtures, et jusqu'aux plus petits détails de l'économie rurale, étaient traités dans le conseil. Nos sages, le verre à la main, s'animaient, s'éclairaient l'un l'autre; on croyait voir, à les entendre, des trésors enfouis dans la terre, et qui n'attendaient que des mains qui vinssent les en retirer.

Mélidor fut flatté de cet espoir, et sur-tout de l'espèce de domination qu'il exercerait dans la conduite de ces travaux; mais il ne voyait pas les moyens d'y suffire. Commençons, lui dit Acélie, et la terre nous aidera. On fit peu de chose cette première année, mais assez pour donner à Mélidor l'avant-goût du plaisir de créer.

Le conseil, au départ d'Acélie, reçut d'elle une petite rétribution, et sa bonne grâce en augmenta le prix.

Mélidor, de retour à la ville, fut enchanté de sa nouvelle maison. Elle était commode et riante, meublée sans faste, mais avec goût. Voilà, mon ami, ce qui nous convient, lui dit sa femme. Il y en a assez pour être heureux, si nous sommes sages. Elle eut le plaisir de le voir s'ennuyer à Paris, où il se trouvait confondu dans la foule, et soupirer après la campagne, où le rappelait le désir de régner.

Ils y devancèrent le retour du printemps; et les sages s'étant assemblés, on régla les travaux de l'année.

Dès que Mélidor vit la terre vivifiée par son influence, et une multitude d'hommes occupés à la fertiliser pour lui, il se sentit élever au-dessus de lui-même. Une nouvelle ferme, qu'il avait établie, fut adjugée par le conseil; et Mélidor eut la sensible joie d'y voir naître la première moisson.

Leur jouissance se renouvelait tous les jours en voyant ces mêmes campagnes, qui, deux ans auparavant, languissaient incultes et dépeuplées, se couvrir de cultivateurs et de troupeaux, de bois, de moissons et d'herbages; et Mélidor vit à regret arriver la saison qui le rappelait à Paris.

Acélie ne put résister à l'envie d'aller revoir le ministre qui, dans son malheur, lui avait tendu la main. Elle lui fit un tableau si touchant du bonheur dont ils jouissaient, qu'il en fut ému jusqu'au fond de l'ame. Vous êtes, lui dit-il, le modèle des femmes; puisse un tel exemple faire sur tous les cœurs l'impression qu'il fait sur le mien! Continuez, madame, et comptez sur moi. On est trop honoré de pouvoir contribuer au bien que vous faites.

Cette terre fortunée où nos époux furent rappelés par la belle saison, devint le plus riant tableau de l'économie et de l'abondance; mais un tableau plus touchant encore, fut celui de l'éducation qu'ils y donnèrent à leurs enfants.

On parlait, dans le voisinage, de deux époux, comme eux éloignés du monde, et qui, dans une riante solitude, faisaient leurs délices de cultiver les tendres fruits de leur amour. Allons les voir, dit Acélie, allons prendre de leurs leçons. En arrivant, ils virent l'image du bonheur et de la vertu, M. et madame de Lisbé, au milieu de leur jeune famille, uniquement occupés du soin de lui former l'esprit et le cœur.

Acélie fut touchée de la grâce, de la décence et sur-tout de l'air de gaîté qu'elle remarqua dans ces enfants. Ils n'avaient ni la timidité sauvage, ni l'indiscrète familiarité de l'enfance. Dans leur abord, leur maintien, leur langage, on ne croyait voir qu'un naturel exquis, tant l'habitude avait rendu faciles tous les mouvements qu'elle avait dirigés.

Ce n'est point ici une visite de bienséance, dit Acélie à madame de Lisbé : nous venons nous instruire auprès de vous dans l'art d'élever nos enfants, et vous supplier de nous donner les principes et la méthode que vous avez suivis avec tant de succès.

Hélas! madame, rien n'est plus simple, lui répondit madame de Lisbé. Nos principes se réduisent à traiter les enfants comme des enfants, à leur faire un jeu des choses utiles, à simplifier ce qu'on leur enseigne, et à ne leur enseigner que ce qu'ils peuvent concevoir. Notre méthode se borne encore à peu de chose : elle consiste à les mener à l'instruction par la curiosité, à leur cacher, sous cet appât, l'idée du travail et de la gêne, et à diriger leur curiosité même par quelques idées qu'on lui jette et qu'on lui donne envie de saisir. Le plus difficile est d'exciter en eux de l'émulation sans jalousie ; et en cela peut-être nous avons moins de mérite que de bonheur. — Vous leur avez donné sans doute d'excellents maîtres? — Non, madame; nous avons appris ce que nous voulions leur apprendre. Ne voyez-vous pas comme la colombe digère la nourriture de ses petits? Nous l'imitons; et il en résulte deux avantages et deux plaisirs, celui de nous instruire nous-mêmes, et celui d'instruire nos enfants.

Ce petit travail est d'autant plus amusant, reprit M. de Lisbé, que nous avons réservé pour l'âge de raison toutes les connaissances abstraites, et que nos leçons se bornent aujourd'hui à ce qui tombe sous les sens. L'enfance est l'âge où l'imagination est la plus vive et la mémoire la plus docile; c'est aux objets de ces deux organes que nous appliquons l'ame de nos enfants. La surface de la terre est une image, l'histoire des hommes et celle de la nature sont une suite de tableaux, le physique des langues n'a que des sons, la partie sensible des mathématiques se réduit à des lignes, tous les arts peuvent se décrire, la religion même et la morale s'inspirent mieux par sentiment qu'elles ne se conçoivent en idée; en un mot, toutes nos perceptions simples et primitives nous viennent par les sens; or les sens de l'enfance ont plus de finesse, de délicatesse, de vivacité que ceux de l'âge mur. C'est donc prendre la nature dans sa force, que de la prendre dans l'enfance, pour apercevoir et saisir tout ce qui ne demande pas les combinaisons de l'esprit. Ajoutez, que l'ame, libre de tout autre soin, vaque à celui-ci tout entière; qu'elle est avide de connaissances, exempte de préventions, et que toutes les cases de l'entendement et de la mémoire étant vides, on y range à son gré les idées, sur-tout si, dans l'art de les introduire, on suit leur ordre naturel, si on ne se hâte pas de les accumuler, et si on leur donne le loisir de s'asseoir chacune à leur place.

Je vois, dit Acélie, mais sans m'en effrayer,

que cela demande une attention suivie. Cette attention, reprit madame de Lisbé, n'a rien de gênant ni de pénible. On vit avec ses enfants; on les a sous les yeux; on communique avec eux; on les accoutume à examiner et à réfléchir; on leur aide, sans impatience, à développer leurs idées; on ne les rebute jamais par un ton d'humeur ou de mépris; la sévérité, qui n'est bonne qu'à remédier au mal qu'a fait la négligence, n'a presque jamais lieu dans une éducation de tous les instants; et comme on ne laisse prendre à la nature aucun mauvais pli, on n'est pas obligé de la mettre à la gêne.

Ne serai-je pas indiscrète, lui dit Acélie, en vous témoignant le désir d'assister à l'une de vos leçons? Madame de Lisbé appela ses enfants, qui s'occupaient ensemble dans un coin du salon. Ils volèrent dans les bras de leur mère avec une joie naïve, dont Acélie fut touchée. Mes enfants, leur dit la mère, madame veut bien vous entendre : nous allons vous interroger.

Acélie admira l'ordre et la netteté des connaissances qu'ils avaient acquises; mais elle fut encore plus enchantée de la grâce et de la modestie avec lesquelles ils répondaient tour-à-tour, de l'intelligence qui régnait entre eux, et du vif intérêt qu'ils prenaient réciproquement aux succès l'un de l'autre.

L'objet d'Acélie était d'intéresser Mélidor à ce spectacle; et il en fut ému jusqu'aux larmes.

Que vous êtes heureux, disait-il sans cesse à M. de Lisbé, que vous êtes heureux d'avoir de tels enfants! c'est la plus douce des jouissances.

Acélie, en quittant ses voisins, leur demanda leur amitié; elle embrassa mille fois leurs enfants, et les pria de trouver bon qu'elle vînt quelquefois s'instruire à leurs études.

Quoi de plus étonnant et quoi de plus simple? disait-elle à Mélidor en s'en allant. Se peut-il qu'un plaisir si pur soit si peu connu; et que ce qu'il y a de plus naturel, soit ce qu'il y a de plus rare au monde? On a des enfants; et l'on s'ennuie, et l'on cherche au-dehors des amusements, lorsqu'on a chez soi des plaisirs si touchants, et des devoirs de cette importance! Il est vrai, disait Mélidor, que tous les enfants ne sont pas aussi bien nés. Et qui nous a dit, reprit Acélie, que le Ciel ne nous ait pas accordé la même faveur? Va, mon ami, c'est pour s'épargner des reproches qu'on en fait tant à la nature. Le plus souvent on la calomnie, afin de se justifier soi-même. Pour avoir droit de la croire incorrigible, il faut avoir tout fait pour la corriger. Nous ne sommes ni imbécilles ni méchants; nos enfants ne doivent pas l'être. Vivons avec eux et pour eux; je te promets qu'ils nous ressembleront.

Vous allez avoir deux collégues, dit-elle le soir à M. l'abbé. Nous venons de goûter d'avance le plaisir d'élever nos enfants; et elle lui fit le récit de ce qu'ils venaient de voir et d'entendre. Nous voulons suivre le même plan, ajouta-t-elle. Vous, mon abbé, vous enseignerez les langues; Mélidor va s'appliquer à l'étude des arts et de la nature, pour être en état d'en donner des leçons; je me réserve ce qu'il y a de plus facile et de plus simple, les mœurs, les choses de sentiment; et j'espère, dans un an, être assez habile pour aller de pair avec vous. C'est à vous de nous indiquer les sources, et de diriger pas à pas nos études sur le plan le plus abrégé.

L'abbé applaudit à cette émulation; et chacun d'eux se mit à remplir sa tâche avec une ardeur qui, loin de s'affaiblir, ne fit que redoubler.

Mélidor ne trouva plus de vide dans les loisirs de la campagne. Il lui semblait que le temps avait précipité son cours. Les jours n'étaient plus assez longs pour vaquer aux soins de l'agriculture et aux études du cabinet. On eût dit que ces occupations se le dérobaient l'une à l'autre. Acélie était partagée de même entre les soins de son ménage et l'instruction de ses enfants. La nature seconda ses vues. Ses enfants, appliqués et dociles, soit à l'exemple de leurs parents, soit par une émulation mutuelle, se firent un jeu de leurs petits travaux.

Mais ce succès, tout satisfaisant qu'il était pour le cœur d'une bonne mère, n'était pas son objet le plus sérieux. Elle avait assuré à Mélidor l'unique ressource inépuisable contre l'ennui de la solitude et l'attrait de la dissipation. Je suis tranquille, dit-elle enfin, lorsqu'elle lui vit un goût décidé pour l'étude : c'est un plaisir qui coûte peu, qu'on trouve par-tout, qui jamais ne lasse, et avec lequel on est sûr de ne pas être obligé de se fuir.

Mélidor, rendu à lui-même, loin de rougir d'avouer qu'il devait ce retour à sa femme, faisait gloire de raconter tout ce qu'elle avait fait pour le ramener de son égarement : il ne cessait de louer le courage, l'intelligence, la douceur, la fermeté qu'elle y avait mise; et tout le monde disait, en l'écoutant, voilà une femme comme il y en a peu.

Mais le trait fatal est parti : le Bramine tombe mortellement blessé entre les bras de sa fille tremblante.

L'Amitié à l'épreuve.

L'AMITIÉ A L'ÉPREUVE.

Dans l'une de ces écoles de morale où la jeunesse anglaise va étudier les devoirs de l'homme et du citoyen, s'éclairer l'esprit et s'élever l'ame, Nelson et Blanford étaient connus par une amitié digne des premiers âges. Comme elle était fondée sur un parfait accord de sentiments et de principes, le temps ne fit que l'affermir; et plus éclairée chaque jour, elle devint chaque jour plus intime. Mais cette amitié fut mise à une épreuve qu'elle eut de la peine à soutenir.

Leurs études finies, chacun d'eux prit l'état auquel l'appelait la nature. Blanford, actif, robuste et courageux, se décida pour le parti des armes et pour le service de mer. Les voyages furent son école. Endurci aux fatigues, instruit par les dangers, il parvint, de grade en grade, au commandement d'un vaisseau.

Nelson, doué d'une éloquence mâle et d'un esprit sage et profond, fut du nombre de ces députés dont la nation compose son sénat; et dans peu de temps il s'y rendit célèbre.

Ainsi, chacun d'eux servait sa patrie, heureux du bien qu'il lui faisait. Tandis que Blanford soutenait l'épreuve de la guerre et des éléments, Nelson résistait à celle de la faveur et de l'ambition. Exemples d'un zèle héroïque, on eût dit que, jaloux l'un de l'autre, ils disputaient de vertu et de gloire, ou plutôt que, des deux extrémités du monde, le même esprit les animait tous deux.

Courage, écrivait Nelson à Blanford, honore l'amitié en servant la patrie : vis pour l'une, s'il est possible, et meurs pour l'autre, s'il le faut : une mort digne de ses pleurs vaut mieux que la plus longue vie. Courage, écrivait Blanford à Nelson, défends les droits du peuple et de la liberté : un sourire de la patrie vaut mieux que la faveur des rois.

Blanford s'enrichit en faisant son devoir : il revint à Londres avec le butin qu'il avait fait sur les mers de l'Inde; mais de ses trésors, le plus précieux était une jeune Indienne, d'une beauté rare dans tous les climats. Un bramine, à qui le Ciel, pour prix de ses vertus, avait donné cette fille unique, l'avait remise, en expirant, aux mains du généreux Anglais.

Coraly n'avait pas encore atteint sa quinzième année; son père en faisait ses délices et le plus doux objet de ses soins. Le village où il habitait fut pris et pillé par les Anglais. Solinzeb (c'était le nom du bramine) se présente sur le seuil de sa demeure. Arrêtez, dit-il aux soldats qui étaient parvenus jusqu'à son humble asyle, arrêtez : qui que vous soyez, le Dieu de la nature, le Dieu bienfaisant, est le vôtre et le mien; respectez en moi son ministre.

Ces paroles, le son de sa voix, son air vénérable, impriment le respect; mais le trait fatal est parti, le bramine tombe mortellement blessé entre les bras de sa fille tremblante.

Dans ce moment, Blanfort arrive. Il vient réprimer la fureur du soldat. Il s'écrie, il se fait un passage; il voit le bramine penché sur une jeune fille qui le soutient à peine, et qui, chancelante elle-même, baigne le vieillard de ses pleurs. A cette vue, la nature, la beauté, l'amour exercent tous leurs droits sur l'ame de Blanford. Il n'a pas de peine à reconnaître dans Solinzeb le père de celle qui l'embrasse avec une douleur si tendre.

Barbares, dit-il aux soldats, éloignez-vous. Est-ce à la faiblesse et à l'innocence, à des vieillards et à des enfants que vous devez vous attaquer? Mortel sacré pour moi, dit-il au bramine, vivez, vivez; laissez-moi réparer le crime de ces ames féroces. A ces mots, il le prend dans ses bras, le fait coucher, visite sa plaie, et appelle à lui tous les secours de l'art. Coraly, témoin de la piété, de la sensibilité de cet inconnu, croyait voir un dieu descendu du ciel pour secourir et soulager son père.

Blanford, qui ne quittait pas Solinzeb, tâchait d'adoucir la douleur de sa fille; mais elle semblait pressentir son malheur, et passait les nuits et les jours dans les larmes.

Le bramine sentant approcher sa fin : Je voudrais bien, dit-il à Blanford, aller mourir au bord du Gange, et me purifier dans ses eaux. Mon père, lui dit le jeune Anglais, ce serait une consolation facile à vous donner, si tout espoir était perdu; mais pourquoi ajouter au péril où vous êtes, celui d'un transport douloureux? Il y a si loin d'ici au Gange! et puis, (ne vous offensez pas de ma sincérité) c'est la pureté du cœur que le Dieu de la nature exige; et si vous avez observé la loi qu'il a gravée au fond de nos ames, si vous avez fait aux hommes tout le bien que vous avez pu, si vous avez évité de leur nuire, le Dieu qui les aime vous aimera.

Tu es consolant, lui dit le bramine. Mais toi, qui réduis les devoirs de l'homme à une piété simple et à des mœurs pures, comment se peut-il que tu sois à la tête de ces brigands qui ravagent l'Inde et qui se baignent dans le sang?

Vous avez vu, lui dit Blanford, si j'autorise ces ravages. Le commerce nous attire dans l'Inde; et si les hommes étaient de bonne foi, ce mutuel échange de secours serait équitable et paisible. La violence de vos maîtres nous a mis les armes à la main; et de la défense à l'attaque le pas est si glissant, qu'au premier succès, au plus faible avantage, l'opprimé devient oppresseur. La guerre est un état violent qu'il est mal aisé d'adoucir.

Hélas! quand l'homme est dénaturé, comment voulez-vous qu'il soit juste? Ici mon devoir est de protéger le commerce du peuple anglais, d'y faire honorer, respecter ma patrie. En m'acquittant de cet emploi, je ménage, autant que je le puis, le sang et les pleurs que fait verser la guerre : heureux si la mort d'un homme juste, la mort du père de Coraly, est un des crimes et des malheurs que je suis venu épargner au monde! Ainsi parlait le vertueux Blanford, et il embrassait le vieillard.

Tu me persuaderais, lui dit Solinzeb, que la vertu est par-tout la même. Mais tu ne crois point au dieu Vistnou et à ses neuf métamorphoses; comment se peut-il qu'un homme de bien refuse d'y ajouter foi? Écoutez, mon père, reprit l'Anglais, il y a des millions d'hommes sur la terre qui n'ont jamais entendu parler ni de Vistnou ni de ses aventures, et pour qui le soleil se lève tous les jours, et qui respirent un air pur, et qui boivent des eaux salutaires, et à qui la terre prodigue les fruits de toutes les saisons. Le croirez-vous? Il y a parmi ces peuples, comme entre les enfants de Brama, des cœurs vertueux, des hommes justes. L'équité, la candeur, la droiture, la bienfaisance, la piété, sont en vénération chez eux, et même parmi les méchants. O mon père! les songes de l'imagination diffèrent selon les climats; mais le sentiment est par-tout le même; et la lumière, dont il est la source est aussi répandue que celle du soleil.

Cet étranger m'éclaire et m'étonne, disait Solinzeb en lui-même : tout ce que mon cœur, ma raison, la voix intime de la nature, me disent de croire, il le croit aussi; et de mon culte, il ne désavoue que ce que j'ai tant de peine moi-même à ne pas trouver insensé. Tu penses donc, dit-il à Blanford, que l'homme de bien peut mourir tranquille? — Assurément. — Je le pense de même; et j'attends la mort comme un doux sommeil. Mais, après moi, que deviendra ma fille? Je ne vois plus dans ma patrie que la servitude et la désolation. Ma fille n'avait que moi au monde, et dans peu d'instants je ne serai plus. Ah! dit le jeune Anglais, si tel est son malheur que la mort la prive d'un père, daignez la confier à mes soins. J'atteste le Ciel que sa pudeur, son innocence et sa liberté seront un dépôt gardé par l'honneur et à jamais inviolable. — Et dans quels principes sera-t-elle élevée? — Dans les vôtres, si vous voulez; dans les miens, si vous daignez m'en croire; mais toujours dans la modestie et l'honnêteté, qui font par-tout la gloire d'une femme. Jeune homme, reprit le bramine avec un air auguste et menaçant, Dieu vient d'entendre tes paroles, et le vieillard à qui tu parles, sera peut-être dans une heure avec lui. Vous n'avez pas besoin, lui dit Blanford, de me faire sentir la sainteté de mes promesses. Je ne suis qu'un faible mortel, mais rien sous le ciel n'est plus immuable que l'honnêteté de mon cœur. Il dit ces mots d'un courage si ferme, que le bramine en fut pénétré. Viens, Coraly, dit-il à sa fille, viens embrasser ton père expirant, viens embrasser ton nouveau père; qu'il soit après moi ton guide et ton soutien. Voilà, ma fille, ajouta-t-il, le livre de la loi de tes aïeux, le *Veidam*; après l'avoir bien médité, tu te laisseras instruire dans la croyance de ce vertueux étranger; et tu choisiras celui des deux cultes qui te semblera le plus propre à faire des gens de bien.

La nuit suivante, le bramine expira. Sa fille, qui remplissait l'air de ses cris, ne pouvait se détacher de ce corps livide et glacé qu'elle arrosait de ses larmes. Enfin la douleur épuisa ses forces, et l'on profita de son abattement pour l'enlever de ce funeste lieu.

Blanford, que son devoir rappelait d'Asie en Europe, emmena donc avec lui sa pupille; et quoiqu'elle fût belle et facile à séduire, quoiqu'il fût jeune et vivement épris, il respecta son innocence. Pendant le voyage, il s'occupa à lui apprendre un peu d'Anglais, à lui donner une idée des mœurs de l'Europe, et à dégager son esprit docile des préjugés de son pays.

Nelson était allé au-devant de son ami. Ils se revirent l'un l'autre avec la plus sensible joie; mais d'abord la vue de Coraly surprit et affligea Nelson. Que fais-tu de cette enfant? dit-il à Blanford d'un ton sévère; est-ce une captive, une esclave? l'as-tu enlevée à ses parents? as-tu fait gémir la nature? Blanford lui raconta ce qui s'était passé ; il lui fit un portrait si touchant de l'innocence, de la candeur, de la sensibilité de la jeune Indienne, que Nelson lui-même en fut attendri. Voici mon dessein, continua Blanford : auprès de ma mère et sous ses yeux elle s'instruira dans nos mœurs ; je formerai ce cœur simple et docile, et si elle peut être heureuse avec moi, je l'épouserai. — Me voilà tranquille, et je retrouve mon ami.

On vous a peint souvent les surprises et les diverses émotions d'une jeune étrangère à qui tout est nouveau ; Coraly éprouva tous ces mouvements ; mais son heureuse facilité à tout saisir, à tout concevoir, devançait les soins qu'on prenait de l'instruire. L'esprit, les talents et les grâces étaient en elle des dons innés ; on n'eut que la peine de les développer par une légère culture. Elle touchait à sa seizième année, et Blanford allait l'épouser, quand la mort lui enleva sa mère. Coraly la pleura comme si elle eût été la sienne, et les soins qu'elle prit de consoler Blanford le touchèrent sensiblement. Mais pendant le deuil qui retarda la noce, il eut ordre de s'embarquer pour une nouvelle expédition ; il alla voir Nelson, et il lui confia, non pas la douleur qu'il avait de quitter la jeune Indienne, Nelson l'en aurait fait rougir, mais la douleur de la laisser livrée à elle-même, au milieu d'un monde qui lui était inconnu. Si ma mère, dit-il, vivait encore, elle serait son guide; mais le malheur, qui poursuit cette enfant, lui a enlevé son unique appui. As-tu donc oublié, lui dit Nelson, que j'ai une sœur et que ma maison est la tienne? Ah! Nelson, reprit Blanford en fixant les yeux sur les siens, si tu savais quel est ce dépôt que tu veux que je te confie! A ces mots, Nelson sourit amèrement. Voilà, dit-il, une inquiétude bien digne de nous deux! Tu n'oses me confier une femme! Blanford, interdit et confus, rougit. Pardonne, dit-il, à ma faiblesse; elle m'a fait voir du danger où ta vertu n'en trouve aucun. J'ai jugé de ton cœur par le mien; c'est moi que ma crainte humilie. N'en parlons plus; je partirai tranquille, en laissant le dépôt de l'amour sous la garde de l'amitié; mais, mon cher Nelson, si je meurs, puis-je exiger de toi que tu prennes ma place? — Oui, celle de père, je te le promets; n'en demande pas davantage. — C'en est assez; rien ne me retient plus.

Les adieux de Coraly et de Blanford furent mêlés de larmes; mais les larmes de Coraly n'étaient pas celles de l'amour; une vive reconnaissance, une amitié respectueuse étaient les sentiments les plus tendres que Blanford lui eût inspirés. Sa sensibilité ne lui était pas connue; le dangereux avantage de la développer était réservé à Nelson.

Blanford était plus beau que son ami; mais sa beauté, comme son caractère, avait une fierté mâle et sérieuse. Les sentiments qu'il avait conçus pour sa pupille tenaient plus de l'ame d'un père que de celle d'un amant; c'étaient des soins sans complaisance, de la bonté sans agréments, un intérêt tendre, mais triste, et le désir de la rendre heureuse avec lui, plutôt que le désir d'être heureux avec elle.

Nelson, doué d'un caractère plus liant, avait aussi plus de douceur dans les traits et dans le langage. Ses yeux, sur-tout, ses yeux avaient l'éloquence de l'ame.

Son regard, le plus touchant du monde, semblait pénétrer jusqu'au fond des cœurs, et lui ménager avec eux de secrètes intelligences. Sa voix tonnait lorsqu'il fallait défendre les intérêts de la patrie, ses lois, sa gloire, sa liberté; mais dans un entretien familier, elle était sensible et pleine de charmes. Ce qui le rendait plus intéressant encore, c'était un air de modestie répandu dans toute sa personne. Cet homme, qui, à la tête de sa nation, aurait fait trembler un tyran, était, dans la société, d'une timidité craintive; un seul mot de louange le faisait rougir.

Lady Juliette Albury, sa sœur, était une veuve d'un esprit sage et d'un cœur excellent, mais de cette prudence inquiète qui va toujours au-devant du malheur, et qui l'accélère au lieu de l'éviter. Ce fut elle qui fut chargée de consoler la jeune Indienne. J'ai perdu mon second père, lui disait cette aimable fille; je n'ai plus que toi et Nelson dans le monde. Je vous aimerai, je vous obéirai;

ma vie et mon cœur sont à vous. Comme elle embrassait Juliette, Nelson arrive, et Coraly se lève avec un visage riant et céleste, mais encore arrosé de pleurs.

Eh bien! demanda Nelson à sa sœur, l'avez-vous un peu consolée? Oui, je suis consolée, je ne suis plus à plaindre, s'écria la jeune Indienne en essuyant ses beaux yeux noirs. Alors faisant asseoir Nelson à côté de Juliette, et tombant à genoux devant eux, elle leur prit les mains, les mit l'une dans l'autre, et les pressant tendrement dans les siennes : Voilà ma mère, dit-elle à Nelson avec un regard qui eût amolli le marbre; et toi, Nelson, que seras-tu pour moi? — Moi, mademoiselle? votre bon ami. — *Mon bon ami!* cela est charmant! Je serai donc aussi ta bonne amie? Ne me donne que ce nom-là. Oui, ma bonne amie, ma chère Coraly, votre naïveté m'enchante. Mon Dieu, disait-il à sa sœur, la jolie enfant! elle fera le bonheur de ta vie. Si elle ne fait pas le malheur de la tienne, lui répondit sa prévoyante sœur. Nelson sourit avec dédain. Non, lui dit-il, jamais l'amour ne balance dans mon ame les droits de la sainte amitié. Sois tranquille, ma sœur, et livre-toi sans crainte au soin de cultiver ce joli naturel. Blanford sera enchanté d'elle, si, à son retour, elle sait bien la langue; car on lui entrevoit des idées, des nuances de sentiment qu'elle s'afflige de ne pouvoir pas rendre. Ses yeux, ses gestes, les traits de son visage, tout en elle annonce des pensées ingénieuses, qui pour éclore n'attendent que des mots. Ce sera, ma sœur, un amusement pour toi, et tu verras son esprit se développer comme une fleur. — Oui, mon frère, comme une fleur qui nous cache bien des épines.

Lady Albury donnait assiduement des leçons d'anglais à sa pupille, et celle-ci les rendait plus intéressantes chaque jour, en y mêlant des traits de sentiment d'une vivacité, d'une délicatesse qui n'appartient qu'à la simple nature. C'était pour elle un triomphe que la découverte d'un mot qui exprimait quelque douce affection de l'ame ; elle en faisait les applications les plus naïves et les plus touchantes : Nelson arrivait ; elle volait à lui, et lui répétait sa leçon avec une joie, une simplicité qu'il ne trouvait qu'amusante encore. Juliette seule en voyait le danger ; elle voulut le prévenir.

Elle commença par faire entendre à Coraly qu'il n'était pas de la politesse de se tutoyer, et qu'il fallait se dire *vous*, à moins qu'on ne fût frère et sœur. Coraly se fit expliquer ce que c'était que la politesse, et demanda à quoi elle était bonne, si le frère et la sœur n'en avaient pas besoin ? On lui dit que dans le monde elle suppléait à la bienveillance ; elle conclut qu'elle était inutile aux gens qui se voulaient du bien. On ajouta, qu'elle marquait le désir d'obliger et de plaire ; elle répondit que ce désir se marquait tout seul, sans la politesse; puis, donnant pour exemple le petit-chien de Juliette, qui ne la quittait pas, et qui la caressait sans cesse, elle demanda s'il était poli. Juliette se retrancha sur la bienséance, qui n'approuvait pas, disait-elle, l'air trop libre et trop enjoué de Coraly avec Nelson; et celle-ci, qui avait l'idée de la jalousie, parce que la nature en donne le sentiment, s'imagina que la sœur était jalouse des amitiés que lui faisait le frère. Non, lui dit-elle, je ne vous affligerai plus; je vous aime, je vous suis soumise, et je dirai *vous* à Nelson.

Il fut surpris de ce changement dans le langage de Coraly, et il s'en plaignit à Juliette. Le *vous*, disait-il, me déplaît dans sa bouche; il ne va point à sa naïveté. Il me déplaît aussi, reprit l'Indienne; il a quelque chose de repoussant et de sévère; au lieu que le *tu* est si doux, si intime, si attrayant! — Entendez-vous, ma sœur? elle commence à savoir la langue. — Eh! ce n'est pas ce qui m'inquiète; avec une ame comme la sienne on ne s'exprime que trop bien. Expliquez-moi, demanda Coraly à Nelson, d'où peut venir le ridicule usage de dire *vous* en parlant à un seul? — Cela vient, mon enfant, de l'orgueil et de la faiblesse de l'homme : il sent qu'il est peu de chose quand il n'est qu'un; il tâche de se doubler, de se multiplier en idée. — Oui, je conçois cette folie; mais toi, Nelson, tu n'es pas assez vain..... Encore! interrompit Juliette d'un ton sévère. — Eh quoi! ma sœur, allez-vous la gronder? — Venez, Coraly, venez auprès de moi. — Je le lui défends. — Que vous êtes cruelle! est-ce avec moi qu'elle est en danger? Me soupçonnez-vous de lui tendre des piéges? Ah! laissez-lui ce naturel si pur; laissez-lui l'aimable candeur de son pays et de son âge. Pourquoi ternir en elle cette fleur d'innocence plus précieuse que la vertu même, et à laquelle nos mœurs factices ont tant de peine à suppléer? Il me semble, à moi, que la nature s'afflige, lorsque l'idée du mal pénètre dans une ame. Hélas! c'est une plante venimeuse qui ne vient que trop d'elle-même sans qu'on se donne le soin de la semer. — Ce que vous dites là est le plus beau du monde; mais puisque le mal existe, il faut l'éviter, et pour l'éviter, il faut le connaître. Ah! ma pauvre petite Coraly, disait Nelson, dans quel monde es-tu transplantée! quelles mœurs que celles où l'on est obligé de perdre la moitié de son innocence pour en sauver l'autre moitié!

A mesure que les idées morales s'accumulaient dans l'entendement de la jeune Indienne, elle perdait de sa gaîté, de son ingénuité naturelle. Chaque nouvelle institution lui semblait un nouveau lien. Encore un devoir! disait-elle, encore une défense! mon ame en est enveloppée comme d'un filet; on va bientôt la rendre immobile. Que l'on fît un crime de ce qui pouvait nuire, Coraly le concevait sans peine; mais elle ne pouvait imaginer du mal dans ce qui n'en faisait à personne. Quoi de plus heureux, lorsqu'on vit ensemble, disait-elle, que de se voir avec plaisir? Et pourquoi se cacher une impression si douce? Le plaisir n'est-il pas un bienfait? Pourquoi le dérober à celui qui le cause? On feint d'en avoir avec ceux que l'on n'aime pas, et de n'en avoir pas avec ceux que l'on aime! c'est quelque ennemi de la vérité qui a imaginé ces mœurs-là.

De semblables réflexions la plongeaient dans la mélancolie; et lorsque Juliette la lui reprochait, vous en savez la cause, lui disait-elle; tout ce qui contrarie la nature doit l'attrister; et dans vos mœurs tout la contrarie.

Coraly, dans ses petites impatiences, avait quelque chose de si doux et de si touchant, que lady Albury s'accusait elle-même de l'affliger par trop de rigueur. Sa manière de la consoler et de lui rendre sa belle humeur, était de l'employer à de petits services, et de lui commander comme à son enfant. Le plaisir de penser qu'elle était utile la flattait sensiblement; elle en prévoyait l'instant pour le saisir; mais les mêmes soins qu'elle rendait à Juliette, elle eût voulu les rendre à Nelson; et on la désolait en modérant son zèle. Les bons offices de la servitude, disait-elle, sont bas et vils; parce qu'ils ne sont pas volontaires; mais dès qu'ils sont libres, il n'y a plus de honte, et l'amitié les ennoblit. N'ayez pas peur, ma bonne amie, que je me laisse humilier. Quoique bien jeune, avant de quitter l'Inde, j'ai su quelle est la dignité de la tribu où je suis née; et lorsque vos belles dames et vos jeunes lords viennent m'examiner avec une curiosité si familière, leur dédain ne fait que m'élever l'ame; et je sens que je les vaux bien. Mais avec vous et Nelson, qui m'aimez comme votre fille, que peut-il y avoir d'humiliant pour moi?

Nelson lui-même semblait quelquefois confus des peines qu'elle se donnait. Vous êtes donc bien glorieux, lui disait-elle, puisque vous rougissez d'avoir besoin de moi! Je ne suis pas si fière que vous : servez-moi, j'en serai flattée.

Tous ces traits d'une ame ingénue et sensible inquiétaient lady Albury. Je tremble, disait-elle à Nelson quand ils étaient seuls, je tremble qu'elle ne vous aime, et que cet amour ne cause son malheur. Il prit cet avis pour une injure qu'elle faisait à l'innocence. Voilà, dit-il, comme l'abus des mots altère et déplace les idées. Coraly m'aime, je le sais; mais elle m'aime comme elle vous aime. Y a-t-il rien de plus naturel que de s'attacher à qui nous fait du bien? Est-ce la faute de cette enfant, si la douce et vive expression d'un sentiment si juste et si louable est profanée dans nos mœurs? Ce qu'on y attache de criminel lui est-il jamais tombé dans la pensée? — Non, mon ami, vous ne m'entendez pas. Rien de plus innocent que son amour pour vous; mais... — Mais, ma sœur, pourquoi supposer, pourquoi vouloir que ce soit de l'amour? C'est de la bonne et simple amitié qu'elle a pour moi, qu'elle a pour vous de même. — Vous vous persuadez, Nelson, que c'est le même sentiment; voulez-vous en faire l'épreuve? Ayons l'air de nous séparer, et de la réduire aux choix de quitter l'un ou l'autre. — Nous y voilà : des piéges! des détours! Pourquoi lui en imposer? pourquoi l'instruire à feindre? Hélas! son ame se déguise-t-elle? — Oui, je commence à la gèner; elle me craint depuis qu'elle vous aime. — Et pourquoi la lui avoir inspirée, cette crainte? On veut que l'on soit ingénu, et l'on met du péril à l'être; on recommande la vérité, et si elle échappe, on en fait un reproche! Ah! la nature n'a pas tort; elle serait franche, si elle était libre; c'est l'art qu'on emploie à la contraindre, qui la plie à la fausseté. — Voilà des réflexions bien sérieuses, pour ce qui n'est au fond qu'un badinage; car enfin de quoi s'agit-il? d'inquiéter un moment Coraly, pour voir de quel côté penchera son cœur : voilà tout. — Voilà tout! mais voilà un mensonge, et, qui pis est, un mensonge affligeant. — N'y pensons plus, il est inutile d'examiner ce qu'on ne veut pas voir. — Moi, ma sœur! je ne demande qu'à m'éclairer pour mieux me conduire. Le moyen seul m'en a déplu; mais qu'à cela ne tienne; qu'exigez-vous de moi? — Le silence et l'air sérieux. Coraly vient : vous allez nous entendre.

Qu'est-ce donc? leur dit Coraly en les abordant.

Nelson dans un coin! Juliette dans l'autre! Est-ce que vous êtes fâchés? Nous venons de prendre, lui dit Juliette, une résolution qui nous afflige; mais il fallait en venir là. Nous ne logerons plus ensemble; chacun de nous aura sa maison; et nous sommes convenus de vous laisser le choix.

A ces mots Coraly regardait Juliette avec des yeux immobiles de douleur et d'étonnement. C'est moi, dit-elle, qui suis la cause que vous voulez quitter Nelson. Vous êtes fâchée qu'il m'aime; vous êtes jalouse de la pitié que lui inspire une jeune orpheline. Hélas! que n'envierez-vous pas, si vous enviez la pitié, si vous l'enviez à celle qui vous aime, et qui donnerait pour vous sa vie, le seul bien qui lui soit resté? Vous êtes injuste, milady, oui, vous êtes injuste. Votre frère, en m'aimant, ne vous aime pas moins, et, s'il était possible, il vous aimerait davantage; car mes sentiments passeraient dans son ame; et je n'ai à lui inspirer pour vous que la complaisance et l'amour.

Juliette eut beau vouloir lui persuader qu'elle et Nelson se quittaient bons amis. Il n'est pas possible, dit-elle. Vous faisiez vos délices de vivre ensemble. Et depuis quand vous faut-il deux maisons? Les gens qui s'aiment ne sont jamais à l'étroit; l'éloignement ne plaît qu'aux gens qui se haïssent. Vous, ô Ciel, vous haïr! reprit-elle; et qui s'aimera si deux cœurs si bons, si vertueux ne s'aiment pas? C'est moi, malheureuse, qui ai porté le trouble dans la maison de la paix : je veux m'en éloigner; oui, je vous en supplie, renvoyez-moi dans mon pays; j'y trouverai des ames sensibles à mon malheur et à mes larmes, et qui ne me feront pas un crime d'inspirer un peu de pitié.

Vous oubliez, lui dit Juliette, que vous êtes un dépôt remis en nos mains. Je suis libre, répondit fièrement la jeune Indienne; il m'est permis de disposer de moi. Et que ferais-je ici? auprès de qui vivrais-je? de quel œil l'un de vous verrait-il en moi celle qui l'aurait privé de l'autre? Tiendrais-je lieu à Nelson de sa sœur? vous consolerais-je de la perte d'un frère? Moi, destinée à faire le malheur de ce que j'aime uniquement! Non, vous ne vous quitterez point; mes bras seront pour vous une chaîne. Alors se précipitant vers Nelson, et le saisissant par la main : Venez, vous, lui dit-elle, jurer à votre sœur que vous n'aimez rien au monde autant qu'elle. Nelson, ému jusqu'au fond de l'ame, se laissa conduire aux genoux de sa sœur; et Coraly se jetant au cou de Juliette, vous, poursuivit-elle, si vous êtes ma mère, pardonnez-lui d'aimer votre enfant; son cœur a de quoi nous suffire; et si vous y perdez quelque chose, le mien vous en dédommagera. Ah! dangereuse fille, lui dit l'Anglaise attendrie, que vous allez nous causer de peines! Ah! ma sœur, s'écria Nelson qui se sentait presser par Coraly contre le sein de Juliette, avez-vous le courage d'affliger cette enfant?

Coraly, enchantée de son triomphe, baisait tendrement Juliette dans l'instant même que Nelson appuyait son visage sur celui de sa sœur. Il sentit toucher à sa joue la joue brûlante de Coraly qui était encore mouillée de larmes. Il fut surpris du trouble et du saisissement que cet accident lui causa. Heureusement ce n'est là, dit-il, qu'une simple émotion des sens; cela ne va point jusqu'à l'ame. Je me possède, et je suis sûr de moi. Il dissimula cependant à sa sœur ce qu'il eût voulu se cacher à lui-même. Il consola doucement Coraly, en lui avouant que tout ce qu'on venait de lui dire pour l'inquiéter n'était qu'un jeu; mais ce qui n'en est pas un, ajouta-t-il, c'est le conseil que je vous donne de vous défier, ma chère Coraly, de votre cœur trop simple et trop sensible. Rien de plus charmant que ce caractère affectueux et tendre; mais les meilleures choses deviennent bien souvent dangereuses par leur excès.

Ne calmerez-vous pas mes inquiétudes? demanda Coraly à Juliette si-tôt que Nelson se fut retiré. Quoi qu'on me dise, il n'est pas naturel que l'on se fasse un jeu de ma douleur. Il y a quelque chose de sérieux dans ce badinage. Je vous vois tristement émue; Nelson lui-même était saisi de je ne sais quelle frayeur; j'ai senti sa main trembler dans la mienne; mes yeux ont rencontré les siens, et j'y ai vu quelque chose de tendre et de douloureux à-la-fois. Il craint ma sensibilité; il semble avoir peur que je ne m'y livre. Ma bonne amie, serait-ce un mal d'aimer? — Oui, mon enfant, puisqu'il faut vous le dire, c'en est un pour vous et pour lui. Une femme, vous l'avez pu voir dans l'Inde comme parmi nous, une femme est destinée à la société d'un seul homme; et par cette union solennelle et sainte, le plaisir d'aimer est pour elle un devoir. Je sais cela, dit Coraly ingénument : c'est ce qu'on appelle mariage. — Oui, Coraly; et cette amitié est louable entre deux époux; mais jusques-là elle est interdite. — Cela n'est pas raisonnable, dit la jeune Indienne; car avant de s'unir l'un à l'autre, il faut savoir si l'on s'aimera; et ce n'est qu'autant que l'on s'aime déja que l'on est sûr de s'aimer encore. Par exemple, si Nelson m'aimait comme je l'aime, il serait bien clair que chacun de nous aurait rencontré sa moitié. — Et ne voyez-vous pas de combien d'égards et de convenances nous sommes esclaves, et que vous n'êtes pas destinée à Nelson? Je vous entends, dit Coraly en baissant les yeux; je suis pauvre, et Nelson est riche; mais mon malheur au moins ne me défend pas d'honorer, de chérir la vertu bienfaisante. Si un arbre avait du sentiment, il se plairait à voir celui qui le cultive se reposer sous son ombrage, respirer le parfum de ses fleurs, goûter la douceur de ses fruits : je suis cet arbre cultivé par vous deux, et la nature m'a donné une ame.

Juliette sourit de la comparaison; mais bientôt elle lui fit sentir que rien ne serait moins décent que ce qui lui semblait si juste. Coraly l'écouta, rougit; et dès-lors à sa gaieté, à son ingénuité naturelle, succéda l'air le plus réservé et le maintien le plus timide. Ce qui la blessait le plus dans nos mœurs, quoiqu'elle en eût pu voir des exemples dans l'Inde, c'était l'excessive inégalité des richesses; mais elle n'en avait point encore été humiliée : elle le fut pour la première fois.

Madame, dit-elle le lendemain à Juliette, ma vie se passe à m'instruire de choses assez superflues. Une industrie qui donne du pain me sera beaucoup plus utile. C'est une ressource que je vous supplie de vouloir bien me procurer. Vous n'y serez jamais réduite, lui dit l'Anglaise; et sans parler de nous, ce n'est pas en vain que Blanford a pris avec vous la qualité de père. Les bienfaits, reprit Coraly, engagent souvent plus qu'on ne veut. Il n'est pas honteux d'en recevoir; mais je sens bien qu'il est encore plus honnête de s'en passer. Juliette eut beau se plaindre de cet excès de délicatesse, Coraly ne voulut plus entendre parler d'amusements ni de vaines études. Parmi les travaux qui conviennent à de faibles mains, elle choisit ceux qui demandaient le plus d'adresse et d'intelligence; et en s'y appliquant, sa seule inquiétude était de savoir s'ils donnaient de quoi vivre. Vous voulez donc me quitter? lui demanda Juliette. Je veux me mettre, répondit Coraly, au-dessus de tous les besoins, excepté celui de vous aimer. Je veux pouvoir vous délivrer de moi, si je nuis à votre bonheur; mais si je puis y contribuer, n'ayez pas peur que je m'éloigne. Je vous suis inutile, et je vous suis chère; ce désintéressement est un exemple que je me crois digne d'imiter.

Nelson ne savait que penser de l'application de Coraly à un travail tout mécanique, et du dégoût qui lui avait pris pour les choses de pur agrément. Il voyait avec la même surprise la modeste simplicité qu'elle avait mise dans sa parure; il lui en demanda la raison. Je m'essaie à être pauvre, lui répondit-elle avec un sourire, et ses yeux baissés se mouillèrent de pleurs. Ces mots, ces larmes échappées l'émurent jusqu'au fond du cœur. O Ciel! dit-il, ma sœur lui aurait-elle fait craindre de se voir pauvre et délaissée! Dès qu'il fut seul avec Juliette, il la pressa de l'en éclaircir.

Hélas! dit-il après l'avoir entendue, quels soins cruels vous vous donnez pour empoisonner sa vie et la mienne! Quand vous seriez moins sûre de son innocence, ne l'êtes-vous pas de mon honnêteté?—Ah! Nelson, ce n'est pas le crime, c'est le malheur qui m'épouvante. Vous voyez avec quelle sécurité dangereuse elle se livre au plaisir de vous voir, comme elle s'attache insensiblement à vous, comme la nature l'attire, à son insu, dans les piéges qu'elle lui cache. Allez, mon ami, à votre âge et au sien le nom d'amitié n'est qu'un voile. Et que ne puis-je vous laisser tous les deux dans l'illusion ! Mais, Nelson, votre devoir m'est plus cher que votre repos. Coraly est destinée à votre ami; lui-même il vous l'a confiée; et sans le vouloir vous la lui enlevez. — Moi, ma sœur ! qu'osez-vous me prédire ? — Ce que vous devez éviter. Je veux qu'en vous aimant elle consente à se donner à Blanford; je veux qu'il se flatte d'en être aimé, et qu'il soit heureux avec elle; sera-t-elle heureuse avec lui? Et ne fussiez-vous sensible qu'à la pitié dont elle est si digne, quelle douleur n'aurez-vous pas d'avoir troublé, peut-être à jamais, le repos de cette infortunée? Mais encore serait-ce un prodige de la voir se consumer d'amour, et de vous borner à la plaindre. Vous l'aimerez..... que dis-je? ah ! Nelson, plût au Ciel qu'il fût temps encore!.... — Oui, ma sœur, il est temps de prendre telle résolution qu'il vous plaira. Je ne vous demande que de ménager la sensibilité de cette ame innocente, et de ne pas trop l'affliger. — Votre absence l'affligera sans doute; mais cela seul peut la guérir. Voici le temps de la campagne : je devais vous y suivre, y mener Coraly; vous irez seul : nous resterons à Londres. Ecrivez cependant à Blanford que nous avons besoin de lui.

Dès que l'Indienne vit que Nelson la laissait à Londres avec Juliette, elle se crut jetée dans un désert, et abandonnée de la nature entière ; mais comme elle avait appris à rougir, et par conséquent à dissimuler, elle prit pour excuse de sa douleur le reproche qu'elle se faisait de les séparer l'un de l'autre. Vous deviez le suivre, disait-elle à milady ; c'est moi qui vous retiens. Ah ! malheureuse que je suis ! laissez-moi seule, abandonnez-moi. Et en disant ces mots elle pleurait amèrement. Plus Juliette voulait la dissiper, plus elle augmentait ses peines. Tous les objets qui l'environnaient ne faisaient qu'effleurer ses sens ; une seule idée occupait son ame. Il fallait une espèce de violence pour l'en distraire ; et dès qu'on la laissait livrée à ses réflexions, à l'instant même sa pensée revolait vers l'objet qu'on lui avait fait quitter. Si devant elle on prononçait le nom de Nelson, une vive rougeur colorait son visage, son sein s'élevait, ses lèvres palpitaient, tout son corps était saisi d'un tremblement sensible. Juliette la surprenait à la promenade, traçant sur le sable, d'espace en espace, les lettres de ce nom chéri. Le portrait de Nelson décorait l'appartement de Juliette ; les yeux de Coraly ne manquaient jamais de s'y attacher dès qu'ils étaient libres : elle avait beau vouloir les en détourner, ils y revenaient bientôt comme d'eux-mêmes, et par un de ces mouvements dont l'ame est complice, et non pas confidente. L'ennui où elle était plongée se dissipait à cette vue, son ouvrage lui tombait des mains ; et tout ce que la douleur et l'amour ont de plus tendre animait alors sa beauté.

Lady Albury crut devoir encore éloigner cette faible image. Ce fut pour Coraly un malheur désolant : son désespoir ne se modéra plus. Cruelle amie, dit-elle à Juliette, vous vous plaisez à m'affliger; vous voulez que toute ma vie ne soit que douleur et amertume; si quelque chose adoucit mes peines, vous me l'ôtez impitoyablement. C'est peu d'éloigner de moi celui que j'aime; son ombre même a pour moi trop de charmes : vous m'enviez le plaisir, le faible plaisir de la voir. — Ah! malheureuse enfant, que voulez-vous? — L'aimer, l'adorer, vivre pour lui, tandis qu'il vivra pour une autre. Je n'espère rien, je ne demande rien. Mes mains me suffisent pour vivre, mon cœur me suffit pour aimer. Je vous suis importune, peut-être odieuse; éloignez-moi de vous, et ne me laissez que cette image où son ame respire, où je crois du moins la voir respirer. Je le verrai, je lui parlerai, je me persuaderai qu'il voit couler mes larmes, qu'il entend mes soupirs, et qu'il en est touché. — Eh! pourquoi nourrir, ma chère Coraly, ce feu cruel qui vous consume? Je vous afflige, mais c'est pour votre bien, et pour le repos de Nelson. Voulez-vous le rendre malheureux? Il le sera, s'il sait que vous l'aimez, et plus encore s'il vous aime. Vous n'êtes pas en état d'entendre mes raisons; mais ce penchant, que vous croyez si doux, serait le poison de sa vie. Ayez pitié, mon aimable enfant, de votre ami et de mon frère : épargnez-lui des remords, des combats qui le conduiraient au tombeau. Coraly frémit à ce discours. Elle pressa milady de lui dire ce que l'amour de Nelson pour elle aurait de funeste pour lui. M'expliquer davantage, lui dit Juliette, ce serait vous rendre odieux ce que vous devez à jamais chérir; mais le plus saint de tous les devoirs lui interdit l'espoir d'être à vous.

Comment exprimer la désolation où l'ame de Coraly fut plongée? Quelles mœurs, quel pays, disait-elle, où l'on ne peut pas disposer de soi, où le premier des biens, l'amour mutuel, est un mal effroyable ! Il faut donc que je tremble de revoir Nelson ! il faut que je tremble de lui plaire ! De lui plaire ! hélas ! j'aurais donné ma vie pour être un moment à ses yeux aussi aimable qu'il l'est aux miens. Éloignons-nous de ce bord funeste où l'on se fait un malheur d'être aimé.

Coraly entendait parler tous les jours de vaisseaux qui faisaient voile pour sa patrie. Elle résolut de s'embarquer, sans dire adieu à Juliette. Seulement un soir, à l'heure du sommeil, Juliette sentit qu'en lui baisant la main, ses lèvres la pressaient plus tendrement que de coutume, et qu'il lui échappait de profonds soupirs. Elle me quitte plus émue qu'elle ne le fut jamais, se dit Juliette alarmée : ses yeux se sont attachés sur les miens avec l'expression la plus vive de la tendresse et de la douleur. Que se passe t-il de nouveau dans son ame? Cette inquiétude la troubla toute la nuit; et le lendemain matin elle envoya savoir si Coraly reposait encore. On lui apprit qu'elle était sortie seule et dans l'habit le plus simple, et qu'elle avait pris le chemin du port. Lady Albury se lève désolée, et fait courir après l'Indienne. On la trouve à bord d'un vaisseau, y sollicitant une place, environnée de matelots, que sa beauté, ses grâces, sa jeunesse, le son de sa voix, et sur-tout la naïveté de sa prière, ravissaient de surprise et d'admiration. Elle n'avait pour tout équipage que ce qu'exigeait le besoin. Tout ce qu'on lui avait donné de précieux, elle l'avait laissé, hors un petit cœur de crystal qu'elle avait reçu de Nelson.

Au nom de Lady Albury, elle céda sans résistance, et se laissa remmener. Elle parut devant elle un peu confuse de son évasion; mais à ses reproches, elle répondit qu'elle était malheureuse et libre. — Eh quoi! ma chère Coraly, ne voyez-vous ici pour vous que le malheur? Si je n'y voyais que le mien, dit-elle, je ne m'éloignerais jamais : c'est le malheur de Nelson qui m'épouvante; et c'est pour son repos que je veux le fuir.

Juliette ne savait que répondre : elle n'osait lui parler des droits que Blanford avait acquis sur elle; c'eût été le lui faire haïr comme la cause de son malheur. Elle aima mieux diminuer ses craintes. Je n'ai pu vous dissimuler, lui dit-elle, tout le danger d'un inutile amour; mais le mal n'est pas sans remède. Six mois d'absence, la raison, l'amitié, que sais-je?.... un autre objet peut-être... L'Indienne l'interrompit. Dites, la mort: voilà mon seul remède. Quoi, la raison me guérira d'aimer le plus accompli, le plus digne des hommes ! six mois d'absence me donneront une ame qui ne l'aime pas ! Le temps change-t-il la nature? L'amitié me plaindra; mais me guérira-t-elle? Un autre objet !.... vous ne le croyez pas; vous ne nous faites pas cette injure. Il n'y a pas deux Nelson dans le monde : mais quand il y en aurait mille, je n'ai qu'un cœur; il est donné. C'est, dites-vous, un don funeste : je ne le conçois pas; mais si cela est, laissez-moi m'éloigner de Nelson, lui dérober ma vue et mes larmes. Il n'est pas insensible, il en serait ému; et si c'est pour lui un malheur de m'aimer, la pitié pourrait l'y conduire. Hélas ! qui peut se voir avec indifférence chérir comme un père, révérer comme un dieu; qui peut se voir aimer comme je l'aime, et ne pas aimer à son tour? Vous ne l'exposerez pas à ce péril, reprit Juliette : vous lui cacherez votre faiblesse, et vous en triompherez. Non, Coraly, ce n'est pas la force qui vous manque, c'est le courage de la vertu. — Hélas ! j'ai du courage contre le malheur; mais en est-il contre l'amour? Et quelle vertu voulez-vous que je lui oppose? elles sont toutes d'accord avec lui. Non, milady, vous avez beau dire : vous jetez des nuages dans mon esprit, vous n'y répandez aucune lumière. J'ai besoin de voir et d'entendre Nelson : il décidera de ma vie.

Lady Albury, dans la plus cruelle perplexité, voyant la malheureuse Coraly sécher et languir dans les larmes, et demander qu'on la laissât partir, se résolut à écrire à Nelson qu'il vînt dissuader cette enfant du dessein de retourner dans l'Inde, et la sauver du dégoût de la vie, qui la consumait tous les jours ; mais Nelson lui-même n'était pas moins à plaindre. A peine s'était-il éloigné de Coraly, qu'il avait senti le danger de la voir, par la répugnance qu'il avait à la fuir. Tout ce qui ne lui avait paru qu'un badinage auprès d'elle, devint sérieux par la privation. Dans le silence de la solitude, il avait interrogé son ame ; il y avait trouvé l'amitié languissante, le zèle du bien public affaibli, presque éteint, et l'amour seul y dominant avec cet empire doux et terrible qu'il exerce sur les bons cœurs. Il s'aperçut, avec effroi, que sa raison même s'était laissée séduire. Les droits de Blanford n'étaient plus si sacrés ; le crime involontaire de lui enlever le cœur de Coraly était au moins très-excusable ; après tout, l'Indienne était libre, et Blanford lui-même n'aurait pas voulu lui faire un devoir d'être à lui. Ah ! malheureux, reprit Nelson épouvanté de ces idées, où m'égare un aveugle amour ? Le poison du vice me gagne, mon cœur est déja corrompu. Est-ce à moi d'examiner si le dépôt qui m'est remis appartient à celui qui me le confie? et m'en suis-je établi le juge quand j'ai promis de le garder? L'Indienne est libre; mais le suis-je moi-même? Douterais-je des droits de Blanford, si ce n'était pour les usurper? Mon crime a commencé par être involontaire; mais il ne l'est plus sitôt que j'y consens. Moi, justifier le parjure! moi, trouver excusable un infidèle ami! Qui te l'eût dit, Nelson, qui te l'eût dit, en embrassant le vertueux Blanford, que tu révoquerais en doute s'il te serait permis de lui ravir celle qui doit être son épouse, et qu'il a remise à ta foi? A quel excès l'amour avilit l'homme! et quelle étrange révolution son ivresse fait dans un cœur! Ah! qu'il déchire le mien, s'il veut; il ne le rendra ni perfide ni lâche; et si ma raison m'abandonne, ma conscience du moins ne me trahira pas. Sa lumière est incorruptible : le nuage des passions ne peut l'obscurcir : voilà mon guide; et l'amitié, l'honneur, la bonne foi, ne sont pas encore sans appui.

Cependant l'image de Coraly le poursuivait sans cesse. S'il ne l'eût vue qu'avec tous ses charmes, parée de sa simple beauté, portant sur le front la sérénité de l'innocence, le sourire de la candeur sur les lèvres, le feu du désir dans les yeux, et dans toutes les grâces de sa personne l'air attrayant de la volupté, il eût trouvé dans ses principes, dans la sévérité de ses mœurs, de quoi résister à la séduction; mais il croyait voir cette aimable enfant, aussi sensible que lui, plus faible, et n'ayant pour défense qu'une sagesse qui n'était pas la sienne, s'abandonner innocemment à un penchant qui ferait son malheur; et la pitié qu'elle lui inspirait servait d'aliment à l'amour. Nelson s'accusait d'aimer Coraly; mais il se pardonnait de la plaindre. Sensible aux maux qu'il allait lui causer, il ne pouvait se peindre ses larmes sans penser aux beaux yeux qui devaient les répandre, au sein naissant qu'elles arroseraient : ainsi, la résolution de l'oublier la lui rendait encore plus chère. Il s'y attachait en y renonçant; mais à mesure qu'il se sentait plus faible, il devenait plus courageux. Cessons, disait-il, de vouloir nous guérir : je m'épuise en efforts inutiles; c'est un accès qu'il faut laisser passer. Je brûle, je languis, je me meurs, mais tout cela se borne à souffrir; et je ne dois compte qu'à moi de ce qui se passe au dedans de moi-même. Pourvu qu'il ne m'échappe au dehors rien qui décèle ma passion, mon ami n'a point à se plaindre. Ce n'est qu'un malheur d'être faible; et j'ai le courage d'être malheureux.

Ce fut dans cette résolution de mourir plutôt que de trahir l'amitié, que le trouva la lettre de sa sœur. Il la lut avec une émotion, un saisissement inexprimables. O douce et tendre victime! disait-il, tu gémis! tu veux t'immoler à mon repos et à mon devoir! Pardonne : le Ciel m'est témoin que je ressens plus vivement que toi toutes les peines que je te cause. Puisse bientôt mon ami, ton époux, venir essuyer tes précieuses larmes ! Il t'aimera comme je t'aime; il fera son bonheur du tien. Cependant il faut que je la voie, pour la retenir et la consoler. Que je la voie! à quoi je m'expose! Ses grâces touchantes, sa douleur, son amour, ces larmes que je fais couler et qu'il serait si doux de recueillir, ces soupirs que laisse échapper un cœur simple et sans artifice, ce langage de la nature, où l'ame la plus sensible se peint avec tant de candeur; quelles épreuves à soutenir! Que deviendrai-je? et que puis-je lui dire? N'importe, il faut la voir, lui parler en ami, en père. Je n'en serai, après l'avoir vue, que plus troublé, plus malheureux; mais ce n'est pas de mon repos qu'il s'agit; il y va du sien; il y va sur-tout du bonheur d'un ami pour lequel il faut qu'elle vive. Je suis sûr de me vaincre moi-même; et quelque pénible que soit le combat, il y aurait de la faiblesse et de la honte à l'éviter.

A l'arrivée de Nelson, Coraly, tremblante et confuse, osait à peine se présenter à lui. Elle avait souhaité son retour avec ardeur; et en le voyant, un froid mortel se glissa dans ses veines. Elle parut comme devant un juge qui allait d'un seul mot décider de son sort.

Quel fut l'attendrissement de Nelson, de voir les roses de la jeunesse fanées sur ses belles joues, et le feu de ses yeux presque éteint! Venez, dit Juliette à son frère, tranquilliser l'esprit de cette enfant, et la guérir de sa mélancolie. L'ennui la consume auprès de moi; elle veut retourner dans l'Inde.

Nelson, lui parlant avec amitié, voulut l'engager, par de doux reproches, à s'expliquer devant sa sœur : mais Coraly gardait le silence : et Juliette, qui s'aperçut qu'elle la gênait, s'éloigna.

Qu'avez-vous, Coraly? que vous avons-nous fait, lui dit Nelson; quelle douleur vous presse? — Ne le savez-vous pas? n'avez-vous pas dû voir que ma joie et que ma douleur ne peuvent plus avoir qu'une cause? Cruel ami, je ne vis que pour vous; et vous me fuyez! Vous voulez que je meure!... Mais non, vous ne le voulez pas; on vous le fait vouloir; on fait plus, on exige de moi que je renonce à vous, et que je vous oublie. On m'épouvante, on me flétrit l'ame, et on vous oblige à me désespérer. Je ne vous demande qu'une grâce, poursuivit-elle en se jetant à ses genoux, c'est de me dire qui j'offense en vous aimant, quel devoir je trahis, et quel malheur je cause. Y a-t-il ici des lois assez cruelles? y a-t-il des tyrans assez rigoureux, pour m'interdire le plus digne usage de mon cœur et de ma raison? Faut-il ne rien aimer dans le monde, ou, si je puis aimer, pouvais-je mieux choisir?

Ma chère Coraly, lui répondit Nelson, rien n'est plus vrai, rien n'est plus tendre que l'amitié qui m'attache à vous. Il serait impossible, il serait même injuste que vous n'y fussiez pas sensible. — Ah! je respire : c'est là parler raison. —

Mais quoiqu'il fût bien doux pour moi d'être ce que vous avez de plus cher au monde; c'est à quoi je ne puis prétendre, ni ne dois même consentir. — Hélas! je ne vous entends plus. — Lorsque mon ami vous a confiée à ma foi, il vous était cher? — Il l'est encore. — Vous eussiez fait votre bonheur d'être à lui? — Je le crois. — Vous n'aimiez rien tant que lui dans le monde? — Je ne vous connaissais pas. — Blanford, votre libérateur, le dépositaire de votre innocence, en vous aimant, a droit d'être aimé. — Ses bienfaits me sont toujours présents : je le chéris comme un second père. — Eh bien, sachez qu'il a résolu de vous unir à lui par un lien plus doux encore et plus sacré que celui des bienfaits. Il m'a confié la moitié de lui-même; et, à son retour, il n'aspire qu'au bonheur d'être votre époux. Ah! dit Coraly soulagée, voilà donc l'obstacle qui nous sépare? Soyez tranquille, il est détruit. — Comment? — Jamais, jamais, je vous le jure, Coraly ne sera l'épouse de Blanford. — Il faut que cela soit. — Cela n'est pas possible : Blanford lui-même l'avouera. — Quoi! celui qui vous a reçue de la main d'un père expirant, et qui lui-même vous a servi de père! — A ce titre sacré, je révère Blanford; mais qu'il n'exige rien de plus. — Vous avez donc résolu son malheur? — J'ai résolu de ne tromper personne. Si je m'étais donnée à Blanford et que Nelson me demandât ma vie, je donnerais ma vie à Nelson, je serais parjure à Blanford. — Que dites-vous? — Ce que j'oserai dire à Blanford lui-même. Et pourquoi dissimulerais-je? Est-ce de moi qu'il dépend d'aimer? — Ah! que vous me rendez coupable! — Vous? et de quoi? d'être aimable à mes yeux? Ah! le Ciel dispose de nous. C'est lui qui a donné à Nelson ces grâces, ces vertus qui m'enchantent; c'est lui qui m'a donné cette ame qu'il a faite exprès pour Nelson. Si l'on savait comme elle en est remplie, comme il est impossible qu'elle aime rien plus que vous, rien comme vous!.... Ah! qu'on ne me parle jamais de vivre, si ce n'est pas pour vous que je vis. — Et c'est ce qui me désespère. De quels reproches mon ami n'a-t-il pas droit de m'accabler? — Lui? et de quoi peut-il se plaindre? Qu'a-t-il perdu? que lui avez-vous ravi? J'aime Blanford comme un père tendre; j'aime Nelson comme moi-même, et plus que moi-même; ces sentiments ne sont pas exclusifs. Si Blanford m'a remise en vos mains, comme un dépôt qui était à lui, ce n'est pas vous, c'est lui qui est injuste. — Hélas! c'est moi qui vous oblige à le réclamer, ce bien que je lui enlève : il serait à lui, s'il n'était pas à moi; et le gardien en est le ravisseur. — Non, mon ami, soyez équitable. J'étais à moi, je suis à vous: moi seule j'ai pu me donner, et c'est à vous que je me suis donnée. En attribuant à l'amitié des droits qu'elle n'a pas, c'est vous qui les usurpez pour elle; et vous vous rendez complice de la violence qu'on me fait. — Lui, mon ami, vous faire violence ! — Et que m'importe qu'il l'exerce lui-même, ou que vous l'exerciez pour lui? en suis-je moins traitée en esclave? Un seul intérêt vous occupe et vous touche; mais qu'un autre que votre ami voulût me retenir captive, loin d'y souscrire, ne vous feriez-vous pas une gloire de m'affranchir? Ce n'est donc que pour l'amitié que vous trahissez la nature! Que dis-je, la nature! Et l'amour, Nelson, l'amour aussi n'a-t-il pas ses droits? N'y a-t-il pas quelque loi parmi vous en faveur des ames sensibles ? Est-il juste et généreux d'accabler, de désespérer une amante, et de déchirer, sans pitié, un cœur dont le seul crime est de vous aimer?

Les sanglots lui coupèrent la voix; et Nelson, qui l'en vit suffoquée, n'eut pas même le temps d'appeler sa sœur. Il se hâte de dénouer les rubans qui tenaient son sein à la gêne; et alors tout ce que la jeunesse dans sa fleur a de charmes, fut dévoilé aux yeux de cet amant passionné. La frayeur dont il était saisi l'y rendit d'abord insensible; mais lorsque l'Indienne, reprenant ses esprits, et se sentant presser dans ses bras, tressaillit d'amour et de joie, et qu'en ouvrant ses beaux yeux languissants, elle chercha les yeux de Nelson : Puissances du Ciel, dit-il, soutenez-moi; toute ma vertu m'abandonne. Vivez, ma chère Coraly. — Vous voulez que je vive, Nelson? vous voulez donc que je vous aime? — Non, je serais parjure à l'amitié, je serais indigne de voir la lumière, indigne de revoir mon ami. Hélas ! il me l'avait prédit, et je n'ai pas daigné l'en croire. J'ai trop présumé de mon cœur. Ayez-en pitié, Coraly, de ce cœur que vous déchirez. Laissez-moi vous fuir et me vaincre. Ah ! tu veux ma mort, lui dit-elle en tombant de défaillance à ses genoux. Nelson, qui croit voir expirer ce qu'il aime, se précipite pour l'embrasser, et se retenant tout-à-coup à la vue de Juliette, ma sœur, dit-il, secourez-la : c'est à moi de mourir. En achevant ces mots, il s'éloigne.

Où est-il ? demanda Coraly en ouvrant les yeux. Que lui ai-je fait ? pourquoi me fuir ? et vous, Juliette, plus cruelle encore, pourquoi me rappeler à la vie ?

Sa douleur redoubla quand elle apprit que Nelson venait de partir ; mais la réflexion lui rendit un peu d'espoir et de courage. Le trouble et l'attendrissement que Nelson n'avait pu lui dissimuler, l'effroi dont elle l'avait vu saisi, les paroles tendres qui lui étaient échappées, et la violence qu'il s'était faite pour se vaincre et pour s'éloigner, tout lui persuada qu'elle était aimée. S'il est vrai, dit-elle, je suis heureuse. Blanford reviendra, je lui avouerai tout ; il est trop juste et trop généreux pour vouloir me tyranniser. Mais cette illusion fut bientôt dissipée.

Nelson reçut, à la campagne, une lettre de son ami qui lui annonçait son retour. J'espère, disait-il à la fin de sa lettre, me voir dans trois mois réuni à tout ce que j'aime. Pardonne, mon ami, si je t'associe dans mon cœur l'aimable et tendre Coraly. Mon ame fut long-temps à toi seul; aujourd'hui elle se partage. Je t'ai confié les plus doux de mes vœux, et j'ai vu l'amitié applaudir à l'amour. Je fais mon bonheur de l'une et de l'autre; je fais mon bonheur de penser que, par tes soins et les soins de ta sœur, je reverrai ma chère pupille, l'esprit orné de nouvelles connaissances, l'ame enrichie de nouvelles vertus, plus aimable, s'il est possible, et plus disposée à m'aimer. Ce sera pour moi la félicité pure de posséder en elle un de vos bienfaits.

Lisez cette lettre, écrivait Nelson à sa sœur, et la faites lire à Coraly. Quelle leçon pour moi! quel reproche pour elle!

C'en est fait, dit Coraly après avoir lu, je ne serai jamais à Nelson; mais qu'il n'exige pas que je sois à un autre. La liberté de l'aimer est un bien auquel je ne puis renoncer. Cette résolution la soutint; et Nelson, dans sa solitude, était bien plus malheureux qu'elle.

Par quelle fatalité, disait-il, ce qui fait le charme de la nature et les délices de tous les cœurs, le bien d'être aimé, fait-il mon supplice? Que dis-je, être aimé? ce n'est rien; mais être aimé de ce que j'aime! toucher au bonheur! n'avoir qu'à m'y livrer!... Ah! tout ce que je puis c'est de fuir : inviolable et sainte amitié, n'en demande pas davantage. En quel état j'ai vu cette enfant! en quel état je l'ai abandonnée! Elle a bien raison de le dire, elle est esclave de mes devoirs. Je l'immole comme une victime; et c'est à ses dépens que je suis généreux. Il y a donc des vertus qui blessent la nature; et pour être honnête, on est donc quelquefois obligé d'être injuste et cruel. O mon ami, puisses-tu recueillir le fruit des efforts qu'il m'en coûte, jouir du bien que je te cède, et vivre heureux de mon malheur! Oui, je désire qu'elle t'aime; je le désire, le Ciel m'en est témoin; et de toutes mes peines, la plus sensible est de douter du succès de mes vœux.

Il n'était pas possible que la nature se soutînt dans un état si violent. Nelson, après de longs combats, cherchait le repos. Plus de repos pour lui. Sa constance enfin s'épuisa, et son ame découragée tomba dans une langueur mortelle. La faiblesse de sa raison, l'inutilité de sa vertu, l'image d'une vie pénible et douloureuse, le vide et le néant où tomberait son ame, s'il cessait d'aimer Coraly, les maux sans relâche qu'il avait à souffrir s'il l'aimait toujours, et plus encore l'idée effrayante de voir, d'envier, de haïr peut-être un rival dans son fidèle ami, tout lui faisait un tourment de la vie, tout le pressait d'en abréger le cours. Des motifs plus forts le retinrent. Il n'était pas dans les principes de Nelson qu'un homme, un citoyen pût disposer de soi. Il se fit une loi de vivre, consolé d'être malheureux, s'il pouvait encore être utile au monde, mais consumé d'ennui et de tristesse, et devenu comme insensible à tout.

Le temps marqué pour le retour de Blanford approchait. Il était essentiel que tout fût disposé pour lui cacher le mal qu'avait fait son absence; et qui résoudrait Coraly à dissimuler, si ce n'était Nelson? Il revint donc à Londres, mais languissant, abattu, au point d'en être méconnaissable. Sa vue accabla de douleur Juliette; et quelle impression ne fit-elle pas sur l'ame de Coraly! Nelson prit sur lui pour les rassurer; mais cet effort même acheva de l'abattre. La fièvre lente qui le consumait redoubla : il fallut céder; et ce fut alors un nouveau combat entre sa sœur et la jeune Indienne. Celle-ci ne voulait pas quitter le chevet du lit de Nelson. Elle demandait instamment qu'on agréât ses soins et ses veilles. On l'éloignait par pitié pour elle et par ménagement pour lui; mais elle n'en goûtait pas davantage le repos qu'on voulait lui rendre. A tous les instants de la nuit, on la trouvait errante autour de l'appartement du malade, ou immobile sur le seuil de la porte, les larmes aux yeux, l'ame sur les lèvres, l'oreille attentive aux bruits les plus légers, qui tous la glaçaient de frayeur.

Nelson s'aperçut que sa sœur ne la lui laissait voir qu'à regret. Ne l'affligez pas, lui dit-il; cela est inutile : la sévérité n'est plus de saison ; c'est par la douceur et la patience qu'il faut tâcher de nous guérir.

Coraly, ma bonne amie, lui dit-il un jour qu'ils étaient seuls avec Juliette, vous donneriez bien quelque chose pour me rendre la santé, n'est-ce pas? — O Ciel! je donnerais ma vie. — Vous pouvez me guérir à moins. Nos préjugés sont peut-être injustes, et nos principes inhumains; mais l'honnête homme en est esclave. Je suis l'ami de Blanford dès l'enfance; il compte sur moi comme sur lui-même; et le chagrin de lui enlever un cœur dont il m'a fait dépositaire, creuse tous les jours mon tombeau. Vous pouvez voir si j'exagère. Je ne vous cache pas la source du poison lent qui me consume. Vous seule pouvez la tarir. Je ne l'exige pas; vous serez toujours libre; mais on chercherait vainement un autre remède à mon mal. Blanford arrive. S'il s'aperçoit de votre éloignement pour lui, si vous lui refusez cette main qui, sans moi, lui était accordée, soyez bien sûre que je ne survivrai pas à son malheur et à mes remords. Nos embrassements seront nos adieux. Consultez-vous, ma chère enfant; et si vous voulez que je vive, réconciliez-moi avec moi-même, justifiez-moi envers mon ami. Ah! vivez, et disposez de moi, lui dit Coraly s'oubliant elle-même; et ces mots, désolants pour l'amour, portèrent la joie au sein de l'amitié.

Mais, reprit l'Indienne après un long silence, comment puis-je me donner à celui que je n'aime plus, le cœur plein de celui que j'aime? — Mon enfant, dans une ame honnête, le devoir triomphe de tout. En perdant l'espoir d'être à moi, vous en perdrez bientôt l'idée. Il vous en coûtera sans doute; mais il y va de ma vie; et vous aurez la consolation de m'avoir sauvé. — C'est tout pour moi; je me donne à ce prix. Sacrifiez votre victime; elle gémira, mais elle obéira. Vous cependant, Nelson, vous, la vérité même, vous voulez que je me déguise, que j'en impose à votre ami! m'instruirez-vous dans l'art de feindre? — Non, Coraly, la feinte est inutile. Je n'ai pas eu le malheur d'éteindre en vous la reconnaissance, l'estime, la douce amitié : ces sentiments sont dus à votre bienfaiteur, et ils suffisent à votre époux; ne lui en marquez pas davantage. Quant à ce penchant qui n'est pas pour lui, vous lui en devez le sacrifice, et non pas l'aveu. Ce qui nuirait s'il était connu, doit demeurer à jamais caché; et la vérité dangereuse a le silence pour asyle.

Juliette abrégea cette scène trop pénible pour l'un et pour l'autre. Elle emmena Coraly avec elle; et il n'est point de caresses et d'éloges qu'elle n'employât pour la consoler. C'est ainsi, disait la jeune Indienne avec un sourire plein d'amertume, que, sur le Gange, on flatte la douleur d'une veuve qui va se dévouer aux flammes du bûcher de son époux. On la pare, on la couronne de fleurs, on l'étourdit par des chants de louange. Hélas! son sacrifice est bientôt consommé; le mien sera cruel et durable. Ma bonne amie, je n'ai pas dix-huit ans! que de larmes encore à répandre d'ici au moment où mes yeux se fermeront pour jamais! Cette idée mélancolique fit voir à Juliette une ame absorbée dans sa douleur. Il ne s'agissait plus de la consoler, mais de s'affliger avec elle. La complaisance, la persuasion, l'indulgente et sensible pitié, tout ce que l'amitié a de plus délicat fut mis en usage inutilement.

Enfin l'on apprend que Blanford arrive; et Nelson, tout faible et défaillant qu'il est, va le recevoir et l'embrasser au port. Blanford, en le voyant, ne put dissimuler son étonnement et son inquiétude. Rassure-toi, lui dit Nelson, j'ai été bien mal; mais ma santé revient. Je te revois; et la joie est un baume qui va bientôt me ranimer. Je ne suis pas le seul dont la santé se soit ressentie de ton absence. Ta pupille est un peu changée : l'air de nos climats y peut contribuer. Du reste, elle a fait des progrès sensibles; son esprit, ses talents se sont développés; et si l'espèce de langueur où elle est tombée se dissipe, tu posséderas ce qui est assez rare, une femme en qui la nature ne laisse rien à désirer.

Blanford ne fut donc pas surpris de trouver Coraly faible et languissante; mais il en fut vivement touché. Il semble, dit-il, que le Ciel ait voulu modérer ma joie, et me punir de l'impatience que mes devoirs me causaient loin de vous. Me voilà libre et rendu à moi-même, rendu à l'amour et à l'amitié. Ce mot d'*amour* fit frémir

Coraly. Blanford s'aperçut de son trouble. Mon ami, lui dit-il, a dû vous préparer à l'aveu que vous venez d'entendre. — Oui, vos bontés me sont connues; mais puis-je en approuver l'excès? — Voilà un langage qui se ressent de la politesse d'Europe : daignez l'oublier avec moi. Naïve et tendre Coraly, j'ai vu le temps où si je vous avais dit : Veux-tu que l'hymen nous unisse? vous m'auriez répondu sans détour : J'y consens, ou bien : Je n'y puis consentir; usez de la même franchise. Je vous aime, Coraly, mais je vous aime heureuse; votre malheur ferait le mien. Nelson tremblant regardait Coraly, et n'osait prévoir sa réponse. J'hésite, dit-elle à Blanford, par une crainte pareille à la vôtre. Tant que je n'ai vu en vous qu'un ami, qu'un second père, j'ai dit en moi-même : Il sera content de ma vénération et de ma tendresse; mais si le nom d'époux se mêle à des titres déja si saints, que n'avez-vous pas droit d'attendre! ai-je de quoi m'acquitter envers vous? — Ah! cette aimable modestie est digne d'orner tes vertus. Oui, moitié de moi-même, tes devoirs sont remplis, si tu réponds à ma tendresse. Ton image m'a suivi par-tout. Mon ame revolait vers toi à travers les abymes qui nous séparaient. J'ai appris le nom de Coraly aux échos d'un autre univers. Madame, dit-il à Juliette, pardonnez si je vous envie le bonheur de la posséder. Il est temps bientôt que je veille moi-même à une santé qui m'est si précieuse. Je vous laisserai le soin de celle de Nelson : c'est un dépôt qui ne m'est pas moins cher. Vivons heureux, mes amis ; c'est vous qui m'avez fait sentir le prix de la vie ; et en l'exposant, j'ai souvent éprouvé que j'y tenais par de puissants liens.

Il fut décidé que dans moins de huit jours Coraly serait l'épouse de Blanford. En attendant, elle était encore auprès de Juliette ; et Nelson ne la quittait pas. Mais son courage s'épuisait à soutenir celui de la jeune Indienne. Avoir sans cesse à dévorer ses larmes, en essuyant les pleurs d'une amante, qui, tantôt désolée à ses pieds, tantôt défaillante et tombant dans ses bras, le conjurait d'avoir pitié d'elle ; l'entendre sans cesse exprimer ce que l'amour et la douleur ont de plus touchant, sans se permettre un moment de faiblesse, et sans cesser de lui rappeler sa cruelle résolution ; ce tourment paraît au-dessus de toutes les forces de la nature ; aussi la vertu de Nelson l'abandonnait-elle à chaque instant. Laissez-moi, lui disait-il, malheureuse enfant ! je ne suis pas un tigre ; j'ai une ame sensible, et vous la déchirez. Disposez de vous-même, disposez de ma vie ; mais laissez-moi mourir fidèle à mon ami. — Et puis-je, au péril de vos jours, faire usage de ma volonté ? Ah ! Nelson, du moins promettez-moi de vivre, non plus pour moi, mais pour une sœur qui vous adore. — Je vous tromperais, Coraly, en vous promettant de survivre au malheur que j'aurais causé. Non que je veuille attenter sur moi-même; mais voyez l'état où ma douleur m'a mis; voyez l'effet de mes remords et de ma honte anticipée; en serais-je moins odieux, moins inexorable à moi-même, quand le crime serait achevé? — Hélas! vous me parlez de crime; ce n'en est donc pas un de me tyranniser? — Vous êtes libre; je n'exige plus rien; je ne sais pas même quels sont vos devoirs; mais je sais trop quels sont les miens; et je ne veux pas les trahir.

C'est ainsi que leurs entretiens ne servaient qu'à les désoler; mais la présence de Blanford était pour eux plus accablante encore. Chaque jour il venait les entretenir, non pas de stériles propos d'amour, mais des soins qu'il se donnait pour que dans sa maison tout respirât l'agrément et l'aisance, que tout y prévînt les désirs de sa femme et contribuât à son bonheur. Si je meurs sans enfants, disait-il, la moitié de mon bien est à elle, l'autre moitié est à celui qui, après moi, saura lui plaire, et la consoler de m'avoir perdu. C'est toi, Nelson, que cela regarde. On ne vieillit guère au métier que je fais : remplace-moi quand je ne serai plus. Je n'ai point l'odieux orgueil de vouloir que ma veuve soit fidèle à mon ombre. Coraly est faite pour embellir le monde, et pour enrichir la nature des fruits de sa fécondité.

Il est plus aisé de concevoir que de décrire la situation de nos deux amants. L'attendrissement et la confusion étaient les mêmes dans l'un et dans l'autre; mais il y avait pour Nelson une espèce de soulagement à voir Coraly en de si dignes mains, au lieu que les bienfaits et l'amour de Blanford étaient pour elle un tourment de plus. En perdant Nelson, elle eût préféré l'abandon de la nature entière aux soins, aux bienfaits, à l'amour de tout ce qui n'était pas lui. Il fut décidé cependant, de l'aveu même de cette infortunée, qu'il n'y avait plus à balancer, et qu'il fallait qu'elle subît son sort.

Elle fut donc amenée en victime dans cette maison qu'elle avait chérie comme son premier asyle, et qu'elle redoutait comme son tombeau. Blanford l'y reçoit en souveraine; et ce qu'elle ne peut lui cacher du violent état de son ame, il l'attribue à la timidité, au trouble qu'inspire, à son âge, l'approche du lit nuptial.

Nelson avait ramassé toutes les forces d'une ame stoïque pour se présenter à cette fête avec un visage serein.

On fit lecture de l'acte que Blanford avait fait dresser. C'était d'un bout à l'autre un monument d'amour, d'estime, et de bienfaisance. Les larmes coulèrent de tous les yeux, et même des yeux de Coraly.

Blanford s'approche respectueusement et lui tendant la main : Venez, dit-il, ma bien-aimée, donner à ce gage de votre foi, à ce titre du bonheur de ma vie, la sainteté inviolable dont il doit être revêtu.

Coraly, se faisant à elle-même la dernière violence, eut à peine la force d'avancer et de porter la main à la plume. Au moment qu'elle veut signer, ses yeux se couvrent d'un nuage; tout son corps est saisi d'un tremblement soudain; ses genoux fléchissent : elle allait tomber, si Blanford ne l'eût soutenue. Interdit, glacé de frayeur, il regarde Nelson, et il lui voit la pâleur de la mort sur le visage. Milady s'était précipitée vers Coraly pour la secourir. O Ciel! s'écrie Blanford, qu'est-ce que je vois? La douleur, la mort, m'environnent. Qu'allais-je faire? que m'avez-vous caché? Ah! mon ami, serait-il possible! Revoyez le jour, ma chère Coraly; je ne suis point cruel, je ne suis point injuste; je ne veux que votre bonheur.

Les femmes qui environnaient Coraly s'empressaient à la ranimer; et la décence obligeait Nelson et Blanford à se tenir éloignés d'elle. Mais Nelson demeurait immobile et les yeux baissés, comme un criminel. Blanford vient à lui, le serre dans ses bras. Ne suis-je plus ton ami? lui dit-il; n'es-tu pas toujours la moitié de moi-même? Ouvre-moi ton cœur; dis-moi ce qui se passe... Mais non, ne me dis rien : je sais tout. Cette enfant n'a pu te voir, t'entendre, vivre auprès de toi sans t'aimer. Elle est sensible, elle a été touchée de ta bonté, de tes vertus. Tu l'as condamnée au silence, tu as exigé d'elle qu'elle consommât le plus douloureux sacrifice. Ah! Nelson, s'il était accompli, quel malheur! Le juste Ciel ne l'a pas voulu; la nature, à qui tu faisais violence, a repris ses droits. Ne t'en afflige pas : c'est un crime qu'elle t'épargne. Oui, le dévouement de Coraly était le crime de l'amitié. Je l'avoue, répondit Nelson, en se jetant à ses genoux : j'ai fait, sans le vouloir, ton malheur, le mien, celui de cette fille aimable; mais j'atteste la foi, l'amitié, l'honneur.... Laisse-là tes serments, interrompit Blanford; ils nous outragent l'un et l'autre. Va, mon ami, poursuivit-il en le relevant, tu ne serais pas dans mes bras, si j'avais pu te soupçonner d'une honteuse perfidie. Ce que j'avais prévu est arrivé, mais sans ton aveu. Ce que je viens de voir en est la preuve; et cette preuve même est inutile, ton ami n'en a pas besoin. Il est certain, reprit Nelson, que je n'ai à me reprocher que ma présomption et mon imprudence. Mais c'en est assez, et j'en serai puni. Coraly ne sera point à toi, mais je ne serai point à elle. Est-ce ainsi que vous répondez à un ami généreux? lui répliqua Blanford d'un ton ferme et sévère. Vous croyez-vous obligé avec moi à de puérils ménagements? Coraly ne sera point à moi, parce qu'elle ne serait point heureuse avec moi. Mais un mari honnête homme, que sans vous elle aurait aimé, est pour elle une perte dont vous êtes la cause; et c'est à vous de la réparer. Le contrat est dressé, l'on va changer les noms; mais j'exige que les articles restent.

Ce que je donnais à Coraly en qualité d'époux, je le lui donne en qualité d'ami, ou, si vous voulez, en qualité de père. Nelson, ne me faites pas rougir par un refus humiliant. Je suis confondu, et ne suis point surpris, lui dit Nelson, de cette générosité qui m'accable. C'est à moi d'y souscrire avec confusion, et de la révérer en silence. Si je ne savais pas combien le respect se concilie avec l'amitié, je n'oserais plus vous nommer mon ami.

Pendant cet entretien, Coraly était revenue à elle-même, et revoyait avec frayeur la lumière qui lui était rendue. Quelle fut sa surprise, et la révolution qui tout-à-coup se fit dans son ame ! Tout est connu, tout est pardonné, lui dit Nelson en l'embrassant : tombez aux pieds de notre bienfaiteur : c'est de sa main que je reçois la vôtre. Coraly voulut se répandre en actions de grâces. Vous êtes un enfant, lui dit Blanford ; il fallait me tout avouer. N'en parlons plus ; mais n'oublions jamais qu'il est des épreuves auxquelles la vertu même fait bien de ne pas s'exposer.

LE MISANTHROPE
CORRIGÉ.

On ne corrige point le naturel, me dira-t-on, et j'en conviens ; mais entre mille accidents combinés qui composent un caractère, quel œil assez fin démêlera ce naturel indélébile ? Et combien de vices et de travers on attribue à la nature, qu'elle ne se donna jamais ! Telle est, dans l'homme, la haine des hommes : c'est un caractère factice, un personnage qu'on prend par humeur, et qu'on garde par habitude, mais dans lequel l'ame est à la gêne, et dont elle ne demande qu'à se délivrer. Ce qui arriva au misanthrope que nous a peint Molière en est un exemple ; et l'on va voir comme il fut ramené.

Alceste mécontent, comme vous le savez, de sa maîtresse et de ses juges, détestant la ville et la cour, et résolu à fuir les hommes, se retira bien loin de Paris, dans les Vosges, près de Laval, et sur les bords de la Vologne. Cette rivière, dont les coquillages renferment la perle, est encore plus précieuse par la fertilité qu'elle donne à ses bords. Le vallon qu'elle arrose est une belle prairie. D'un côté s'élèvent de riantes collines semées de bois et de hameaux; de l'autre, s'étendent en plaine de vastes champs couverts de moissons. C'est là qu'Alceste était allé vivre, oublié de la nature entière. Libre de soins et de devoirs, tout à lui-même, et enfin délivré du spectacle odieux du monde, il respirait, il louait le Ciel d'avoir rompu tous ses liens. Quelques études, beaucoup d'exercice, les plaisirs peu vifs, mais tranquilles, d'une douce végétation, en un mot, une vie paisiblement active, le sauvait de l'ennui de la solitude. Il ne désirait, il ne regrettait rien.

L'un des agréments de sa retraite fut de voir autour de lui la terre, cultivée et fertile, nourrir un peuple qui lui semblait heureux. Un misanthrope qui l'est par vertu, ne croit haïr les hommes que parce qu'il les aime : Alceste éprouva un attendrissement mêlé de joie à la vue de ses semblables, riches du travail de leurs mains. Ces gens-là, dit-il, sont bien heureux d'être encore à demi-sauvages; ils seraient bientôt corrompus, s'ils étaient plus civilisés.

En se promenant dans la campagne, il aborda un laboureur qui traçait son sillon et qui chantait. Dieu vous garde, bon homme, lui dit-il : vous voilà bien gai! Comme de coutume, lui répondit le villageois. — J'en suis bien aise : cela prouve que vous êtes content de votre état. — Jusqu'à-présent j'ai lieu de l'être. — Êtes-vous marié? — Oui, grâce au Ciel. — Avez-vous des enfants? — J'en avais cinq : j'en ai perdu un; mais ce malheur peut se réparer. — Votre femme est jeune? — Elle a vingt-cinq ans. — Est-elle jolie? elle l'est pour moi; mais elle est mieux que jolie, elle est bonne. — Et vous l'aimez? — Si je l'aime! Et qui ne l'aimerait pas? — Elle vous aime aussi sans doute? — Oh! pour cela, de tout son cœur, et comme avant le mariage. — Vous vous aimiez donc avant le mariage? — Sans cela nous serions-nous pris? — Et vos enfants, viennent-ils bien? — Ah! c'est un plaisir, l'aîné n'a que sept ans; il a déja plus d'esprit que son père. Et mes deux filles, c'est cela qui est charmant! Il y aura bien du malheur si celles-là manquent de maris! Le dernier tette encore; mais le petit compère sera robuste et vigoureux. Croiriez-vous bien qu'il bat ses sœurs quand elles veulent baiser leur mère? Il a toujours peur qu'on ne vienne le détacher du téton. — Tout cela est donc bien heureux? — Heureux? je le crois. Il faut voir la joie, quand je reviens du labourage. On dirait qu'ils ne m'ont vu d'un an : je ne sais auquel entendre. Ma femme est à mon cou, mes filles dans mes bras, mon aîné attend que son tour vienne; il n'y a pas jusqu'au petit Jeannot, qui, se roulant sur le lit de sa mère, me tend ses petites mains; et moi, je ris, et je pleure, et je les baise; car tout cela m'attendrit. — Je le crois. — Vous devez le sentir, car sans doute vous êtes père ? — Je n'ai pas ce bonheur. — Tant pis : il n'y a que cela de bon. — Et comment vivez-vous ? — Fort bien : d'excellent pain, de bon laitage, et des fruits de notre verger. Ma femme, avec un peu de lard, fait une soupe aux choux dont le roi mangerait. Nous avons encore les œufs de nos poules; et le dimanche nous nous régalons, et nous buvons un petit coup de vin. — Oui, mais quand l'année est mauvaise? — On s'y est attendu, et l'on vit doucement de ce qu'on a épargné dans la bonne. — Il y a encore la rigueur du temps, le froid, la pluie, les chaleurs, que vous avez à soutenir. — On s'y accoutume, et si vous saviez quel plaisir on a de venir le soir respirer le frais après un jour d'été, ou l'hiver, se dégourdir les mains au feu d'une bonne bourrée, entre sa femme et ses enfants ! et puis on soupe de bon appétit et on se couche; et croyez-vous qu'on se souvienne du mauvais temps ? Quelquefois ma femme me dit : Mon bon homme, entends-tu le vent et l'orage ? Ah ! si tu étais dans les champs! — Je n'y suis pas, je suis avec toi, lui dis-je; et pour l'en assurer, je la presse contre mon sein. Allez, monsieur, il y a bien du beau monde qui ne vit pas aussi content que nous. — Et les impôts? — Nous les payons gaiement : il le faut bien. Tout le pays ne peut pas être noble. Celui qui nous gouverne et celui qui nous juge, ne peuvent pas venir labourer. Ils font notre besogne, nous faisons la leur; et chaque état, comme on dit, a ses peines. Quelle équité! dit le misanthrope : voilà, en deux mots, toute l'économie de la société primitive. O nature! il n'y a que toi de juste; c'est dans ton inculte simplicité qu'on trouve la saine raison. Mais en payant si bien le tribut, ne donnez-vous pas lieu de vous charger encore? — Nous en avions peur autrefois; mais, Dieu merci, le seigneur du lieu nous a ôté cette inquiétude. Il fait l'office de notre bon roi : il impose, il reçoit lui-même; et au besoin il fait les avances. Il nous ménage comme ses enfants. — Et quel est ce galant homme? — Le vicomte de Laval. Il est assez connu : tout le pays le considère. — Réside-t-il dans son château? — Il y passe huit mois de l'année. — Et le reste? — A Paris, je crois. — Voit-il du monde? — Les bourgeois de Bruyères, quelquefois aussi nos vieillards, qui vont manger sa soupe et causer avec lui. — Et de Paris, n'amène-t-il personne? — Personne que sa fille. — Il a bien raison. Et à quoi s'occupe-t-il? — A nous juger, à nous accorder, à marier nos enfants, à maintenir la paix dans les familles, à les aider quand les temps sont mauvais. Je veux, dit Alceste, aller voir son village; cela doit être intéressant.

Il fut surpris de trouver les chemins, même les chemins de traverse, bordés de haies et tenus avec soin; mais ayant rencontré des gens occupés à les applanir, Ah! dit-il, voilà les corvées! Les corvées! reprit un vieillard qui présidait à ces travaux, on ne les connaît point ici : ces gens-là sont payés ; l'on ne contraint personne. Seulement, s'il vient au village un vagabond, un fainéant, on me l'envoie, et s'il veut du pain, il en gagne, ou il en va chercher ailleurs. — Et qui a établi cette heureuse police? — Notre bon seigneur, notre père à tous. — Et les fonds de cette dépense, qui les fait? — La communauté ; et comme elle s'impose elle-même, il n'arrive pas ce qu'on voit ailleurs, que le riche s'exempte à la charge du pauvre.

Alceste redoubla d'estime pour l'homme sage et bienfaisant qui gouvernait ce petit peuple. Qu'un roi serait puissant, disait-il, et qu'un État serait heureux, si tous les grands propriétaires suivaient l'exemple de celui-ci ! Mais Paris absorbe et les biens et les hommes ; il dépouille, il envahit tout.

Le premier coup d'œil du village lui présenta l'image de l'aisance et de la santé. Il entre dans un bâtiment simple et vaste dont la structure a l'apparence d'un édifice public, et il y trouve une foule d'enfants, de femmes, de vieillards occupés à des travaux utiles. L'oisiveté n'était permise qu'à l'extrême faiblesse. L'enfance, presque au sortir du berceau, prenait l'habitude et le goût du travail ; et la vieillesse, au bord de la tombe, y exerçait encore ses tremblantes mains. La saison où la terre se repose rassemblait à l'atelier les hommes vigoureux ; et alors la navette, la scie, et la hache donnaient aux productions de la nature une nouvelle valeur. Je ne m'étonne pas, dit Alceste, que ce peuple soit exempt de vices et de besoins : il est laborieux et sans cesse occupé. Il demanda comment l'atelier s'était établi. Notre bon seigneur, lui dit-on, en a fait les avances. C'était peu de chose d'abord, et tout se faisait à ses risques, à ses frais, et à son profit; mais après s'être bien assuré qu'il y avait de l'avantage, il nous a cédé l'entreprise; il ne se mêle plus que de la protéger; et tous les ans il donne au village les instruments de quelqu'un de nos arts : c'est le présent qu'il fait à la première noce qui se célèbre dans l'année. Je veux voir cet homme-là, dit Alceste, son caractère me convient.

Il s'avance dans le village, et il remarque une maison où l'on va et vient avec inquiétude. Il demande la cause de ces mouvements; on lui dit que le chef de cette famille est à l'extrémité. Il entre, et il voit un vieillard qui d'un œil expirant, mais serein, semble dire adieu à ses enfants, qui fondent en larmes autour de lui. Il distingue au milieu de la foule un homme attendri, mais moins affligé, qui les encourage et qui les console. A son habit simple et sérieux, il le prend pour le médecin du village. Monsieur, lui dit-il, ne vous étonnez pas de voir ici un inconnu. Ce n'est point une oisive curiosité qui m'amène. Ces bonnes gens peuvent avoir besoin

de secours dans un moment si triste; et je viens...
Monsieur, lui dit le vicomte, mes paysans vous
rendent grâce : j'espère, tant que je vivrai, qu'ils
n'auront besoin de personne; et si l'argent pouvait prolonger les jours d'un homme juste, ce
digne père de famille serait rendu à ses enfants.
Ah! monsieur, dit Alceste en reconnaissant M. de
Laval à ce langage, pardonnez une inquiétude que
je ne devais point avoir. Je ne m'offense point,
reprit M. de Laval, qu'on me dispute une bonne
œuvre; mais puis-je savoir qui vous êtes et ce qui
vous amène ici? Au nom d'Alceste, il se rappela
ce censeur de l'humanité, dont la rigueur était
connue; mais sans en être intimidé : Monsieur, lui
dit-il, je suis fort aise de vous avoir dans mon
voisinage; et si je puis vous être bon à quelque
chose, je vous supplie de disposer de moi.

Alceste alla voir M. de Laval, et il en fut
reçu avec cette honnêteté simple et sérieuse qui
n'annonce ni le besoin, ni le désir de se lier.
Voilà, dit-il, un homme qui ne se livre pas;
je l'en estime davantage. Il félicita M. de Laval
sur les agréments de sa solitude. Vous venez vivre
ici, lui dit-il, loin des hommes; et vous avez
bien raison de les fuir! — Moi, monsieur! je ne
fuis point les hommes. Je n'ai ni la faiblesse de
les craindre, ni l'orgueil de les mépriser, ni le
malheur de les haïr. Cette réponse tombait si
juste, qu'Alceste en fut déconcerté; mais il voulut soutenir son début, et il commençait la satire

du monde. J'ai vécu dans le monde comme un autre, lui dit M. de Laval, et je n'ai pas vu qu'il fût si méchant. Il y a des vices et des vertus, du bien et du mal, je l'avoue; mais la nature est ainsi mêlée; il faut savoir s'en accommoder. Ma foi, dit Alceste, dans ce mélange le bien est si peu de chose, et le mal domine à tel point, que celui-ci étouffe l'autre. Eh! monsieur, reprit le vicomte, si l'on se passionnait sur le bien comme sur le mal, qu'on mît la même chaleur à le publier, et qu'il y eût des affiches pour les bons exemples comme il y en a pour les mauvais, doutez-vous que le bien n'emportât la balance? Mais la reconnaissance parle si bas, et la plainte déclame si haut, qu'on n'entend plus que la dernière. L'estime et l'amitié sont communément modérées dans leurs éloges; elles imitent la modestie des gens de bien en les louant; au lieu que le ressentiment et l'injure exagèrent tout à l'excès. Ainsi l'on n'entrevoit le bien que par un milieu qui le diminue; et l'on voit le mal à travers une vapeur qui le grossit.

Monsieur, dit Alceste au vicomte, vous me faites désirer de penser comme vous; et quand j'aurais pour moi la triste vérité, votre erreur serait préférable. — Assurément, l'humeur n'est bonne à rien. Le beau rôle à jouer pour un homme, que de se dépiter comme un enfant, et que d'aller seul dans un coin bouder tout le monde; et pourquoi? pour les démêlés du cercle où l'on vit;

comme si la nature entière était complice et responsable des torts dont nous sommes blessés! — Vous avez raison, dit Alceste; il serait injuste de rendre les hommes solidaires; mais combien de griefs n'a-t-on pas à leur reprocher en commun? Croyez, monsieur, que ma prévention a des motifs sérieux et graves. Vous me rendrez justice quand vous me connaîtrez. Permettez-moi de vous voir souvent. Souvent, cela est difficile, dit le vicomte : je suis fort occupé; et ma fille et moi, nous avons nos études qui nous laissent peu de loisirs; mais quelquefois, si vous voulez, nous jouirons du voisinage à notre aise et sans nous gêner; car le privilége de la campagne c'est de pouvoir être seul quand on veut.

Cet homme-ci est rare dans son espèce, disait Alceste en s'en allant. Et sa fille, qui nous écoutait avec l'air d'une vénération si tendre pour son père; cette fille, élevée sous ses yeux, accoutumée à une vie simple, à des mœurs pures, et à des plaisirs innocents, fera une femme estimable, ou je suis bien trompé; à moins, reprit-il, qu'on ne l'égare dans ce Paris, où tout se perd.

Si l'on se peint la délicatesse et le sentiment personnifiés, on a l'idée de la beauté d'Ursule (c'était ainsi qu'on appelait mademoiselle de Laval). Sa taille était celle que l'imagination donne à la plus jeune des Grâces. Elle avait dix-huit ans accomplis; et à la fraîcheur, à la régularité de ses charmes, on voyait que la nature venait d'y mettre la dernière main. Dans le calme, les lys de son teint dominaient sur les roses; mais à la plus légère émotion de son ame, les roses effaçaient les lys. C'était peu d'avoir le coloris des fleurs, sa peau en avait la finesse et ce duvet si doux, si velouté que rien encore n'avait terni; mais c'est dans les traits du visage d'Ursule que mille agréments, variés sans cesse, se développaient successivement. Dans ses yeux, tantôt une langueur modeste, tantôt une timide sensibilité semblait émaner de son ame et s'exprimer par ses regards; tantôt une sévérité noble et imposante avec douceur en modérait l'éclat touchant; et l'on y voyait dominer tour-à-tour la sévère décence, la craintive pudeur, la vive et tendre volupté. Sa voix et sa bouche étaient de celles qui embellissent tout; ses lèvres ne pouvaient se remuer sans déceler de nouveaux attraits, et lorsqu'elle daignait sourire, son silence même était ingénieux. Rien de plus simple que sa parure, et rien de plus élégant. A la campagne, elle laissait croître ses cheveux d'un blond cendré de la plus douce teinte, et des boucles, que l'art ne tenait point captives, flottaient autour de son cou d'ivoire et se roulaient sur son beau sein.

Le misanthrope lui avait trouvé l'air le plus honnête et le maintien le plus décent. Ce serait dommage, disait-il, qu'elle tombât en de mauvaises mains; il y a de quoi faire une femme accomplie. En vérité, plus j'y pense, et plus je m'applaudis d'avoir son père pour voisin : c'est un homme droit, un galant homme; je ne lui crois pas l'esprit bien juste; mais il a le cœur excellent.

Quelques jours après, M. de Laval, en se promenant, lui rendit sa visite; et Alceste lui parla du plaisir qu'il devait avoir à faire des heureux. C'est un bel exemple, ajouta-t-il, et, à la honte des hommes, un exemple bien rare! Combien de gens plus riches et plus puissants que vous ne sont qu'un fardeau pour les peuples! Je ne les excuse ni ne les blâme tous, répondit M. de Laval. Pour faire le bien, il faut le pouvoir; et quand on le peut, il faut savoir s'y prendre. Et ne croyez pas qu'il soit si facile de parvenir à l'opérer. Il ne suffit pas d'être assez habile; il faut encore être assez heureux; il faut trouver à manier des esprits justes, sensés, dociles; et l'on a souvent besoin de beaucoup d'adresse et de patience pour amener le peuple, naturellement défiant et craintif, à ce qui lui est avantageux. Vraiment, dit Alceste, c'est l'excuse qu'on donne; mais la croyez-vous bien solide? et les obstacles que vous avez vaincus, ne peut-on pas aussi les vaincre? J'ai été, dit M. de Laval, sollicité par l'occasion et secondé par les circonstances. Ce peuple, nouvellement conquis, se croyait perdu sans ressource; et dès que je lui ai tendu les bras, son désespoir l'y a précipité. A la merci d'une imposition arbitraire, il en avait conçu tant d'effroi, qu'il aimait mieux souffrir les vexations que d'annoncer un peu d'aisance. Les frais de la levée aggravaient l'impôt; ces bonnes gens en étaient excédés; et la misère était l'asyle où les jetait le découragement. En arrivant ici, j'y trouvai établie cette maxime désolante et destructive des campagnes: *Plus nous travaillerons, plus nous serons foulés.* Les hommes n'osaient être laborieux, les femmes tremblaient de devenir fécondes. Je remontai à la source du mal. Je m'adressai à l'homme préposé pour la perception du tribut. Monsieur, lui dis-je, mes vassaux gémissent sous le poids des contraintes; je ne veux plus en entendre parler. Voyons ce qu'ils doivent encore de l'imposition de l'année; je viens ici pour les acquitter. Monsieur, me répondit le receveur, cela ne se peut pas. Pourquoi donc? lui dis-je. — Ce n'est pas la règle. — Quoi! la règle n'est-elle pas de payer au roi le tribut qu'il demande? de le payer au moins de frais possible, et avec le moins de délai? — Oui, dit-il, c'est le compte du roi; mais ce n'est pas le mien. Et où en serais-je si l'on payait comptant? Les frais sont les droits de ma charge. A une si bonne raison je n'avais point de réplique; et sans insister, j'allai voir l'intendant. Je vous demande deux grâces, lui dis-je : l'une, qu'il me soit permis tous les ans de payer la taille pour mes vassaux; l'autre, que leur rôle n'éprouve que les variations de la taxe publique. J'obtins ce que je demandais.

Mes enfants, dis-je à mes paysans que j'assemblai à mon arrivée, je vous annonce que c'est dans mes mains que vous déposerez à l'avenir le juste tribut que vous devez au roi. Plus de vexations, plus de frais. Tous les dimanches, au banc de la paroisse, vos femmes viendront m'apporter leurs épargnes, et insensiblement vous serez acquittés. Travaillez, cultivez vos biens, faites-les valoir au centuple; que la terre vous enrichisse; vous n'en serez pas plus chargés : je vous en réponds, moi qui suis votre père. Ceux qui manqueront, je les aiderai; et quelques journées de la morte saison, employées à mes travaux, me rembourseront mes avances.

Ce plan fut agréé, et nous l'avons suivi. Nos ménagères ne manquent pas de m'apporter leur petite offrande. En la recevant, je les encourage, je leur parle de notre bon roi; elles s'en vont les larmes aux yeux : ainsi j'ai fait un acte d'amour de ce qu'ils regardaient, avant moi, comme un acte de servitude.

Les corvées eurent leur tour; et l'intendant, qui les détestait et qui ne savait comment y remédier, fut enchanté du moyen que j'avais pris pour en exempter mon village.

Enfin, comme il y avait ici bien du temps superflu et des mains inutiles, j'ai établi l'atelier que vous avez pu voir. C'est le bien de la communauté; elle l'administre sous mes yeux; chacun y travaille à la tâche; mais ce travail n'est pas assez payé pour détourner de celui des campagnes. Le cultivateur n'y emploie que le temps qui serait perdu. Le profit qu'on en tire est un fonds qui s'emploie à contribuer à la milice et aux frais des travaux publics. Mais un avantage plus précieux de cet établissement, c'est d'avoir fait naître des hommes. Lorsque les enfants sont à charge, on n'en fait qu'autant qu'on en peut nourrir; mais dès qu'au sortir du berceau ils peuvent se nourrir eux-mêmes, la nature se livre à son attrait sans réserve et sans inquiétude. On cherche des moyens de population; il n'en est qu'un : c'est la subsistance, l'emploi des hommes. Comme ils ne naissent que pour vivre, il faut leur assurer de quoi vivre en naissant.

Rien de plus sage que vos principes, rien de plus vertueux que vos soins; mais avouez, reprit le misanthrope, que ce bien, tout important qu'il est, n'est pas d'une difficulté qui décourage ceux qui l'aiment, et que s'il y avait des hommes comme vous... — Dites plutôt s'ils étaient placés. J'ai eu pour moi les circonstances, et c'est de-là que tout dépend. On voit le bien, on l'aime, on le veut; mais les obstacles naissent à chaque pas. Il n'en faut qu'un pour l'empêcher; et au lieu d'un il s'en élève mille. J'étais ici fort à mon aise : pas un homme en crédit n'était intéressé au mal que j'avais à détruire; et combien peu s'en est-il fallu que je n'aie pu y remédier ? Supposez qu'au lieu d'un intendant traitable, il m'eût fallu voir, persuader, fléchir un homme absolu, jaloux de son pouvoir, entier dans ses opinions, ou dominé par les conseils de ses préposés subalternes; rien de tout ceci n'avait lieu : on m'eût dit de ne pas m'en mêler, et de laisser aller les choses. Voilà comme la bonne volonté reste souvent infructueuse dans la plupart des gens de bien. Je sais que vous n'y croyez guère; mais il y a dans vos préventions plus d'humeur que vous ne pensez.

Alceste vivement affecté de ce reproche, de la part d'un homme dont l'estime était pour lui d'un si grand prix, tâcha de se justifier. Il lui parla du procès qu'il avait perdu, de la coquette qui l'avait trahi, et de tous les sujets de plainte qu'il croyait avoir contre l'humanité.

Et en effet, lui dit le vicomte, voilà bien de quoi se fâcher! Vous allez choisir entre mille femmes une étourdie, qui s'amuse et qui vous joue, comme de raison; vous prenez au plus grave cet amour dont elle fait un badinage; à qui la faute? et quand elle aurait tort, toutes les femmes lui ressemblent-elles? Quoi, parce qu'il y a des fripons parmi les hommes, en sommes-nous pour cela moins honnêtes gens vous et moi? Dans l'individu qui vous nuit vous haïssez l'espèce! Il y a de l'humeur, mon voisin, il y a de l'humeur, convenez-en.

Vous avez perdu un procès que vous croyiez juste; mais un plaideur, s'il est de bonne foi, ne croit-il pas toujours avoir la bonne cause? Êtes-vous seul plus désintéressé, plus infaillible que vos juges? Et s'ils ont manqué de lumières, sont-ils criminels pour cela? Moi, monsieur, quand je vois un homme se dévouer à un état qui a beaucoup de peines et très-peu d'agréments, qui impose aux mœurs toute la gêne des plus austères bienséances, qui demande une application sans relâche, un recueillement sans dissipation, où le travail n'a aucun salaire, où la vertu même est presque sans éclat; quand je les vois, environnés du luxe et des plaisirs d'une ville opulente, vivre retirés, solitaires, dans la frugalité, la simplicité, la modestie des premiers âges, je regarde comme un sacrilége l'injure faite à leur équité. Or telle est la vie de la plupart des juges que vous accusez si légèrement. Ce ne sont pas quelques étourdis, que vous voyez voltiger dans le monde, qui règlent la balance des lois. En attendant qu'ils soient devenus sages, ils ont du moins la pudeur de se taire devant des sages consommés. Ceux-ci se trompent quelquefois sans doute, parce qu'ils ne sont pas des anges; mais ils sont moins hommes que nous; et je ne me persuaderai jamais qu'un vieillard vénérable, qui dès le point du jour se traîne au palais d'un pas chancelant, y va commettre une injustice. Un composé aussi bizarre serait un monstre : il n'existe pas.

A l'égard de la cour, il y a tant d'intérêts si

compliqués et si puissants qui se croisent et se combattent, qu'il est naturel que les hommes y soient plus passionnés et plus méchants qu'ailleurs. Mais ni vous ni moi n'avons passé par ces grandes épreuves de l'ambition et de l'envie; et il n'a tenu peut-être qu'à très-peu de chose que nous n'ayons été, comme tant d'autres, de faux amis et d'indignes flatteurs. Croyez-moi, monsieur, peu de gens ont le droit de faire la police du monde.

Tous les honnêtes gens ont ce droit-là, dit Alceste; et s'ils venaient à se liguer, les méchants n'auraient pas, dans le monde, tant d'audace et tant de crédit. Quand cette ligue se formera, dit M. de Laval en s'en allant, nous nous y enrôlerons tous deux. Jusques-là, mon voisin, je vous conseille de faire sans bruit, dans votre petit coin, le plus de bien que vous pourrez, en prenant pour règle l'amour des hommes, et en réservant la haine pour de tristes exceptions.

C'est bien dommage, dit Alceste quand M. de Laval fut parti, que la bonté soit toujours accompagnée de faiblesse, tandis que la méchanceté a tant de force et de vigueur! C'est bien dommage, dit M. de Laval, que cet honnête homme ait pris un travers qui le rend inutile à lui-même et aux autres! Il a de la droiture, il aime la vertu; mais la vertu n'est qu'une chimère sans l'amour de l'humanité. Ainsi tous deux, en s'estimant, étaient mécontents l'un de l'autre.

Un incident assez singulier mit Alceste encore plus mal à son aise avec M. de Laval. Le baron de Blonzac, franc gascon, homme d'honneur, mais avantageux, et misanthrope à sa manière, avait épousé une chanoinesse de Remiremont, parente du vicomte. Sa garnison était en Lorraine. Il vint voir M. de Laval; et, soit pour s'amuser, soit pour corriger deux misanthropes l'un par l'autre, M. de Laval voulut les mettre aux prises. Il envoya prier Alceste à dîner.

Entre hommes, les propos de table roulent assez souvent sur la politique; et le gascon, dès la soupe, se mit à fronder et à boire d'autant. Je ne m'en cache point, disait-il, j'ai pris le monde en aversion. Je voudrais être à deux mille lieues de mon pays, et à deux mille ans de mon siècle. C'est le pays des compères et des commères; c'est le siècle des passe-droits. L'intrigue et la faveur ont fait les parts, et n'ont oublié que le mérite. Qui fait sa cour obtient toutes les grâces, et qui fait son devoir n'a rien. Moi, par exemple, qui n'ai jamais su que marcher où l'honneur m'appelle, et me battre comme un soldat, je suis connu de l'ennemi; mais au diable si le ministre ni la cour savent que j'existe. S'ils entendaient parler de moi, ils me prendraient pour un de mes aïeux; et quand on leur dira qu'un boulet de canon m'aura escamoté la tête, ils demanderont, je gage, s'il y avait encore des Blonzac. Que ne vous montrez-vous? lui dit M. de Laval. Il ne faut pas se laisser oublier. — Eh! vraiment, monsieur le vicomte, je me montre un jour de bataille. Est-ce à Paris que sont les drapeaux?

Comme il parlait ainsi, on apporte à M. de Laval des lettres de Paris. Il demande à les lire, pour savoir, dit-il, s'il y a quelque chose de nouveau; et l'une de ces lettres lui annonce que le commandement d'une citadelle, qu'il sollicitait pour M. de Blonzac à son insu, vient de lui être accordé. Tenez, lui dit-il, voilà qui vous regarde. Blonzac lut, tressaillit de joie, et vint embrasser le vicomte. Mais après la sortie qu'il avait faite, il n'osait dire ce qui lui arrivait. Alceste, croyant trouver en lui un second, ne manqua pas de le provoquer. Eh bien! dit-il, voilà un exemple des injustices qui me révoltent; un homme de naissance, un bon militaire, après avoir servi l'État, reste oublié, sans récompense; et qu'on me dise que tout va bien! Mais, reprit Blonzac, il faut être juste; tout ne va pas aussi mal qu'on le dit. Les récompenses se font un peu attendre, mais elles viennent avec le temps. Ce n'est pas la faute du ministre s'il y a plus de services rendus qu'il n'y a de grâces à répandre; et dans le fond il y fait ce qu'il peut. Alceste fut un peu surpris de ce changement de langage, et du ton d'apologiste que prit Blonzac le reste du dîner. Çà, dit le vicomte, pour vous mettre d'accord, buvons à la santé de M. le commandant; et il publia ce qu'il venait d'apprendre. Je demande pardon à monsieur, dit Alceste, d'avoir insisté sur ses plaintes ; je ne savais pas les raisons qu'il avait de se rétracter. — Moi! dit Blonzac, je n'ai point de rancune, et je reviens comme un enfant. Vous voyez, reprit M. de Laval, qu'un misanthrope se ramène. Oui, réplique Alceste avec vivacité, quand il règle ses sentiments sur son intérêt personnel. Eh! monsieur, dit Blonzac, connaissez-vous quelqu'un qui se passionne pour ce qui ne le touche ni de près ni de loin? Tout ce qui intéresse l'humanité, reprit Alceste, touche de près un homme vertueux; et ne doutez pas qu'il ne s'en trouve d'assez amis de l'ordre pour haïr le mal comme mal, sans aucun rapport à eux-mêmes. Je le croirai, répliqua le gascon, quand je verrai quelqu'un s'inquiéter de ce qui se passe à la Chine; mais tant qu'on ne s'affligera que du mal dont on se ressent, ou dont on peut se ressentir, je croirai qu'on pense à soi-même, en ayant l'air de s'occuper des autres. Pour moi, je suis de bonne foi; je ne me suis jamais donné pour l'avocat des mécontents. C'est à chacun à plaider sa cause. Je me suis plaint quand j'avais à me plaindre; je fais ma paix avec le monde, si-tôt que j'ai à m'en louer.

Autant la scène de Blonzac avait impatienté Alceste, autant elle avait réjoui M. de Laval et sa fille. Voilà, disaient-ils, une bonne leçon qu'à reçue notre misanthrope.

Soit confusion, soit ménagement, il fut quelques jours sans les voir. Il revint pourtant une après-midi. Le vicomte était au village ; ce fut mademoiselle de Laval qui le reçut ; et en se voyant seul avec elle, il lui prit un saisissement qu'il eut peine à dissimuler.

Nous n'avons pas eu l'honneur de vous voir, lui dit-elle, depuis la visite de M. de Blonzac ; que dites-vous de ce personnage? — Mais c'est un homme comme un autre. — Pas tant comme un autre : il parle à cœur ouvert, il dit ce que les autres cachent ; et cette franchise fait, ce me semble, un caractère assez singulier. — Oui, mademoiselle, la franchise est rare ; et je suis bien aise de voir qu'à votre âge vous en êtes persuadée. Vous aurez souvent besoin de vous en souvenir, je vous en avertis. Ah! dans quel monde vous allez tomber ! M. le vicomte l'excuse de son mieux ; sa belle ame fait au reste des hommes l'honneur d'en juger d'après elle ; mais si vous saviez combien la plupart sont dangereux et haïssables ! Vous, par exemple, dit Ursule en souriant, vous avez bien à vous en plaindre, n'est-ce pas? — Épargnez-moi de grâce, et ne m'attribuez pas les personnalités de M. de Blonzac. Je pense comme lui à certains égards ; mais nos motifs ne sont pas les mêmes. — Je le crois ; mais expliquez-moi ce que je ne puis concevoir. Le vice et la vertu, m'a-t-on dit, ne sont que des rapports. L'un est vice, parce qu'il nuit aux hommes ; l'autre est vertu, par le bien qu'elle fait. — Précisément. — Haïr le vice, aimer la vertu, ce n'est donc que s'intéresser aux hommes; et pour s'y intéresser, il faut les aimer. Comment pouvez-vous à-la-fois vous y intéresser et les haïr? — Je m'intéresse aux gens de bien, que j'aime; et je déteste les méchants, qui nuisent aux gens de bien; mais les gens de bien sont en petit nombre; et le monde est plein de méchants. — Nous y voilà. Votre haine au moins ne s'étend pas sur tous les hommes. Mais croyez-vous que ceux que vous aimez soient par-tout en si petit nombre? Faisons ensemble un voyage en idée. Le voulez-vous bien? — Assurément. — D'abord, dans les campagnes, n'êtes-vous pas persuadé qu'il y a des mœurs, et sinon des vertus, au moins de la simplicité, de la bonté, de l'innocence? — Il y a aussi communément de la défiance et de la ruse. — Hélas! je conçois aisément ce que mon père a dit plus d'une fois, que la ruse et la défiance sont le partage de la faiblesse. On les trouve dans les villageois, comme dans les femmes et dans les enfants. Ils ont tout à craindre: ils s'échappent, ils se défendent comme ils peuvent; et c'est le même instinct qu'on remarque dans la plupart des animaux. Oui, dit Alceste; et cela même fait la satire des animaux cruels et ravissants dont ils ont à se garantir. — Je vous entends; mais nous ne parlons que du peuple des campagnes; et vous avouerez avec moi qu'il est plus digne de pitié que de haine. — Oh! j'en conviens. — Passons aux villes; et prenons pour exemple Paris. — Dieu! quel exemple vous choisissez! — Eh bien, même dans ce Paris, le peuple est bon : mon père le fréquente; il va souvent dans ces réduits obscurs où de pauvres familles entassées gémissent dans le besoin; il dit qu'il y trouve une pudeur, une patience, une honnêteté, quelquefois même une noblesse de sentiments qui l'attendrit et qui l'étonne. — Et c'est là ce qui doit révolter contre ce monde impitoyable, qui délaisse la vertu souffrante, et qui environne avec respect le vice heureux et insolent. — N'allons pas si vîte : nous en sommes au peuple. En général, convenez qu'il est bon, docile, officieux, honnête, et que sa bonne foi lui donne une confiance dont on abuse bien souvent. — Oh! très-souvent. — Vous aimez donc le peuple? et par-tout le peuple fait le plus grand nombre. — Il n'est pas le même par-tout. — Nous ne parlons que de notre patrie : c'est avec elle, quant à-présent, que je veux vous réconcilier. Venons au grand monde; et dites-moi d'abord si mon père m'en a imposé quand il m'a peint les mœurs des femmes. Comme leurs devoirs, dit-il, se renferment dans l'intérieur d'une vie privée, leurs vertus n'ont rien de saillant; il n'y a que leurs vices qui éclatent; et la folie d'une seule fait plus de bruit que la sagesse de mille autres. Ainsi le mal est en évidence, et le bien reste enseveli. Mon père ajoute, qu'un moment de faiblesse, une imprudence perd une femme, et que cette tache a quelquefois terni mille excellentes qualités. Il avoue enfin que le vice qu'on reproche le plus aux femmes, et qui leur fait le plus de tort, ne nuit guère qu'à elles seules, et qu'il n'y a pas de quoi les haïr. Du reste, que nous reprochez-vous? un peu de fausseté? mais elle est toute en agrément. Instruites dès l'enfance à chercher à vous plaire, nous n'avons soin de vous cacher que ce qui ne vous plairait pas. Si nous nous déguisons, ce n'est que sous des traits que vous aimez mieux que les nôtres. Et savez-vous que rien n'est plus gênant, que rien n'est plus humiliant pour nous? Je suis jeune; mais je sens bien que le plus bel acte de notre liberté, c'est de nous montrer telles que nous sommes; que trahir son ame et se désavouer, c'est de tous les actes de servitude celui qui dégrade le plus; et qu'il faut faire à l'amour de soi-même la plus pénible violence pour s'avilir jusqu'au mensonge et jusqu'à la dissimulation. Voilà en quoi je trouve qu'une femme est esclave; et c'est un joug qu'on nous a imposé. — Si toutes les femmes pensaient aussi noblement que vous, belle Ursule, elles ne se feraient pas si légèrement, et de gaîté de cœur, un jeu de nous tromper. — Si elles vous trompent, c'est votre faute. Vous êtes pour nous comme des rois : persuadez-nous bien que vous n'aimez rien tant que la vérité, qu'elle seule vous plaît, qu'elle seule vous intéresse; et nous vous la dirons toujours. Quelle est l'ambition d'une femme? D'être aimable et d'être aimée. Eh bien, écrivez sur la pomme : *A la plus sincère*; toutes se la disputeront par le naturel et la simplicité. Mais vous avez écrit : *A la plus séduisante*; et c'est à qui vous séduira le mieux. Quant à nos jalousies, à nos petites haines, à nos caquets, à nos tracasseries, tout cela n'est qu'amusant pour vous; et vous conviendrez que vos guerres sont de toute autre conséquence. Il n'y a donc plus que la frivolité de nos goûts et de nos humeurs : mais quand il vous plaira, nous serons plus solides; et peut-être même y a-t-il bien des femmes qui ont saisi, comme à la dérobée, des lumières et des principes que l'usage leur enviait. Vous en êtes la preuve, lui dit Alceste, vous, dont l'ame est si fort au-dessus de votre sexe et de votre âge. — Je suis jeune, reprit Ursule, et j'ai droit à votre indulgence; mais ce n'est pas de moi qu'il s'agit, c'est du monde que vous fuyez, que vous haïssez, sans bien savoir pourquoi. J'ai essayé l'apologie des femmes; je laisse à mon père le soin d'achever celle des hommes; mais je vous préviens qu'en me faisant le tableau de leur société, il m'a souvent dit qu'il y avait presque aussi peu de cœurs pervers que d'ames héroïques, et que le grand nombre était composé de gens faibles, de bonnes gens, qui ne demandaient que paix et aise. — Oui, paix et aise, chacun pour soi, et aux dépens de qui il appartient. Le monde, mademoiselle, n'est composé que de dupes et de fripons : or personne ne veut être dupe ; et pour ne parler que de ce qui vous touche, je vous annonce que tout ce qu'il y a dans Paris d'hommes oisifs et dans l'âge de plaire, n'est occupé, du matin au soir, qu'à tendre des piéges aux femmes. Bon! dit Ursule ; elles le savent, et mon père est persuadé que ce combat de galanterie d'un côté, et de coquetterie de l'autre, n'est qu'un jeu dont on est convenu. Se met qui veut de la partie : celles qui n'aiment pas le jeu, n'ont qu'à se tenir dans leur coin ; et rien, dit-il, n'est moins en péril que la vertu, quand elle est sincère. — Vous le croyez? — Je le crois si bien, que si jamais je cesse d'être sage, je vous déclare d'avance que je l'aurai bien voulu. — Sans doute on le veut, mais on le veut séduite par un enchanteur qui vous le fait vouloir. — C'est encore une excuse à laquelle dès-à-présent je renonce ; je n'ai pas foi aux enchantements.

Ils en étaient là quand M. de Laval arriva de la promenade. Mon père, que dites-vous d'Alceste? continua Ursule ; il veut que je tremble d'être exposée dans le monde à la séduction des hommes. Mais, dit le père, il faut s'en défier : je ne te crois pas infaillible. — Non, mais vous le serez pour moi ; et si vous me perdez de vue, vous savez ce que vous m'avez promis. — Je tâcherai de te tenir parole. — Puis-je être de la confidence? demanda Alceste d'un air timide. Il n'y a pas de mystère, reprit Ursule. Mon père a eu la bonté de m'instruire de mes devoirs; et s'il pouvait me guider sans cesse, je serais bien sûre de ne pas m'égarer; si je m'oubliais, il ne m'oublierait pas. Accoutumé à lire dans mon ame, il en réglerait tous les mouvements : mais comme il n'aura pas toujours les yeux sur moi, il m'a promis un autre guide, un époux qui soit son ami et le mien, et qui me tienne lieu d'un père. — Ajoute encore, et d'un amant; car il faut de l'amour à une jeune femme. Je veux que tu sois sage, mais que tu sois heureuse; et si j'avais eu l'imprudence de te donner un mari qui ne t'aimât point, ou qui n'eût pas su te plaire, je n'aurais plus le droit de trouver mauvais que l'envie de goûter le plus grand des biens, celui d'aimer et d'être aimée, te fît oublier mes leçons.

Alceste s'en alla charmé de la sagesse d'un si bon père, et plus encore de la candeur, de l'honnêteté de sa fille. On a distingué, disait-il, l'âge d'innocence et l'âge de raison; mais dans cet heureux naturel l'innocence et la raison s'unissent. Son ame s'épure en s'éclairant. Ah! s'il y avait encore un homme digne de cultiver des dons si précieux, quelle source de jouissances délicieuses pour lui! Il n'y a que ce monde rempli d'écueils dont il faudrait la tenir éloignée. Mais si elle aimait, que serait-il pour elle? Un époux vertueux et tendre lui suffirait, lui tiendrait lieu de tout. J'ose croire qu'à vingt-cinq ans j'étais l'homme qui lui convenait..... A vingt-cinq ans! et que savais-je alors? m'amuser, m'égarer moi-même. Étais-je en état de remplir la place d'un père sage et vigilant? Je l'aurais aimée comme un fou; mais quelle confiance lui aurais-je inspirée? Ce n'est peut-être pas trop encore de quinze ans de plus d'expérience. Mais de dix-huit à quarante ans, l'intervalle est effrayant pour elle. Il n'y a pas moyen d'y penser.

Il y pensa toute la nuit; le lendemain il ne fit autre chose; et le jour suivant, à son réveil, la première idée qui s'offrit à lui fut celle de son aimable Ursule. Ah! quel malheur, disait-il, quel malheur, si elle prenait les vices du monde! Son ame est pure comme sa beauté. Quelle douceur dans le caractère! quelle touchante simplicité dans les mœurs et dans le langage! On parle d'éloquence; en est-il de plus vraie? Il lui était impossible de me convaincre, mais elle m'a persuadé. J'ai désiré de penser comme elle; j'aurais voulu que l'illusion qu'elle me faisait ne se fût jamais dissipée. Que n'ai-je sur elle, ou plutôt sur son père, ce doux empire qu'elle a sur moi! Je les engagerais à vivre ici dans la simplicité des mœurs de la nature. Et quel besoin aurions-nous du monde? Ah! trois cœurs bien unis, deux amants et un père, n'ont-ils pas, dans l'intimité d'une tendresse mutuelle, de quoi se rendre pleinement heureux?

Sur le soir, en se promenant, ses pas se tournèrent comme d'eux-mêmes vers les jardins de

M. de Laval. Il le trouva la serpette à la main, au milieu de ses espaliers. Avouez, lui dit-il, que ces plaisirs tranquilles valent bien les plaisirs bruyants que l'on goûte ou que l'on croit goûter à Paris. Chaque chose a sa saison, répondit le vicomte. J'aime la campagne tant qu'elle est vivante; je suis inutile à Paris, et mon village a besoin de moi; j'y jouis de moi-même et du bien que j'y fais; ma fille s'y plaît et s'y amuse; voilà ce qui m'attire et me retient ici. Ne croyez pas du reste que je vive seul. Notre petite ville de Bruyères est remplie d'honnêtes gens qui aiment les lettres et qui les cultivent. En aucun lieu du monde on n'a des mœurs plus douces. On y est poli avec franchise; on y est simple, mais cultivé. La candeur, la droiture et la gaieté font le caractère de ce peuple aimable : il est social, humain, bienfaisant. L'hospitalité est une vertu que le père y transmet à son fils. Les femmes y sont spirituelles et vertueuses; et la société, embellie par elles, unit les charmes de la décence aux agréments de la liberté. Mais en jouissant d'un si doux commerce, je ne laisse pas d'aimer encore Paris; et si l'amitié, l'amour des lettres, des liaisons que je chéris, ne m'y rappelaient pas, le seul attrait de la variété m'y ramenerait tous les ans. Les plaisirs les plus vifs languissent à la longue, et les plus doux deviennent insipides pour qui ne sait pas les varier. Je conçois pourtant bien, dit le misanthrope, comment une société peu nombreuse, intimement liée, avec de l'aisance et de la vertu, se tiendrait lieu de tout à elle-même; et si un parti convenable à mademoiselle de Laval n'avait d'autre inconvénient que de la fixer à la campagne, je suis persuadé que vous-même..... Eh! vraiment, dit M. de Laval, si ma fille y pouvait être heureuse, je ferais mon bonheur du sien ; cela n'est pas douteux. Il y a cinquante ans que je vis pour moi; il est bien temps que je vive pour elle. Mais nous n'en sommes pas réduits là. Ma fille aime Paris; et je suis assez riche pour l'y établir décemment.

C'était en dire assez pour Alceste; et de peur de se dévoiler, il remit l'entretien sur le jardinage, en demandant à M. de Laval s'il ne cultivait pas des fleurs? Elles passent trop vîte, répondit le vicomte. Le plaisir et le regret se touchent, et l'idée de la destruction mêle je ne sais quoi de triste au sentiment de la jouissance; en un mot, j'ai plus de chagrin de voir un rosier dépouillé, que de joie à le voir fleuri. La culture du potager a un intérêt plus gradué, plus soutenu, et, s'il faut le dire, plus satisfaisant; car il se termine à l'utile. Tandis que l'art s'exerce et se fatigue à varier les scènes du jardin fleuriste, la nature change elle-même les décorations du potager. Combien ces pêchers, par exemple, ont éprouvé de métamorphoses, depuis la pointe des feuilles jusqu'à la pleine maturité des fruits! Mon voisin, parlez-moi des plaisirs qui s'économisent et qui se prolongent. Ceux qui, comme les fleurs, n'ont qu'un jour, coûtent trop à renouveler.

Instruit des dispositions du père, Alceste voulut pressentir celles de sa fille; et il lui fut aisé d'avoir avec elle un entretien particulier. Plus je pénètre, lui dit-il, dans le cœur de votre père, plus je l'admire et le chéris. Tant mieux, dit Ursule; son exemple adoucira vos mœurs; il vous réconciliera avec ses semblables. — Ses semblables! Ah! qu'il en est peu! C'est pour lui sans doute une faveur du Ciel d'avoir une fille comme vous, belle Ursule; mais c'est un bonheur aussi rare d'avoir un père comme lui. Puisse l'époux que Dieu vous destine être digne de l'un et de l'autre! Faites des vœux, dit-elle en souriant, pour qu'il ne soit pas misanthrope : les hommes de ce caractère sont trop difficiles à corriger. Aimeriez-vous mieux, dit Alceste, un de ces hommes froids et légers que tout amuse et que rien n'intéresse; un de ces hommes faibles et faciles que la mode plie et façonne à son gré, qui sont de cire pour les mœurs du temps, et dont l'usage est la loi suprême? Un misanthrope aime peu de monde; mais quand il aime, il aime bien. — Oui, je sens qu'une telle conquête est flatteuse pour la vanité; mais je suis bonne, et je ne suis pas vaine. Je ne veux trouver, dans un cœur tout à moi, ni de l'aigreur, ni de l'amertume; je veux pouvoir lui communiquer la douceur de mon caractère, et ce sentiment de bienveillance universelle qui me fait voir les hommes et les choses du côté le plus consolant. Je ne saurais passer ma vie à aimer un homme qui passerait la sienne à haïr. — Ce que vous me dites là n'est pas obligeant; car on m'accuse d'être misanthrope. — Aussi est-ce d'après vous-même et d'après vous seul que j'ai pris l'idée de ce caractère; car l'humeur de M. de Blonzac n'était qu'une bouderie; et vous avez vu combien peu de chose il a fallu pour le ramener; mais une haine de l'humanité, réfléchie et fondée en principes, est une chose épouvantable; et c'est ce que vous annoncez. Je suis persuadée que votre aversion pour le monde n'est qu'un travers, un excès de vertu : vous n'êtes pas méchant, vous êtes difficile; et je vous crois aussi peu indulgent pour vous-même que pour autrui; mais cette probité trop sévère et trop impatiente vous rend insociable; et vous m'avouerez qu'un mari de cette humeur-là ne serait pas amusant. — Vous voulez donc qu'un mari vous amuse? — Et qu'il s'amuse, reprit-elle, des mêmes choses que moi; car si le mariage est une société de peines, il faut que ce soit, en revanche, une société de plaisirs.

Rien de plus clair et de plus positif, se dit Alceste après leur entretien; elle ne m'aurait pas dit plus nettement sa pensée quand elle aurait deviné la mienne. Voilà pour moi et pour mes pareils un congé expédié d'avance. Aussi de quoi vais-je m'aviser? J'ai quarante ans, je suis libre et tranquille ; il ne tient qu'à moi d'être heureux... Heureux! et puis-je l'être seul, avec une ame si sensible! Je fuis les hommes! ah! c'était les femmes, les jolies femmes qu'il fallait fuir. Je croyais les connaître assez pour n'avoir plus à les craindre; mais qui peut s'attendre à ce qui m'arrive? Il faut, pour mon malheur, qu'au fond d'une province je trouve la beauté, la jeunesse, les grâces, la sagesse, la vertu même, réunies dans un même objet. Il semble que l'amour me poursuive, et qu'il ait fait exprès cette enfant pour me confondre et pour me désoler. Et comme elle s'y prend pour troubler mon repos! Je déteste les airs; rien de plus simple qu'elle : je méprise la coquetterie; elle ne songe pas même à plaire : j'aime, j'adore la candeur; son ame se montre toute nue; elle me dit à moi-même, en face, les plus cruelles vérités. Que ferait-elle de plus, si elle avait résolu de me tourner la tête? Elle est bien jeune; elle changera : répandue dans ce monde qu'elle aime, elle en prendra bientôt les mœurs; et il est à croire qu'elle finira par être une femme comme une autre... Il est à croire! ah! je ne le crois pas; et si je le croyais, je serais trop injuste. Elle fera le bonheur et la gloire de son époux, s'il est digne d'elle. Et moi, je vivrai seul, détaché de tout, dans l'abandon et le néant; car, il faut l'avouer, l'ame est anéantie si-tôt qu'elle n'aime plus rien. Que dis-je? hélas! si je n'aimais plus, ce repos, ce sommeil de l'ame serait-il effrayant pour moi? Flatteuse idée d'un plus grand bien, c'est toi, c'est toi qui me fais sentir le vide et l'ennui de moi-même. Ah! pour chérir toujours ma solitude, il eût fallu n'en jamais sortir.

Ces réflexions et ces combats le plongèrent dans une tristesse qu'il crut devoir ensevelir. Huit jours écoulés, le vicomte, surpris de ne pas le revoir, envoya savoir s'il n'était point malade. Alceste répondit qu'en effet il n'était pas bien depuis quelque temps. L'ame sensible d'Ursule fut affectée de cette réponse. Elle avait eu depuis son absence quelque soupçon de la vérité; elle en fut plus persuadée, et se reprocha de l'avoir affligé. Allons le voir, lui dit le vicomte : son état me fait pitié. Ah! ma fille, la triste et pénible résolution que celle de vivre seul, et de se suffire à soi-même! L'homme est trop faible pour la soutenir.

Lorsqu'Alceste vit mademoiselle de Laval entrer chez lui pour la première fois, il lui sembla que sa demeure se transformait en un temple. Il fut saisi de joie et de respect; mais l'impression de la tristesse altérait encore tous ses traits. Qu'est-ce donc, Alceste? lui dit M. de Laval : je vous trouve affligé; et vous prenez ce moment pour me fuir! Nous croyez-vous de ces gens qui n'aiment pas les visages tristes, et qu'il faut toujours aborder en riant? Quand vous serez tranquille et satisfait, restez chez vous, à la bonne heure;

mais quand vous avez quelque peine, c'est avec moi qu'il faut venir ou vous plaindre, ou vous consoler. Alceste attendri l'écoutait et l'admirait en silence. Oui, lui dit-il, je suis frappé d'une idée qui me poursuit et qui m'afflige; je ne veux ni ne dois vous le dissimuler. Le Ciel m'est témoin qu'après avoir renoncé au monde, je ne regrettais rien quand je vous ai connu. Depuis, je sens que je me livre à la douceur de votre commerce; que mon ame s'attache à vous par tous les liens de l'estime et de l'amitié; et que, lorsqu'il faudra les rompre, hélas! peut-être pour jamais, cette retraite, que j'aurais chérie, ne sera plus qu'un tombeau pour moi. Ma résolution est donc prise de ne pas attendre que le charme d'une liaison si douce achève de me rendre odieuse la solitude où je dois vivre; et en vous révérant, en vous aimant l'un et l'autre comme deux êtres dont la nature doit s'honorer, et dont le monde n'est pas digne, je vous supplie de permettre que je vous dise un éternel adieu. Alors prenant les mains du vicomte, et les baisant avec respect, il les arrosa de ses larmes. Je ne vous verrai plus, monsieur, ajouta-t-il; mais je vous chérirai toujours.

Vous êtes fou, lui dit M. de Laval; et qui nous empêche de vivre ensemble, si ma société vous convient? Vous avez pris le monde en aversion; c'est un travers; mais je vous le passe; je n'en suis pas moins persuadé que vous avez le cœur bon; et quoique nos caractères ne soient pas les mêmes, je n'y vois rien d'incompatible; peut-être même se ressemblent-ils plus que vous n'imaginez. Pourquoi donc prendre une résolution qui vous afflige et qui m'affligerait? Vous prévoyez avec douleur le moment de nous séparer; il ne tient qu'à vous de nous suivre. Rien de plus facile que de vivre à Paris, libre, isolé, détaché du monde. Ma société n'est point tumultueuse, elle sera la vôtre; et je vous promets de ne vous faire voir que des gens que vous estimerez. Vos bontés me pénètrent, lui dit Alceste; et je sens tout ce que je dois à des soins si compatissants. Il n'y a rien dans tout cela que de très-simple, reprit le vicomte : tel que vous êtes, vous me convenez; je vous estime, je vous plains; et si je vous livre à votre mélancolie, vous êtes un homme perdu. Ce serait dommage; et l'état où vous êtes ne me permet pas de vous abandonner. Dans un mois je quitte la campagne : j'ai une place à vous donner; et, soit à titre d'amitié, soit à titre de reconnaissance, j'exige que vous l'acceptiez. Ah! dit Alceste, que ne m'est-il possible! Avez-vous, lui demanda le vicomte, quelque obstacle qui vous arrête? Si votre fortune était dérangée, je me flatte que vous n'êtes pas homme à rougir de me l'avouer. Non, dit Alceste, je suis plus riche qu'un garçon n'a besoin de l'être. J'ai dix mille écus de rente, et je ne dois rien. Mais un motif plus sérieux me retient ici : je vous en ferai juge. — Venez donc souper avec nous, et j'acheverai, si je puis, de dissiper tous ces nuages.

Vous vous faites une hydre, lui dit-il en chemin, de ce que vous avez vu de vicieux et de méchant dans le monde. Voulez-vous éprouver à quoi se réduit cette classe d'hommes qui vous effraie ? faites-en ce soir avec moi une liste, et je vous défie de nommer cent personnes que vous ayez droit de haïr. — O Ciel! j'en nommerais mille. — Nous allons voir. Souvenez-vous seulement d'être juste et de bien établir vos griefs. — Vraiment, ce n'est pas sur des faits articulés que je les juge, mais sur la masse de leurs mœurs. C'est, par exemple, l'orgueil que je condamne dans les uns, c'est la bassesse dans les autres. Je leur reproche l'abus des richesses, du crédit, de l'autorité, un amour exclusif d'eux-mêmes, une insensibilité cruelle pour les malheurs et les besoins d'autrui ; et quoique ces vices de toute la vie n'aient pas des traits assez marqués pour exclure formellement un homme du nombre des honnêtes gens, ils m'autorisent à le bannir du nombre de ceux que j'estime et que j'aime. Dès qu'on se jette dans le vague, dit le vicomte, on déclame tant que l'on veut, mais on s'expose à être injuste. Notre estime est un bien dont nous ne sommes que dépositaires, et qui appartient de droit à celui qui en est digne ; notre mépris est une peine qu'il dépend de nous d'infliger, mais non pas selon nos caprices ; et chacun de nous, en jugeant son semblable, lui doit l'examen qu'il exigerait, si c'était lui qu'on allât juger; car en fait de mœurs, la censure publique est un tribunal où nous siégeons tous, mais où nous sommes tous cités : or qui de nous consent qu'on l'y accuse sur de vagues présomptions, et qu'on l'y condamne sans preuve ? Consultez-vous, et voyez en vous-même si vous observez bien la première des lois.

Alceste marchait les yeux baissés, et soupirait profondément. Vous avez dans l'ame, lui dit le vicomte, quelque plaie profonde à laquelle je n'atteins pas. Je ne combats que vos opinions, et c'est peut-être à vos sentiments qu'il est besoin d'apporter remède.

A ces mots, ils arrivent au château de Laval; et, soit pénétration, soit ménagement, Ursule s'éloigne et les laisse ensemble.

Monsieur, dit Alceste au vicomte, je vais vous parler comme à un ami de vingt ans : vos bontés m'y engagent, et mon devoir m'y oblige. Il n'est que trop vrai qu'il faut que je renonce à ce qui faisait la consolation et le charme de ma vie, au plaisir de vous voir et de vivre avec vous. Un autre userait de détour et rougirait de rompre le silence; mais je ne vois rien dans mon malheur que je doive dissimuler. Je n'ai pu voir avec indifférence ce que la nature a formé de plus accompli : je l'avoue au père d'Ursule, et je le supplie de l'oublier, après avoir reçu mes adieux.

Comment, dit le vicomte, c'est là ce grand mystère? Eh bien! voyons; vous êtes amoureux; y a-t-il de quoi vous désoler? Ah! je voudrais bien l'être encore, et loin d'en rougir, je m'en glorifierais. Allons, il faut tâcher de plaire, être bien tendre, bien complaisant : on est encore aimable à votre âge; peut-être serez-vous aimé. — Ah! monsieur, vous ne m'entendez pas. — Pardonnez-moi, je crois vous entendre : n'est-ce pas d'Ursule que vous êtes épris? — Hélas! oui, monsieur. — Eh bien! qui vous empêche d'essayer au moins si son cœur sera touché des sentiments du vôtre? — Quoi! monsieur, vous m'autorisez..... — Pourquoi non? vous me croyez bien difficile! Vous avez de la naissance, une fortune honnête; et si ma fille y consent, je ne vois pas ce qui peut m'arriver de mieux. Alceste tomba confondu aux genoux du vicomte. Vos bontés m'accablent, lui dit-il, monsieur, mais elles me sont inutiles; mademoiselle de Laval m'a déclaré qu'un misanthrope lui était odieux, et c'est l'idée qu'elle a de mon caractère. — Qu'à cela ne tienne; vous en changerez. — Je ne saurais m'abaisser à feindre. — Vous ne feindrez point; ce sera tout de bon que vous vous réconcilierez avec les hommes : Vous ne serez pas le premier ours que les femmes auront apprivoisé.

Le soupé servi, on se mit à table, et jamais M. de Laval n'avait été de si belle humeur. Allons, mon voisin, disait-il, égayez-vous; rien n'embellit comme la joie. Alceste encouragé s'anima ; il fit l'éloge le plus touchant du commerce intime des ames qu'unit le goût du bien, l'amour du vrai, le sentiment du juste et de l'honnête. Quel attrait, disait-il, n'ont-elles pas l'une pour l'autre ! avec quelle effusion elles se communiquent ! quel accord et quelle harmonie elles forment en s'unissant ! Je ne trouve ici que deux de mes semblables ; eh bien ! c'est le monde pour moi. Mon ame est pleine ; je souhaiterais pouvoir fixer mon existence dans cet état délicieux, ou que ma vie fût une chaîne d'instants pareils à celui-ci. Je gage, reprit le vicomte, que si le Ciel vous prenait au mot, vous seriez fâché de n'avoir pas demandé davantage. — Je l'avoue, et si j'étais digne de former encore un désir... — Ne l'ai-je pas dit ? voilà l'homme ; il a toujours à désirer. Nous sommes trois ; il n'y a pas un de nous qui ne souhaite quelque chose. Qu'en dis-tu, ma fille ? Pour moi, je l'avoue, je demande au Ciel avec ardeur un mari que tu aimes et qui te rende heureuse. Je lui demande aussi, dit-elle, un mari qui m'aide à vous rendre heureux. — Et vous, Alceste ? — Et moi, si je l'osais, je demanderais à être ce mari. — Voilà trois vœux, dit M. de Laval, qui pourraient bien n'en faire qu'un.

J'ai déja laissé entrevoir qu'Ursule avait conçu pour Alceste de l'estime et de la bienveillance : le soin qu'elle avait pris d'adoucir son humeur l'annonçait ; mais ce ne fut que dans ce moment qu'elle sentit combien ce caractère, qu'il faut ou aimer ou haïr, l'avait sensiblement touchée.

Eh quoi! dit son père après un long silence, nous voilà tous trois interdits! Qu'Alceste, à quarante ans, soit confus d'avoir fait une déclaration à une demoiselle de dix-huit ans, cela est à sa place; qu'Ursule en rougisse, qu'elle baisse les yeux, et qu'elle garde un modeste silence, je trouve encore cela tout naturel; mais moi, qui ne suis que simple confident, pourquoi suis-je aussi sérieux? La scène est assez amusante. Mon père, dit Ursule, épargnez-moi, de grâce. Alceste me donne une marque d'estime à laquelle je suis très-sensible, et il serait fâché que l'on en fît un jeu. — Tu veux donc que je croie qu'il parle tout de bon? — J'en suis persuadée, et je lui en sais gré comme je le dois. — Tu n'y penses pas : à quarante ans! un homme de son caractère! — Son caractère doit l'éloigner de toute espèce d'engagement, et il sait bien ce que j'en pense. — Et son âge? — C'est autre chose, et je vous prie d'oublier l'âge quand vous choisirez mon époux. — Eh! mon enfant, tu es si jeune! — C'est pour cela que j'ai besoin d'un mari qui ne le soit pas. — Il n'y a donc que cette malheureuse misanthropie qui t'indispose contre lui, et je conviens qu'elle est incompatible avec l'humeur que je te connais. — Et plus encore avec le plan que je me suis fait à moi-même. — Et quel est-il ce plan? — Celui de la nature; de bien vivre avec mon mari; de lui sacrifier mes goûts, si par malheur je n'avais pas les siens; de renoncer à toute société, plutôt que de me priver de la sienne; et de ne pas faire un pas dans le monde sans ses conseils et son aveu. On peut juger par-là de quel intérêt il est pour moi que sa sagesse n'ait rien de farouche, et qu'il se plaise dans ce monde où j'espère vivre avec lui. Quel qu'il soit, mademoiselle, reprit Alceste, j'ose vous répondre qu'il se plaira par-tout où vous serez. Mon père, poursuivit Ursule, se fait un plaisir de rassembler à ses soupers un cercle d'honnêtes gens et de la ville et de la cour; je veux que mon mari soit de tous ces soupers, je veux sur-tout qu'il y soit aimable. — Animé du désir de vous plaire, il y fera sûrement de son mieux. — Je me propose de fréquenter les spectacles, les promenades. — Hélas! c'étaient mes seuls plaisirs; il n'en est point de plus innocents. — Le bal encore est ma folie; je veux que mon mari m'y mène. — En masque, rien n'est plus aisé. — En masque ou sans masque, tout comme il me plaira. — Vous avez raison; cela est égal dès qu'on y est avec sa femme. — Je veux plus, je veux qu'il y danse. — Eh bien! mademoiselle, j'y danserai, dit Alceste avec transport, en se jetant à ses genoux. Ma foi, s'écria le vicomte, il n'y a pas moyen d'y tenir, et puisqu'il consent à danser au bal, il fera pour toi l'impossible. Monsieur me trouve ridicule, dit Alceste, et il a raison; mais il faut achever de l'être. Oui, mademoiselle, vous voyez à vos pieds un ami, un amant, et, puisque vous le voulez, un second père, un homme enfin qui renonce à la vie, s'il ne doit pas vivre pour vous. Ursule jouissait de son triomphe; mais ce n'était pas le triomphe de la vanité. Elle ramenait au monde et à lui-même un homme vertueux, un citoyen utile, qui sans elle eût été perdu. Telle était la conquête dont elle était flattée; mais son silence était son seul aveu. Ses yeux, timidement baissés, n'osaient se lever sur les yeux d'Alceste; seulement une de ses mains s'était laissé tomber dans les siennes, et la rougeur de ses belles joues exprimait le saisissement et l'émotion de son cœur. Eh bien! dit le père, te voilà immobile et muette? Que lui diras-tu? — Ce qu'il vous plaira. — Ce qu'il me plaira? c'est de le voir heureux, pourvu qu'il rende ma fille heureuse. — Il a de quoi; il est vertueux, il vous révère et vous l'aimez. — Embrassons-nous donc, mes enfants. Voilà une bonne soirée, et j'augure bien d'un mariage qui se conclut comme au bon vieux temps. Crois-moi, mon ami, poursuivit-il, sois homme et vis avec les hommes; c'est l'intention de la nature : elle nous a donné des défauts à tous afin qu'aucun ne soit dispensé d'être indulgent pour les défauts des autres.

NOUVEAUX
CONTES MORAUX.

AVIS DU PREMIER ÉDITEUR (1801).

Des Contes moraux de feu Jean-François Marmontel, historiographe de France, l'un des quarante, et secrétaire-perpétuel de la ci-devant Académie française, ne peuvent manquer d'être favorablement accueillis d'après le succès soutenu du premier ouvrage de même genre et du même auteur, connu depuis près de quarante ans, et traduit dans toutes les langues de l'Europe.

Cette sorte de composition peut être regardée comme un genre créé par Marmontel. Une fiction de peu d'étendue, régulièrement conduite, ayant un but moral, et formée, à l'exception d'un petit nombre de Contes, d'une suite d'événements naturels, empruntés de la vie commune, ne présente pas sans doute le mérite d'une aussi grande difficulté vaincue qu'un grand roman, où la naissance, les progrès, les effets des passions sont mis sous nos yeux, où sont en action un grand nombre de caractères, et où la multitude et la variété des événements et de leurs causes réveillent et exercent tous les genres de sentiments ; mais c'est aussi un mérite de dessiner avec vérité plusieurs caractères dans un cadre plus resserré, de faire naître l'intérêt dans un récit peu étendu ; c'en est un que la fécondité qui a fourni tant de sujets divers et une si grande variété de personnages ; c'en est un enfin que la pureté toujours soutenue du style, l'ordonnance bien entendue de chaque tableau, et le caractère toujours moral de chacune de ces compositions.

Rien ne prouve mieux la nouveauté du genre que le grand nombre d'imitations qui ont suivi les premiers Contes moraux ; car on n'imite guère que les genres qui ont quelque chose d'original, et l'on sait combien Marmontel a eu d'imitateurs, qui, dans l'opinion publique, sont restés au-dessous de leur modèle.

Nous ne craignons pas d'annoncer qu'on trouvera dans les nouveaux Contes tout ce qui a fait le succès des anciens : charme du style, invention, intérêt, grâce et facilité ; morale toujours aimable et pure, enfin tout ce qui peut rendre un ouvrage de ce genre agréable et attachant, et ce qui a été le principal but de l'auteur, propre à former l'esprit et le goût des jeunes gens, en même temps qu'à développer en eux tous les sentiments honnêtes dont la nature a mis le germe dans nos cœurs.

La plupart des Contes qu'on rassemble ici ont déjà paru dans les *Mercures* des années 1789, 1790, 1791 et 1792, et ont été réimprimés à part sans le consentement de l'auteur et sans corrections; l'édition qu'on offre au public est avouée de madame Marmontel.

Tremblez que sa cendre ne se ranime, et que le ciel, pour vous confondre ne permette à sa voix de rompre le silence de la mort.

La Veillée.

NOUVEAUX CONTES MORAUX.

LA VEILLÉE.

Un soir, durant les troubles de Paris, une société d'amis, retirée à la campagne, après s'être inutilement fatiguée de réflexions et de prévoyances, cherchait quelques moyens d'y faire diversion, quand la maîtresse de la maison, madame de Verval, qui aimait les contes, et qui avait elle-même le talent de conter avec beaucoup de naturel et d'agrément, proposa une ronde où chacun à son tour rappellerait l'événement de sa vie le plus heureux, ou l'un des plus heureux, hormis les aventures dont on ne fait pas confidence.

La proposition fut goûtée, et il fut décidé que les plus jeunes commenceraient. Ah! maman, que ce ne soit pas moi qui commence, dit Juliette, je n'en aurais pas le courage. A la bonne heure, dit la mère : Dervis, votre cousin, va vous apprendre à vaincre cette timidité, qui n'est pas toujours de la modestie. Vraiment, dit tout bas Juliette, un avocat du roi parle quand il lui plaît et comme il lui plaît. Moi, je ne plaide point, et je n'ai jamais fait des contes. Et puis, il a vingt-trois ans passés, M. Dervis; et moi je n'en ai pas dix-huit : la différence est grande.

Dervis, qui s'était recueilli pendant cet *aparté*, prit la parole.

Si mon père, dit-il, veut me permettre de parler de lui, je dirai ce qui, dans ma vie, m'a le plus agréablement et le plus vivement touché. Voyons, dit le sage Ormesan : il est permis de parler de son père, à moins qu'on n'en dise du mal ou trop de bien; et Dervis commença.

DERVIS.

Feu ma mère, dit-il avec émotion, était si bonne que tout le monde l'accusait de gâter ses enfants. Il est vrai qu'elle était plus affligée que nous-mêmes quand mon père nous corrigeait. Si nos fautes avaient une excuse, elle était la première à la trouver, même avant nous, et s'il n'y en avait pas, elle y en trouvait encore. Quelquefois elle nous grondait; mais la voix de sa colère était si douce qu'on l'aurait prise pour celle de l'amour; et quand ses beaux sourcils se fronçaient pour nous menacer, sous ces sourcils il y avait encore des yeux si tendres, que le pardon perçait à travers la menace. Vous jugez bien que si telle était son indulgence lorsque nous avions manqué à nos devoirs, sa joie était sensible et ne se cachait point lorsque nous les avions remplis ; son visage en était rayonnant, et si on lui parlait de sa santé, de sa fraîcheur, de cette beauté qui semblait, hélas! devoir être immortelle, ce sont mes enfants, disait-elle, qui ont le don de me rajeunir.

Dervis à ces mots s'interrompit pour respirer, et en essuyant deux larmes qui tombaient de ses yeux : Pardon, dit-il, je parle de ma mère. En l'écoutant, Juliette embrassait la sienne, et ses beaux yeux attachés sur elle brillaient d'une humide langueur.

J'avais besoin, reprit Dervis, de rappeler cet excès de bonté pour excuser mon injustice. Mon père, dont je n'oserais vous peindre en sa présence l'ame et le caractère, avait jugé que, de son côté, une sévérité froide et imposante pouvait seule remédier au mal que nous ferait, du côté de ma mère, un excès de tendresse. Il s'était imposé le pénible devoir de nous tenir sans cesse en crainte devant lui. Les fautes légères étaient reprises ; les fautes graves étaient punies. Sa vigilance observait tout, sa sévérité ne nous passait rien ; et ce qu'il y avait de louable dans ses enfants, il avait l'air de ne le compter que pour l'acquittement des soins que l'on prenait pour nous former l'esprit et l'ame ; c'était la dette de la nature, le prix de l'éducation, et les bons témoignages qu'on lui rendait de nous étaient

reçus de lui sans aucune marque de joie. « On
« veut bien être content de vous, nous disait-il;
« continuez, et faites mieux encore, pour n'avoir
« plus besoin qu'on me flatte en exagérant. »

Nous étions tous persuadés que nous avions
un père vertueux et juste; mais aucun de nous
ne savait qu'il eût un père sensible et bon. A
l'âge de quinze ans, je l'ignorais moi-même encore, et jusque-là deux sentiments avaient été
les seuls mobiles de mon ame, la peur d'exciter
son courroux et la peur d'affliger ma mère. Ce
sentiment était plus tendre, je l'avoue, et n'en
était pas moins puissant, et quand j'attirais à ma
mère les reproches des torts que je pouvais avoir,
et que mon père attribuait à l'excès de son indulgence, la peine qu'elle en ressentait me pénétrait jusqu'au fond du cœur; je mêlais mes
larmes aux siennes, et c'était par-là que mon
père avait coutume de me punir. Nous la perdîmes, et je puis dire que ce fut à sa mort que
finit ma jeunesse. Ma douleur mûrit tout-à-coup
mes sentiments et mes pensées; un an de deuil
fut un âge pour moi. Mes devoirs prirent un caractère sérieux; mes études, quand j'eus repris
le courage de m'y livrer, ne furent plus un travail, mais un soulagement pour moi. Je me vis
solitaire dans la foule de mon collége; les jeux
de mes pareils m'étaient devenus importuns. Penser à ma mère et pleurer, ou m'abandonner à
l'étude, comme si je m'étais jeté dans les bras

d'un consolateur, ce fut l'alternative de mes jours, de mes nuits, durant le cours de ma rhétorique. Quelquefois même en travaillant, je croyais voir devant moi ma mère, je croyais l'entendre me dire : « Forme ton esprit et tes mœurs; sois digne « de ton père, sois sa consolation ; qu'il soit heu- « reux, s'il peut l'être sans moi, qu'il soit heu- « reux par ses enfants. » Cette illusion redoublait mes efforts et renouvelait mon courage. Une supériorité, que je n'avais jamais eue dans mes autres classes fut le fruit de cette mélancolique et pieuse application; et quand vint le concours des prix, j'eus sur mes rivaux l'avantage d'avoir reçu les leçons du malheur.

Avec l'intention vague de bien faire, je n'avais eu ni l'espérance, ni l'ambition des succès que j'obtins. Ils m'étaient inconnus; mais mon professeur en était instruit. Il venait voir quelquefois mon père; il en était reçu avec distinction; mais il n'avait jamais surpris en lui un mouvement de cette joie que les parents font éclater lorsqu'on leur donne de leurs enfants des espérances consolantes. Sans doute il avait peur que son secret ne fût trahi.

Le régent, qui croyait voir en lui une gravité difficile à émouvoir, et qui voulait pourtant vaincre cette froideur, y employa, selon sa coutume, le grand moyen de la surprise. Il l'invita, comme par bienséance, à l'exercice solennel où se distribueraient les prix. Ai-je quelque raison personnelle pour y assister? lui demanda négligemment mon père. C'est le secret des juges, lui répondit le professeur, et il n'est pas d'usage de nous en faire confidence. — Que ferais-je donc là? — Vous y verriez du moins une source d'émulation. — Et de vanité? — Non, monsieur; la vanité s'attache à des choses futiles, et nos triomphes ne sont point pour les jeunes gens un stérile et frivole honneur. Dans tous les âges de la vie, l'amour du travail, le goût de l'étude est un bien, et le succès en est louable. Il est beau d'en donner l'exemple; il est bon de le recevoir. Vous avez raison, dit mon père : je serai bien aise de voir mon fils porter envie à ses compagnons couronnés.

Mon père eut donc la bonté de se rendre à l'invitation de mon professeur. Je ne vous dirai pas de quel saisissement je fus surpris en le voyant de loin se placer dans la salle. Où me cacher, disais-je, si je n'ai aucun prix? mais serait-on assez cruel, si je n'en avais point, pour avoir invité mon père? Ayons bonne espérance; et en espérant, je tremblais. Ce fut alors, pour la première fois, que j'éprouvai le désir de la gloire avec ses craintes et ses frissons. Heureusement ma classe était la première appelée. Le premier prix, le second, le troisième m'est accordé. Mon père entend trois fois mon nom; il me voit couronner trois fois, et surchargé de livres et de lauriers, au bruit des applaudissements et des fanfares, il me voit descendre du théâtre, fendre la foule, et, porté dans les bras des spectateurs, m'aller précipiter à ses genoux. Il me prend dans ses bras, et avec une émotion qui le trahit enfin, il me presse contre son cœur, et je me sens inondé de ses larmes. Ah! mon père, si elle vivait! m'écriai-je avec un sanglot. L'impression de ces mots fut si vive et nous étouffa tellement l'un et l'autre, qu'il fallut sortir de la salle. Viens, mon enfant, me dit ce bon père, monte avec moi dans mon carrosse; je sens que j'ai besoin de toi; nous ne pouvons plus nous quitter.

Lorsque nous fûmes dans sa voiture, il m'embrassa de nouveau, et me dit : Tu vois si ton père est sensible; tu vois s'il aime ses enfants. Tu as le secret de ma faiblesse; garde-le bien, surtout avec tes jeunes frères; ils ont encore besoin de ma sévérité. Mes frères étaient à Jully. Mon père, lui dis-je, daignez vous souvenir que vos enfants n'ont plus de mère, que leur âge a ses peines et ses chagrins, et que le baume qui coulait dans les plaies de leurs jeunes cœurs n'y coule plus. Les tendres faiblesses, dont trop souvent nous avons abusé, n'ont malheureusement plus pour eux le danger que vous auriez pu craindre. Soyez toujours père par l'ascendant d'une volonté respectée; mais soyez mère quelquefois. Oui, me dit-il, je réunirai ces deux caractères, ils sont tous les deux dans mon cœur; mais j'en veux prendre encore un autre avec toi désormais, celui de ton ami. Jurons-nous de n'avoir qu'une ame, et jamais rien de dissimulé ni de réservé l'un pour l'autre. Que ne puis-je exprimer avec quel transport j'en fis et reçus le serment! Ce fut là le moment le plus heureux du passé de ma vie, et une source intarissable de douceurs et de charmes pour mes jours à venir.

A vous, mademoiselle, dit d'Ormesan, c'est votre tour. Mon oncle, répondit Juliette, je suis un peu émue du récit que je viens d'entendre; voulez-vous bien prendre ma place, et me donner le temps de rassurer ma voix? Volontiers, reprit l'oncle; aussi bien ce jour de bonheur, que Dervis s'est approprié, vient de m'en rappeler un autre que je lui dus aussi, mais qui fut à moi seul.

D'ORMESAN.

Dervis venait d'être installé dans son office, et il allait parler pour la première fois dans une affaire intéressante; c'était un procès intenté à la veuve et aux enfants d'un M. de Closade... Closade! interrompit le baron Drisac, je l'ai connu, il était du pays; jeune homme de belle espérance et d'une brillante valeur; un peu sévèrement traité de la fortune, mais raccommodé avec elle par le bon procédé d'un oncle dont sa femme avait hérité. C'était, poursuivit d'Ormesan, cet héritage qu'on voulait lui enlever. Sa partie était la marquise de V***, femme altière, active, intrigante, remuant la ville et la cour, et, avec peu de considération, ne laissant pas d'avoir un grand crédit.

Ce procès, fort simple en lui-même, mais embrouillé par la chicane, fixait l'attention du public. C'était sur les conclusions de mon jeune avocat du roi que dans deux jours il était jugé au Châtelet. Je l'en voyais très-occupé, et, quoique assez instruit moi-même de l'iniquité des poursuites dont la veuve était excédée, je m'abstenais d'en parler à mon fils. L'opinion d'un père est d'une autorité trop forte pour ne pas entraîner quelquefois la balance, et je m'étais fait une loi de laisser à Dervis l'ingénuité de sa conscience et la liberté de son jugement. Je l'abandonnai donc à ses propres lumières; mais avec une inquiétude que j'avais soin de lui cacher, j'observais ce qui se passait autour de lui et en lui-même.

Je le vis obsédé de sollicitations, non pas du côté de la veuve; elle vint seule voir son juge, et il la reçut assez mal. — Moi! mon père. — On la fit attendre un quart d'heure dans ton salon; j'en comptai les minutes avec humeur, je te l'avoue; et puis l'audience fut courte. — Je l'écoutai bien cependant. — Tu la reconduisis avec un air si digne et si froid! je t'aurais battu.

Après elle, vint l'avocat de madame de V***. Oh! celui-là put déclamer tout à son aise : il eut une heure au moins, et la pauvre veuve un quart d'heure! — Il fut plus long qu'elle, il est vrai; mais vous savez, mon père, qu'un gros volume de paroles ne pèse pas une once de raison.

Après cet orateur, arrive un prélat d'importance; il monte à pas comptés; il s'avance, on l'annonce. Tu viens le recevoir; il se jette dans un fauteuil, et moi, qui de mon cabinet l'observais attentivement, je vis très-bien à son geste, à sa mine, qu'il te dictait tes conclusions. — Oh! non, il ne me dit qu'un mot de ce procès, qu'il croyait infaillible; mais il me parla longuement de lui, de moi, de vous, mon père; il me vanta son crédit à la cour, son influence sur les choix; il était du conseil secret et de la confiance intime. Il me demanda si j'avais envie de passer ma jeunesse dans cette plaidoierie obscure; et si un homme tel que moi, avec son nom et ses talents, était fait pour vieillir dans la poussière du barreau. C'était dans les conseils que je devais bientôt me montrer avec avantage, et des conseils au ministère il ne voyait pour moi qu'un pas. Il me recommanda sur-tout de ne pas imiter mon père, qui, pouvant arriver à tout, n'avait voulu prétendre à rien. Vingt fois, dit-il, la voix publique l'a nommé aux places les plus éminentes; la cour ne demandait pas mieux que de l'y appeler; il n'en voulut jamais. Croyez-moi, monsieur, ne lui ressemblez pas, et soyez sûr que dans l'occasion vous aurez des amis puissants. Je me doutais bien, dit d'Ormesan, que quelqu'un ce jour-là s'occuperait de ta fortune, et tu m'expliques l'air modeste et reconnaissant dont tu accompagnais le prélat. — Il fallait bien, mon père, lui rendre grâces des dignités dont il venait de me pourvoir.

L'homme au cordon, qui vint le remplacer, te confirma sans doute dans ces brillantes espérances. — Lui! mon père; il ne me donna que des leçons alarmantes sur le pas critique et glissant que j'étais au moment de faire. Il n'y avait pas, me disait-il, deux voix, ni deux opinions sur le procès de madame de V***; une famille comme la sienne était au-dessus du soupçon de soutenir jamais une mauvaise cause : l'affaire était jugée à la ville comme à la cour, et ma réputation dépendait des conclusions que j'allais donner. Ce n'est donc pas, me dit-il enfin, comme solliciteur que je vous parle, mais comme l'ancien ami des vôtres, et avec le désir de vous voir dans le monde gagner la considération, l'estime et le crédit dont vous avez droit de jouir.

Bonne et belle leçon ! s'écria d'Ormesan; aussi s'en alla-t-il bien fier de te l'avoir donnée; et te voilà bien disposé à recevoir madame de V***, que je vois paraître après lui. Comme elle était belle et brillante ! et de quel air victorieux elle aborda son juge, lorsque tu vins la recevoir ! — Son juge ! elle en rit aux éclats lorsqu'elle prononça ce nom. C'est donc vous, me dit-elle, monsieur le grave avocat du roi, qu'il faut venir solliciter? Ce privilége de la robe est rare, je l'avoue, et il ne faut pas moins qu'un procès pour rendre convenable la visite qu'un jeune et joli homme reçoit le matin d'une femme de mon âge et de mon état.

Madame, lui dis-je en baissant les yeux et en rougissant, les sollicitations m'ont paru toujours inutiles, embarrassantes quelquefois, quelquefois aussi dangereuses. Je n'ai jamais bien su ce qu'on venait demander à son juge : de l'attention ; ce serait une offense : de la faveur ; ce serait une injure. La simple et l'exacte justice est tout ce qu'on en peut attendre ; et c'est l'humilier encore que de venir la réclamer.

Vous avez bien raison, dit-elle ; aussi ne croyez pas que je vienne en plaideuse vous ennuyer de mon procès. J'ai entendu parler de vous comme d'un homme aimable, plein d'esprit, d'agrément (pardon si je répète ces adulations); j'ai eu envie de vous connaître, et de vous dire qu'un homme tel que vous est fait pour avoir dans le monde des succès plus brillants, plus flatteurs que ceux du barreau. Plaidez ma cause, puisqu'enfin vous en êtes chargé, mais tenez-vous-en là ; et, si vous m'en croyez, venez plaider la vôtre au tribunal du goût, des grâces, des plaisirs, où vous la gagnerez toujours. Je rassemble à souper chez moi la meilleure compagnie, et sur-tout les plus jolies femmes ; j'espère que mon procès fini, vous en serez, monsieur le juge, et n'y manquez pas, s'il vous plaît. Sur quoi, je vous salue, avec tout le respect qui est dû à la robe et à vos vingt ans. Telle fut sa visite, après laquelle je m'enfermai pour mûrir dans ma tête mon plaidoyer du lendemain.

Moi, reprit d'Ormesan, qui l'avais vu sortir avec un air plus animé, plus triomphante qu'elle n'était venue, j'éprouvai je ne sais quelle inquiétude chagrine et sombre qui n'avait rien d'obligeant pour toi. Tu vins dîner; tu fus rêveur. — J'étais préoccupé. — Sans doute, mais de quoi? C'était là le problême. Je laissai échapper quelques mots sur les visites que tu avais reçues. Tu me répondis d'un air froid et laconique, où je crus voir de l'embarras, et sans insister davantage, je te laissai rentrer chez toi. Mais, il faut te le dire enfin, je fus agité tout le soir; j'eus la fièvre toute la nuit. Je me rappelai la pauvre veuve suppliante, mais seule, intimidée devant toi, ne sachant ou n'osant parler, congédiée au bout d'un quart d'heure; et ma cruelle imagination lui opposait l'assurance de l'avocat, la contenance de l'évêque, l'étalage du cordon-bleu; mais sur-tout l'éclat de beauté dont brillait la marquise, sa démarche noble et légère, sa taille de Diane, son regard de Vénus, lorsqu'elle daignait l'attendrir ou en adoucir la fierté, le charme de sa voix, le prestige de son langage, et tous les artifices de la coquetterie mêlés furtivement aux airs de dignité et de grandeur; que sais-je enfin ? tout ce qui peut séduire, éblouir un jeune homme et lui troubler l'entendement, s'exagérait dans ma pensée. Je maudis mille fois l'usage scandaleux des sollicitations; je détestai la vanité des magistrats qui l'avaient laissé s'introduire; j'eus la tête remplie de noirs pressentiments; en un mot, je ne dormis point, et, lorsque je te vis sortir le lendemain, pour ces fonctions redoutables que tu allais remplir pour la première fois, un frissonnement me saisit. Je me reprochai d'être injuste, je me peignis ton caractère, je me rappelai tes principes; je me dis cent fois que mon fils était incapable d'une bassesse. Mon cœur semblait se soulever pour me garantir la droiture et la candeur du tien; mais la séduction, l'erreur, l'inexpérience de ton âge, une prévention malheureuse avait pu t'égarer. Pourquoi n'avais-je pas, au moins pour cette fois, osé lire dans ta pensée, entrer en confidence de ton opinion, et te l'entendre raisonner? Elle en eût été plus réfléchie et n'en eût pas été moins libre. Éclairer la justice, ce n'est pas l'altérer. Ces pénibles réflexions me tourmentèrent pendant une heure, et avec tant de violence, qu'il ne me fut plus possible de tenir à l'inquiétude où j'étais. Je m'affublai d'un ample et grossier vêtement; j'enfonçai sur mes yeux mon chapeau de campagne, et ma canne à la main, j'allai me glisser dans la foule qui remplissait la salle où tu devais parler.

La première partie de ton plaidoyer me fit

frémir. Tu présentas la cause de madame de V*** avec une apparence de bon droit si artistement coloré, tu en fis si bien valoir les moyens, tu les rendis si spécieux, qu'à chaque instant je disais en moi-même, Je suis perdu, mon fils n'est plus digne de moi. Enfin je commençai à reprendre espérance, lorsqu'opposant à ces moyens les titres de la veuve, tu fis poindre quelques rayons de justice et de vérité, comme à travers d'épais nuages. Insensiblement les nuages se dissipèrent; la bonne cause parut au jour; et tu la fis briller avec tant d'éclat, tu mis si bien en évidence la volonté du testateur, tu fis si vivement sentir combien des sophismes litigieux, sur de légers manques de forme, étaient contraires à l'esprit de la loi, qui n'est jamais ni rusée ni frauduleuse, et dont l'essence est la simplicité, la droiture et la bonne foi; tu rendis si intéressante la situation de la veuve et des enfants d'un jeune et brave militaire mort au service de l'état; et à leur infortune, opposant l'opulence et toutes les prospérités de la famille des V***, tu rendis si sacrés les droits du malheur et de la faiblesse, que la voix unanime de l'assemblée dicta la sentence des juges. Je ne l'entendis pas, mon fils, cette sentence. J'étais tombé évanoui, de l'excès de ma joie, entre les bras du peuple. Quelqu'un me reconnut; car en tombant j'entendis qu'on disait autour de moi : *Il est son père.* On m'emporta dans la salle voisine; et en reprenant mes esprits, je me retrouvai dans tes bras. Je ne sais si on peut être plus heureux que je le fus dans ce moment; mais je sais bien qu'un seul degré d'émotion de plus m'aurait coûté la vie; et, à dire vrai, si j'en avais le choix, c'est d'une mort pareille que je voudrais mourir.

JULIETTE.

Que voulez-vous que je raconte, dit-elle, après des scènes si touchantes? Un bonheur de ton âge, dit sa mère. N'en connais-tu aucun? — Ah! vous m'en donnez tous les jours, bonne maman. Mais ceux-là, c'est ma vie : j'y suis accoutumée. En voici un auquel je ne m'attendais pas.

Je suis née à Verval, ici, dans ce château. Ma mère voulait me nourrir; elle s'en faisait une joie (et un devoir, dit tout bas la mère) : sa santé ne le permit pas, mais elle eut soin de me choisir la meilleure nourrice du canton; et cette excellente nourrice était aussi une excellente femme. Ma mère m'a bien dit des fois, qu'après les soins de l'amour maternel, il est impossible d'en imaginer de plus tendres que ceux que mon enfance reçut de cette bonne femme. A la manière dont elle remplissait les devoirs de seconde mère, on voyait qu'elle en avait senti toute la dignité : elle s'en acquittait avec une modestie noble et douce, qui avait l'air de la piété, et qui donnait un caractère religieux à ses fonctions les plus humbles. Si quelquefois ma mère paraissait s'affliger de n'être pas à sa place : Madame, disait-elle, si votre santé vous eût permis de nourrir votre enfant, vous ne me l'auriez pas cédé ; et moi, sans tout le bien que vous faites dans le pays, je ne me serais pas privée de mon enfant pour allaiter le vôtre. Mais il fallait bien que quelqu'un de nous se chargeât d'acquitter la dette de tant d'infortunés ; et puisque vous m'avez choisie, Dieu a voulu que ce fût moi. Ne m'enviez pas mon bonheur. Affaiblie comme vous l'êtes, votre tendresse eût été cruelle et pour vous et pour votre enfant, si vous aviez voulu vous efforcer de la nourrir. Ne craignez pas non plus que je dérobe à la nature ce qui lui appartient des sentiments de cette petite ame : dès qu'elle aura quelque connaissance, soyez bien sûre qu'elle vous distinguera de toutes les femmes, et de moi-même ; et c'est vers-vous que sera dirigée toute sa sensibilité.

Voila, reprit Dervis d'un air un peu malin, voilà, pour une paysanne, un langage bien élégant ! Monsieur, répliqua Juliette, je ne répète pas son langage à la lettre ; je le traduis fidèlement. Vous la connaîtrez, cette paysanne ; et tout fier que vous êtes, vous la respecterez. A ces mots, dont le ton sévère fit sourire d'Ormesan et Olympe, Dervis baissa les yeux, et Juliette poursuivit.

Les bontés de ma mère avaient mis Susanne (c'était le nom de ma nourrice) dans un état d'aisance qui rendait son ménage heureux. Comme mon père passait ici les beaux mois de l'année, j'avais tous les ans le plaisir de voir, en arrivant, Susanne accourir dans mes bras. J'allais aussi la voir dans son village, et dans ce ménage champêtre je retrouvais toujours, avec une sensible joie, la paix, l'aisance, et le bonheur.

Un voyage de mon père, aux eaux de Spa (car alors sa santé devenait chancelante), nous priva une année de passer l'été à Verval. L'année suivante nous y revînmes. Le voyage fut une fête où nous croyions tous célébrer la convalescence de mon père. Susanne vint me voir selon sa coutume; et quoique bien chagrine, elle ne se montra sensible qu'à la joie de notre heureux retour. Mais lorsque je lui dis, dans nos adieux, que j'espérais bientôt moi-même aller la voir, elle me pria, d'un air touchant, mais triste, de ne plus prendre cette peine. Ces mots, nouveaux pour moi, me frappèrent sensiblement. J'insistai ; elle m'embrassa avec un sourire où je démêlais quelque peine. Mademoiselle, vous n'êtes plus un enfant, me dit-elle, et vos bontés pour moi.... Je suis toujours la même, interrompis-je, et à tous les âges vous trouverez en moi l'enfant que vous avez nourri. J'irai vous voir, et le plutôt possible.

Ah! la fierté, l'élévation d'ame, sont des vertus de la nature. Ma nourrice était malheureuse, un bon vieillard que j'avais vu chez elle, Firmin, le père de Baptiste son mari, était mort, et sa dernière maladie avait ruiné le ménage ; au lieu de la petite maison, si bien rangée, hélas! ce n'était plus qu'une chaumière; au lieu de la belle vache noire, une chèvre; au lieu du champ et de la vigne, et du joli jardin, un petit bout de terre bien étroit et bien nu; c'était tout ce qui leur restait. Dix-huit mois avaient tout changé. Susanne, en me voyant arriver, vint à moi; et avec cet air noble qui lui était naturel : Vous allez, me dit-elle, être un peu affligée de ne plus nous trouver aussi-bien que par le passé. Mais ne regrettez pas l'usage que nous avons fait de vos dons et des bienfaits de vos parents. Ils ont été dignement employés. Firmin, notre bon père, a été soigné dans sa maladie comme si ses enfants avaient été plus riches; et rien, grâce au Ciel, ne lui a manqué jusqu'à son dernier moment.

En parcourant des yeux cette chaumière assez propre, mais dépouillée, je me mis à pleurer. Eh quoi, dis-je à Susanne, vous nous avez laissé ignorer votre situation! Ah! ma bonne nourrice, vous êtes bien injuste! Avez-vous pu penser que nous vous laisserions dans le besoin? Je vous répète, me dit-elle, que le malade n'a manqué de rien. — Et vous et vos enfants, et leur malheureux père? — Non, mon aimable Juliette; leur père n'est point malheureux. Votre frère de lait, Marcellin, le soulage. Ils travaillent gaiement l'un à côté de l'autre aux vignes d'un riche voisin. Louise, ma fille, commence à nous aider. La laine et le coton qu'elle file avec ce beau rouet que vous lui avez donné, double de valeur dans ses mains; et tout cela, au bout de la semaine, nous produit de quoi vivre. Ne nous plaignez donc pas, et croyez que si le travail avait manqué à nos besoins, madame de Verval et vous, sa digne fille, vous auriez été les premières à qui je l'aurais confié.

Dans ce moment, Louise, qui revenait de la fontaine, ayant sur sa tête un panier de linge, entra dans la chaumière, et vint à moi d'un air content, me fit mille amitiés, et ne me parut pas plus confuse que de coutume. Louise, allez traire la chèvre, lui dit sa mère; mademoiselle goûtera de son lait. Ces mots, *allez traire la chèvre*, me percèrent le cœur; mais ils n'attristèrent que moi. Louise s'empressa de me servir; et la joie de me revoir semblait la rendre encore plus leste. Vous trouverez notre pain excellent, me dit Susanne, car c'est moi qui le fais.

Je le goûtai, ce pain : il était bon, sans doute, ainsi que le lait de la chèvre; mais j'y trouvai de l'amertume. Je dissimulai cependant le chagrin que me causait l'état de détresse où je les laissais. Quelle situation, disais-je en m'en allant! attendre tous les jours du travail de ses mains le pain nécessaire à la vie! et si l'un d'eux tombe malade!... O ma mère, vous ne laisserez point ma nourrice dans cet état!

Ma mère, en effet, s'empressa de les aider par de nouveaux bienfaits; mais l'avenir, mais notre absence, mais la ruine du petit ménage à rétablir! toutes ces réflexions me pesaient sur le cœur et me poursuivaient, même en songe : j'en fis un cependant qui était de bon augure, et qui, si j'avais cru aux songes, aurait adouci mon chagrin.

Dans le parc de Verval, il y a, vous le savez, un coin qui se prolonge irrégulièrement au bas de la colline, d'où tombe le ruisseau qui vient arroser nos jardins. Ce ruisseau, qui roule en cascade, et qui, tout bouillonnant encore, s'échappe et court dans ce coin de prairie ombragée de peupliers, fait de cet endroit solitaire une retraite délicieuse, quand on veut rêver en silence. On s'y croit seul au monde; on n'y entend que le bruit des eaux, qui est ami de la rêverie. Mon père s'y plaisait; c'était l'endroit de ses jardins où il se promenait le plus souvent. Il en avait, pour ainsi dire, dissimulé l'approche, et l'on n'y arrivait que par des sentiers tortueux. J'y allais souvent, avec ma gouvernante, promener mon inquiétude et nourrir ma tristesse du souvenir de la chaumière où j'avais laissé ma nourrice; j'en parlais à ma bonne, et je la consultais; mais cette fille, un peu sévère, en louant ma reconnaissance, m'intimidait sur tous les moyens que j'aurais eus de l'exercer. Mes parents, disait-elle, avaient fait pour Susanne plus que jamais personne pour une femme de son état : leur en demander davantage, c'eût été les importuner. Un jour je serais la maîtresse d'y ajouter mes propres bienfaits ; mais jusque-là c'était assez. Ma bonne avait raison ; mais je n'en étais que plus triste, et je n'osais plus dire quelle en était la cause.

Un soir pourtant que l'on parlait de songes, je ne pus résister à l'envie de raconter celui que j'avais fait la nuit précédente ; et mon père, qui aimait à m'entendre exercer le petit talent que la nature nous donne à tous de peindre ce qui nous a frappés, m'écouta avec attention.

Vous savez, lui dis-je, mon père, que ma promenade favorite, ainsi que la vôtre, est le vallon de la cascade. La nuit dernière, cet agréable site s'est présenté à mon esprit, mais il était changé. Au bas de la cascade il y avait un moulin ; je voyais le ruisseau, tout en écume plus blanche que du lait, bondir et fumer sous la roue ; le moulin semblait l'animer et lui inspirer le désir d'être utile. Votre ruisseau paraissait fier de faire tourner le moulin ; et savez-vous qui était la meûnière ? Susanne, dit ma mère. Justement, m'écriai-je ; Baptiste était votre meûnier. Sur la pente de la colline, Marcellin plantait une vigne ; et Louise, sa sœur, cultivait un jardin, le plus joli du monde ; tandis que deux belles génisses et un petit troupeau de moutons et de brebis avec leurs agneaux paissaient dans l'enclos du moulin. Ah ! mon père, comme cette petite famille était heureuse, et comme je l'étais moi-même ! Mon père rêvait et souriait. Je te sais bon gré, me dit-il, d'avoir fait cet aimable songe, et tu l'as fort bien raconté.

Je me le rappelai souvent dans le vallon de la cascade ; mais je n'en parlai plus, et il parut oublié.

Vers la fin de l'automne, nous retournâmes à la ville. L'hiver m'y parut long. J'avais amassé mes étrennes ; je n'en avais rien dépensé ; j'étais impatiente de revoir ma nourrice. Le lendemain de notre retour à Verval, le 25 avril, fut le plus beau jour de printemps ; Vernet l'aurait choisi pour peindre la renaissance de la nature dans sa plus brillante fraîcheur. Chacun à Verval jouissait du nouveau charme répandu sur la campagne ; moi seule j'étais triste. Susanne avait coutume de se trouver à notre arrivée ; elle y avait manqué cette fois. Elle, ou quelqu'un de ses enfants, ou son mari n'était-il point malade ? ou n'étant plus heureuse, de peur d'être importune, n'osait-elle plus se montrer ?

Mon père, après le déjeûner, nous proposa de faire un tour de promenade. Ma mère, monsieur le curé, quelques voisins, quelques amis, et de ce nombre M. le baron de Drisac, (oui, j'étais de la fête, dit le baron), nous suivîmes mon père ; et après avoir parcouru les jardins, les bosquets, nous arrivâmes à cet endroit retiré du parc où se découvre la cascade. Quelle fut ma surprise, et quel fut mon enchantement ! mon père avait réalisé mon songe. Le moulin, la vigne, le petit verger, bordé de haies et peuplé de troupeaux, s'offrirent à mes yeux tels que je les avais rêvés. Le plus intéressant manquait encore à mes désirs, lorsque je vis sortir de la nouvelle maisonnette le meûnier, la meûnière, avec leurs deux enfants : imaginera qui pourra l'ivresse de ma joie en ce moment. Je tombai aux pieds de mon père, j'embrassai ses genoux avec une tendresse dont tout le monde fut ému. Mon père, en souriant, me releva. C'est la meûnière, me dit-il, c'est elle qu'il faut embrasser. Je volai dans ses bras. La reconnaissance de ces bonnes gens fut excessive comme ma joie.

Nous entrâmes dans le moulin ; rien n'y manquait de ce qui fait l'aisance d'un ménage rustique. Mon père avait pourvu à tout. Notre bon curé, en cheveux blancs, le comblait de bénédictions ; et nos amis, aussi touchés que moi-même, ne se lassaient pas d'admirer son ingénieuse bonté.

Savez-vous ce qui vous étonne, nous dit-il en nous en allant ; la chose du monde la plus simple et la moins coûteuse. Cette cascade, comme l'avait très-bien rêvé ma fille, roulait ses eaux, sans raison, sans objet ; je lui ai donné une intention utile, un moulin à faire tourner. Ce moulin est commode pour tout le voisinage ; il enrichit de bonnes gens ; il m'acquitte envers eux ; il embellit mon parc, il y présente un tableau vivant, et il augmente mon revenu. A-présent je vous laisse vous récrier tant qu'il vous plaira sur la magnificence de cette belle action. Croyez-moi, mes amis, le plus grand charme de la campagne, et ce qui m'y attache le plus, c'est la facilité d'y faire beaucoup de bien à peu de frais.

OLYMPE.

Ce fut aussi à peu de frais, dit-elle, que je fus heureuse moi-même toute cette belle saison, la dernière, hélas! que ton père devait passer dans ce séjour, où il se plaisait tant!

Ces mots furent suivis de quelques moments de silence; et un nuage de tristesse se répandait dans la société. Olympe, qui s'en aperçut, voulut le dissiper : elle reprit ainsi.

Ma fille vous a dit que Susanne avait deux enfants, le frère de lait de ma fille, Marcellin, le plus éveillé des garçons du village, et Louise, sa sœur aînée. Louise était jolie; mais elle avait surtout un air de candeur, d'innocence qui laissait voir toute son ame comme à travers une glace pure. Si on voulait peindre l'ingénuité, on lui donnerait ce regard. On voyait que l'idée de dissimulation était étrangère à Louise; le mensonge n'avait jamais terni son heureux naturel; et la vérité sur ses lèvres semblait n'attendre, pour s'échapper, que le souffle de la parole. De tous les caractères de la beauté dans une femme, c'est à mon gré le plus touchant. Aussi Louise, en paraissant dans le village de Verval, y fit-elle bien des conquêtes.

Je donnais à danser tous les dimanches dans

la cour du château; et au milieu de la jeunesse que les violons y rassemblaient, Louise, sans s'apercevoir qu'elle fût distinguée, attirait tous les yeux. Mais son aimable modestie lui faisait pardonner, même par ses compagnes, la gloire de les effacer : car l'envie n'est pas toujours aussi injuste qu'on le pense; et les avantages qui la blessent sont le plus souvent ceux dont on fait vanité. Loin de se prévaloir des siens pour humilier ses compagnes, Louise avait toujours l'air de s'oublier seule, et de céder aux autres les hommages qu'on lui adressait. A dire vrai, tous ces hommages la touchaient peu; et entre vingt rivaux que je voyais timidement empressés autour d'elle, se disputer le bonheur de lui plaire, un seul obtenait quelquefois la faveur d'un sourire, ou celle d'un regard doucement prolongé. C'était le jeune Éloi, le fils aîné de mon fermier, l'exemple du village pour les vertus de son état, dont il avait la plus noble idée. Je l'avais vu quelquefois au travail; il était glorieux de mener la charrue. Vous auriez dit qu'il commandait à la terre d'être féconde; et lorsqu'il arrivait, debout sur son chariot chargé de gerbes, la tête haute, le regard assuré, l'air triomphant, vous auriez dit qu'il se croyait sur le trône de l'abondance. M. de Verval l'avait pris en amitié; et, en félicitant son père : Vincent, lui disait-il, vous êtes un brave homme, un bon cultivateur; mais votre fils vous vaudra bien. A cet éloge, Éloi, sérieux et mo-

LA VEILLÉE. 273

deste, baissait la tête et la relevait fièrement. Tel était l'amant de Louise.

Au village, comme à la ville, la malice et la jalousie ont les yeux pénétrants. Bientôt on s'aperçut et l'on se dit tout bas que le choix de Louise était fait dans son cœur, et qu'Éloi serait préféré. Ce bruit vint jusqu'à moi; et je fis appeler Louise.

Ma fille, lui dis-je, on m'apprend que votre modestie, votre bon naturel, sur-tout les tendres soins que vous rendez à vos parents, vous font chérir dans le village, et font souhaiter à toutes les mères de vous donner pour épouse à leurs fils. Elles sont bien bonnes, madame, de penser à moi, me dit-elle. — Mais vous, Louise, ne seriez-vous pas flattée de rendre heureuse quelqu'une de ces mères? — Après la mienne, celle à qui je souhaite le plus de bien, madame, c'est la bonne Augustine, la femme de votre fermier. Elle me fait tant d'amitiés! — J'en suis bien aise. Et son mari? — Ah! madame, l'excellent homme! — Ils ont une fille de votre âge. — Oui, madame, Cécile, c'est ma meilleure amie. — Elle a un frère qui, quoique jeune, est déja un homme estimable. — Oui, madame, bien estimable (et, à ces mots, deux belles roses s'épanouirent sur ses deux joues). — On dit, Louise, qu'il vous estime aussi beaucoup. — Il me semble qu'oui, madame, et je le crois. — Mais, Louise, à votre âge, lorsqu'on s'estime tant, on n'est pas loin de s'aimer.

— Oh non, madame, on n'en est pas loin; et dès que nos parents voudront bien le permettre, nous y sommes tout disposés. — Vos parents savent-ils ce que vous pensez l'un de l'autre? — Certainement, madame : je l'ai dit à ma mère; je n'ai rien de caché pour elle. Et lui, dès la troisième fois que nous dansions ensemble, dans la cour du château, ne confia-t-il pas son secret à son père? Tenez, mon père, lui dit-il, en lui passant le bras autour du cou, remarquez cette jeune fille : ce sera votre bru, ou bien vous n'en aurez jamais. Le bon père sourit en me regardant, et lui dit : Rien ne presse; encore quelques moissons, et nous verrons cela. — Et Susanne, qu'en pense-t-elle? — Que je ne suis pas assez riche, et que Vincent voudra du bien. — Cependant, dites-vous, Éloi a déclaré qu'il ne voulait que vous pour femme. — Oui, mais si son père commande, il faudra qu'il obéisse, et je saurai bien l'y obliger. N'obéirais-je pas à mon père, à ma mère, s'ils disposaient de moi?

Je fus, comme vous croyez bien, satisfaite de ce dialogue; et je le répétai à M. de Verval. Laissez-moi, me dit-il, entamer la négociation. Je veux d'abord parler à Baptiste. Il l'alla voir à son moulin. Baptiste, lui dit-il, savez-vous que votre fille et le fils du fermier ont l'un pour l'autre beaucoup d'estime? Vraiment oui, dit Baptiste, de cette estime dont monsieur le curé ferait bien vite de l'amour. Je l'ai dit au fermier. Il m'a répondu qu'à leur âge l'amour était de garde, et que deux ou trois ans, au lieu de le gâter, le mûriraient et le rendraient meilleur. Le vrai, monsieur le comte, ajouta Baptiste, c'est que Vincent, avant de marier son fils, veut s'assurer d'un nouveau bail. Il voit que dans tout le pays le prix des baux augmente considérablement. Il pense bien que vous allez faire monter celui de votre ferme; il a des envieux; ils ne manqueront pas de renchérir sur lui; et c'est là ce qui l'inquiète. Vincent doit bien savoir, dit M. de Verval, que je ne suis pas un arabe; et il le vit le lendemain.

Eh bien! lui dit-il, la récolte nous promet-elle d'être bonne? Elle promet, dit le fermier; mais elle est si souvent trompeuse! Quelquefois à la veille d'une belle moisson, un vent, un orage, une grêle ravage tout. En vérité, le pauvre laboureur, en se donnant bien de la peine, en a souvent bien peu de fruit. Cependant, reprit mon mari, le prix des baux augmente; et j'espère bien que celui que nous allons renouveler..... — Ah! monsieur le comte, épargnez-nous. Vous êtes si juste et bon! vous venez d'enrichir une honnête famille; n'en ruinez pas une qui jusqu'à-présent vous a servi de si bon cœur. Tu veux parler de Baptiste, mon meûnier, reprit le comte; et tu me fais penser que sa fille et ton fils ont de l'amitié l'un pour l'autre. Hélas! oui, dit le bon fermier; mais le moyen d'exposer ses enfants au malheur d'en avoir eux-mêmes, lorsque l'on n'a rien d'assuré? Tu parles en bon père et en homme sage, reprit le comte. Mais, Vincent, si un nouveau bail de neuf ans t'assurait ma ferme au prix du bail courant; et si un autre bail, pour la dot de Louise, te l'assurait neuf ans encore au même prix?... Ah! le plus généreux des hommes, s'écria le fermier, disposez de mon fils; les baux et le contrat, je signerai tout à-la-fois.

Tout est conclu, me dit le comte en revenant: j'ai la parole des deux pères; et pour cela je n'ai promis que ce que j'aurais fait sans cela. Je n'avais nulle envie assurément d'ajouter ma propre avarice à celle de la terre, qui vend déja si chèrement ses dons aux pauvres laboureurs. Mais puisqu'enfin c'est pour eux un bienfait que de les laisser dans l'aisance, j'ai cru pouvoir y faire participer Louise, enrichir ma ferme de deux heureux de plus.

Ma fille, à l'instant même, en alla porter la nouvelle à Susanne; mais Vincent l'avait devancée; et Juliette trouva au moulin les deux familles rassemblées, les deux amants se regardant l'un l'autre avec des yeux humides de tendresse et de joie, les pères se serrant la main, les mères s'embrassant, et Marcellin, lui seul, d'un air pensif et triste, retiré dans un coin et regardant Cécile, qui, la tête appuyée sur l'épaule de Louise, n'osait regarder Marcellin.

Ma fille avait été frappée de ce tableau. Elle vint me le peindre; et je dis en moi-même : Voilà encore un mariage à faire ; mais ceci n'est pas si pressé, Marcellin n'a que dix-sept ans.

Le lendemain, Susanne vint se jeter à mes genoux ; et, après l'effusion de sa reconnaissance : Eh bien, madame, le croirez-vous, me dit-elle ? ma joie, toute vive qu'elle est dans ce moment, n'est pas sans amertume. Ce petit fou de Marcellin se désole de voir marier sa sœur avant lui. S'il ne s'agit que d'être amoureux, il l'est, dit-il, mille fois plus de Cécile, la sœur d'Éloi, qu'Éloi ne l'est de Louise sa sœur. J'ai voulu me moquer de lui ; mais il m'a dit qu'au lieu de rire je pleurerais bientôt d'avoir désespéré ce pauvre Marcellin, qui aimait tant son père et sa mère ; et, en fondant en larmes, il est retourné au travail.

Il faut le consoler, lui dis-je. Que ce soit lui qui demain matin m'apporte la crème du déjeûner.

Il arriva si pâle et si abattu que j'en eus pitié. Est-ce toi, Marcellin, lui dis-je ? Je suis bien aise de te voir. Mais tu n'as pas l'air aussi content et aussi gai que de coutume. Non, me dit-il, madame, il n'y a plus de gaieté pour moi. On veut que je sois triste ; et ce n'est pas ma faute, car je ne demandais pas mieux que de me réjouir. — Qu'est-ce donc qui t'afflige ? — Vous le voyez, madame, c'est ma sœur qu'on marie ; on s'empresse à la rendre heureuse ; et moi, on me rebute, on m'oublie, on me laisse là, moi, le frère de lait de mademoiselle Juliette ! Ah, madame! il m'est bien cruel de voir que, pour ma sœur, on me dérobe vos bontés! — Non, Marcellin, tu auras ton tour; mais tu es si jeune encore! — Hélas, oui, je suis jeune, on me le dit sans cesse; mais pour se marier faut-il être si vieux? J'ai, madame, vous le savez, neuf mois plus que mademoiselle. Et demandez si du matin au soir à la vigne, au moulin, par-tout, je ne fais pas le travail d'un homme. Ce n'est pas quand je mets la main à la houe, à la bêche, ni quand j'enlève comme une plume un sac de blé, qu'on me croit un enfant. — Je sais que tu es laborieux, et que tu soulages ton père. — Mon père? Ah! je me vante qu'il aurait bientôt pu se reposer si j'avais eu le cœur content; mais, madame, si vous saviez comme le chagrin rompt les bras! Et quand j'aurai perdu la santé, le courage, qui l'aidera ce pauvre père? Et ma mère! Voyez, madame, quand sa fille l'aura quittée, voyez-la seule dans son moulin, ayant toute la peine, tout le soin du ménage! Au lieu que si elle avait une jeune bru qui serait là, comme sa fille, elle n'aurait qu'à lui ordonner : Cécile, ayez soin du troupeau; Cécile, cueillez la laitue; Cécile, allez porter le lait et la crême au château; faites ceci, faites cela, puis telle chose et puis telle autre; et Cécile, toujours obéissante, caressante, empressée à lui plaire, à la servir! et moi, revenant le soir de l'ouvrage, et trouvant pour me délasser une femme agréable qui me dirait : Viens.

mon ami, viens te reposer près de moi. Quel bonheur! quelle différence! d'y penser seulement cela me fait tressaillir le cœur. — C'est donc Cécile, la fille du fermier, que tu voudrais donner pour compagne à ta mère? — Oui, madame, et qui donc? — On ne m'avait pas dit que tu étais épris de Cécile. — Vraiment, je le crois bien. Est-ce qu'on pense à moi? Est-ce qu'on en dit quelque chose? — Tu le cachais peut-être. — Oh! mon dieu, non; je l'ai dit à tout le village. — Et Cécile? a-t-elle pour toi la même inclination? — La même, non; mais cela commence. D'abord toutes les fois qu'elle me voit passer devant la ferme, un petit salut d'amitié : Où vas-tu, Marcellin? d'où viens-tu, Marcellin? Vous pensez bien, madame, qu'on ne fait pas cette faveur à tout le monde. Et puis, ce nom de Marcellin a dans sa bouche un son si doux, si gracieux! on dirait que ses lèvres se plaisent à le caresser. Oh! si, de son côté, l'amour n'est pas venu encore, il n'est pas loin, j'en suis bien sûr. D'ailleurs, c'est mon affaire. Qu'on me la donne seulement, le reste me regarde. Je l'aime tant qu'il y aura du malheur si je ne m'en fais pas aimer. — Mais, Marcellin, Cécile a deux ans plus que toi. — Tant mieux, madame! elle en sera plus raisonnable; et, si je ne le suis pas assez, elle le sera pour nous deux. — Son père aura bien de la peine à lui donner un mari aussi jeune! — Oui, c'est là ce que dit ma mère. Mais si monseigneur le voulait bien, il n'aurait qu'à dire deux mots. Tenez, madame, si j'étais que de lui, je ferais venir les deux pères, et je dirais à mon meûnier : Baptiste, es-tu content de ton fils Marcellin? Oui, monseigneur, dirait mon père : cela promet de valoir quelque chose; cela travaille de bonne volonté, cela n'a point de vice; cela sait comme on doit chérir ses père et mère, et comme on doit aimer sa femme et ses enfants; cela doit faire un bon mari. Et toi, Vincent, dirais-je, ne penses-tu pas bientôt à marier ta fille? Voilà un gendre sous ta main; troc pour troc, les sœurs et les frères, rien de plus naturel; et les deux mariages ne feraient qu'une noce. Qu'en penses-tu? — Ah! monsieur le comte, Marcellin est bien jeune! — Bon! laisse dire les envieux, les médisants : jeunesse n'est pas vice. Marcellin est honnête, il est laborieux, et c'est ce qu'il faut en ménage. Écoute, Vincent, si tu veux, je fais pour lui tout de même que pour Éloi; je passe en faveur de Baptiste et de son fils un bail à vie du petit domaine de la Cascade; et voilà ta fille nichée; et voilà le moulin peuplé d'une couvée de petits vignerons et de petits meûniers que protégeront mes enfants. Eh bien, madame, je gagerais que les deux pères consentiraient, et rendraient grâces à monseigneur. — Tu t'expliques fort bien, lui dis-je. Va-t'en, et sois tranquille; je parlerai pour toi.

Il a raison, dit mon mari, quand je lui contai

cette scène; le bail à vie est justement ce que je m'étais proposé; et j'entends bien que de père en fils le moulin soit leur héritage. Voilà pour nous encore un moyen bien facile de faire deux heureux; il ne m'en coûte rien que le repas de noce. Vous, madame, ayez la bonté de prendre soin des deux trousseaux; et vous, ma fille, quand votre mère fera le trousseau de Cécile, souvenez-vous que Marcellin a été sevré à neuf mois.

Le bail fut donc signé le lendemain. Mais la célébration des mariages fut différée de quelques jours pour une cause dont on nous fit mystère.

A ces mots, le curé du village, qui était présent, voulait se retirer. Olympe le retint, et continua son récit.

Au même autel, à la même heure, les deux sœurs, les deux frères furent unis. La noce en fut commune. Le festin se fit au château; nous y invitâmes tout le village; et le spectacle du bonheur des époux et des deux familles fut ce qu'il y eut de moins touchant.

Ce bon vieillard venait de les bénir; il fut assis entre les deux mères; leurs filles étaient auprès d'elles; et vis-à-vis étaient les deux époux, chacun à côté de son père. Dès que tout le monde eut pris place, et que nous eûmes entouré la table du banquet (car notre cercle était nombreux), Vincent, avec une dignité villageoise qui nous imprima le respect, se leva et dit ces paroles :

Mes amis, ce bienheureux jour, que deux bons pères ont choisi pour unir leurs enfants, n'est pas seulement une fête pour deux familles, c'est une fête pour le village, c'est notre fête à tous tant que nous sommes. Il y a aujourd'hui cinquante ans que notre bon pasteur, cet homme vénérable, notre ami, l'ami de nos pères, l'ami de nos aïeux, qui nous a presque tous vus naître, qui nous a reçus dans ses bras au moment de notre naissance, qui depuis a veillé sur nous comme un fidèle et bon pasteur, il y a aujourd'hui cinquante ans qu'il est venu se mettre à la tête de son troupeau; et, dans l'espace de tant d'années, il n'a pas laissé passer un jour sans nous faire du bien. Arbitre et conciliateur de tous les démêlés de la commune et de chaque famille, il a appaisé mille plaintes, et n'en a excité aucune; il a terminé mille procès, et n'en a jamais eu aucun : les malheureux n'ont jamais eu de plus tendre consolateur, ni les pauvres un meilleur père. Enfin il y a cinquante ans que ses leçons et ses exemples nous enseignent à vivre en amis et en gens de bien. C'est son amour pour nous, c'est notre amour pour lui, c'est cette manière d'alliance religieuse et sainte qui se renouvelle aujourd'hui; c'est à la noce de la paroisse que nous vous avons invités. Puisse-t-elle attirer les bénédictions du Ciel sur le mariage de nos enfants !

Quel fut, à ce discours, l'attendrissement de

tout le village et le nôtre, c'est ce que je ne puis exprimer. Ah! qu'il vive encore cinquante ans, s'il est possible, s'écriait-on, le saint homme, le digne et vertueux pasteur qui n'a jamais fait que du bien.

Ah! madame, cessez, s'écria-t-il. — Non, non, je veux tout dire. Plus attendri lui-même que vous ne le voyez (car ceci n'est qu'un souvenir), le bon vieillard était comme abymé dans son humble reconnaissance. Ses deux mains couvraient son visage, et des ruisseaux de larmes coulaient entre ses doigts. De temps en temps il regardait le Ciel, soit pour lui rapporter ce tribut de louanges, soit pour lui présenter, lui recommander ses enfants.

Que vous dirai-je enfin? cet incident inopiné se saisit tellement de tous les esprits et de toutes les ames que les nouveaux époux s'oublièrent eux-mêmes. Les pères et les mères ne pensaient plus à leurs enfants. Susanne regardait de temps en temps Louise, mais c'était pour la voir sensible au triomphe de la vertu. Quant à moi, mon émotion fut telle en ce moment, que je ne crois pas avoir éprouvé de ma vie une impression de bonheur plus vive et plus délicieuse; et, si les violons n'étaient pas venus ramener l'enjouement et réveiller la joie, chacun se serait retiré de la noce en pleurant. Mais monsieur le curé fut le premier à porter la santé des époux, des pères et mères; et il n'oublia pas la nôtre. Le vin égaya les esprits; le chant rendit la scène encore plus animée et plus riante; et la danse, au sortir de table, acheva la révolution.

ARISTE.

Après qu'Olympe eut achevé : Ariste, c'est à vous, dit-elle à l'un de ses anciens amis, c'est à vous d'occuper la scène; et Ariste prit la parole.

Ces exemples que vous venez de rappeler, dit-il, de la facilité qu'on trouve à faire des heureux lorsqu'on habite la campagne, me font souvenir qu'une fois je goûtai à si bon marché le plaisir de la bienfaisance, que je rougis encore du peu qu'il m'en coûta.

J'étais dans un village, chez une femme aimable, singulièrement belle, quoique sur son déclin, et dont la politesse, unie et naturelle, était comme un aimant pour la société. Le voisinage de Charenton faisait souvent du pont qui traverse la Marne, le but de notre promenade. C'était là qu'en nous reposant nous nous donnions le spectacle mobile et varié d'une route continuellement animée.

Cette circulation rapide de mouvements, tous dirigés par un intérêt propre vers un but général d'utilité commune; cet échange perpétuel de travaux et de bons offices, nous faisait admirer dans l'organisation de l'ordre social le merveilleux ouvrage de la nécessité. Quelle industrieuse engrenure entre les roues innombrables qui composaient cette machine immense? quel nœud invisible les unissait? quel ressort les animait toutes, et les faisait agir? un seul, le besoin réciproque. Il en est du spectacle moral de la nature comme du spectacle physique, l'étonnement y suit partout la méditation. Dans celui-ci, une feuille, un brin d'herbe, devient un prodige quand on y pense; dans l'autre, un laboureur à la charrue, un marinier sur son tillac, un charretier menant à la ville les productions de la campagne, est un homme étonnant, lorsqu'on le considère comme une des pièces essentielles du mécanisme social, et que dans ce système on voit tous les agents de la subsistance commune, réunis, accordés, et mis en mouvement par la même loi, l'attraction.

Je vous indique là quelques-uns de nos entretiens, afin que, sur la route de Champagne, vous ne nous preniez pas pour des bayeurs niaisement occupés de rien, et qui ne font que promener l'ennui d'une ame oisive et d'une tête vide.

Un soir que nous étions assis au bas du pont, un homme du peuple, en cheveux gris, boiteux, cheminant avec peine à l'aide d'un bâton, passe devant nous, près de nous, suivi d'un jeune chien barbet, et dit aux femmes que j'accompagnais : *Mesdames, voulez-vous m'acheter mon chien?* Chacune d'elles en avait un, et le sien n'était pas de l'espèce qu'aime les femmes. Elles lui répondirent qu'elles n'en avaient pas besoin.

Alors, venant à moi, il me dit d'un air plus pressant, plus suppliant : *Monsieur, achetez-moi mon chien.* Ah! sur-le-champ, s'écria Juliette, je l'aurais acheté. Mademoiselle, reprit Ariste, ce mouvement aimable aurait dû, je l'avoue, précéder la réflexion; mais, dans tous les cœurs, la bonté n'est pas aussi alerte que dans le vôtre. Mon premier mot fut un refus, adouci cependant avec tout le respect qu'on doit aux malheureux.

Le vieillard se tint un moment immobile devant moi; il me regarda d'un air triste, et me laissa mécontent de moi-même.

Comme il montait lentement le pont, j'eus le temps de démêler en moi la cause du reproche confus que m'avaient fait ses yeux, et que me répétait mon cœur. Le même instant me rappela que mon ami, le comte de C***, avait perdu un chien qu'il aimait tendrement, je pensai que l'esprit et l'ame d'un barbet ne le cédait pas à l'instinct du chien de Sibérie que mon ami avait perdu; je le lui destinai, et je rappelai le vieillard.

Quel prix, lui dis-je, demandez-vous de votre chien? Ce qu'il vous plaira, me dit-il. Ici, mademoiselle, il me serait aisé de vous paraître libéral en altérant la vérité, mais j'aime mieux avouer humblement que je ne fus pas magnifique. Je n'étais pas bien riche, et je n'avais dans le moment sur moi que six francs; je les lui offris. Il les accepta sans aucun signe de répugnance, et en les recevant, il me dit : Le chien est à vous. Mais, lui dis-je, il va m'échapper : je n'ai aucun lien pour le mener en laisse. Il faut cependant l'attacher, me dit-il, car il me suivrait. Alors, ayant défait sa jarretière, il appela son chien, le prit entre ses bras, l'éleva sur le parapet. Vous me faite frémir, dit Juliette, il va tomber dans l'eau. Rassurez-vous, mademoiselle, le chien ne tomba point, il se laissa attacher au cou la jarretière de son maître. Je m'aperçus qu'en la nouant, les deux mains du vieillard tremblaient. Je ne l'attribuai qu'à son âge, car son visage n'était point altéré, et je le regardais bien attentivement; mais quand il eut serré le nœud, je le vis tout-à-coup laisser tomber sa tête sur son chien; et, le front caché dans sa laine, la bouche collée sur son corps, il demeura quelques minutes courbé, immobile et muet.

Je m'approchai de lui. Qu'avez-vous, mon ami? lui dis-je. Ce n'est rien, me dit-il en se relevant; cela va se passer; et je vis son visage tout inondé de larmes. — Vous me semblez avoir bien du regret à vous détacher de votre chien. — Hélas! oui! c'est le seul ami que j'avais au monde : nous ne nous sommes jamais quittés; c'est lui qui m'a gardé sur les chemins quand je dormais, et lorsqu'il me voyait souffrant et délaissé, la pauvre bête me plaignait, me soulageait par ses caresses. Il m'aime tant qu'il est bien juste que je l'aime;

mais cela ne fait rien; il est à vous, monsieur; et il me présentait la jarretière dont il venait de l'attacher. Vous me croyez donc bien cruel, lui dis-je, si vous pensez que je sois capable de vous priver d'un si fidèle ami, et du seul qui vous reste au monde. Il n'insista pas davantage; mais il voulut me rendre mon misérable écu. Je lui dis de garder l'écu avec le chien, et je vainquis sa résistance. Alors je vis ses genoux se ployer.
— Ah! monsieur, je vous dois la vie; c'est la faim qui m'avait réduit à cette cruelle extrémité.

Dès ce moment, vous pensez bien qu'il eut deux amis au lieu d'un. Je voulus savoir qui il était, d'où il venait, où il allait, et ce qui l'avait mis dans cet état de misère et d'infirmité.

Grâce au Ciel, me dit-il, j'ai vécu cinquante ans du travail de mes mains, et hier pour la première fois, j'ai eu l'humiliation de demander l'aumône. J'étais charpentier en Lorraine; mon métier me donnait du pain; un accident m'a mis hors d'état de travailler debout : c'est un éclat de bois qui m'a fait à la jambe une plaie incurable. Je vais à Rouen trouver ma fille; elle est bonne fileuse; elle gagne sa vie dans les fabriques de coton. Arrivé auprès d'elle, je ne manquerai plus de rien. Mais comme je vais lentement à cause de ma plaie et que je viens de loin, le peu d'argent que j'avais amassé ne m'a pas suffi pour la route; il a fallu tendre la main; mais je n'avais pas l'air d'un pauvre; on ne m'a presque rien donné. J'étais à jeun; il me restait mon chien... Ces mots lui étouffèrent la voix.

A votre âge et par les chaleurs, avec une plaie à la jambe, je ne souffrirai pas, lui dis-je, que vous poursuiviez une route de trente lieues par terre, et de plus que du double si vous alliez par eau : ce serait empirer le mal, et le rendre en effet incurable s'il ne l'est pas. Venez; la providence vous offre près d'ici un asyle où vous trouverez du repos, des remèdes et peut-être la guérison. Le vieillard, qui me regardait avec un doux étonnement, délia son chien, et se laissa conduire à la maison de la Charité, qui est située au-delà et au-dessus du pont.

Je n'y étais pas connu; mais dans ces maisons respectables l'indigence et l'infirmité se recommandent elles-mêmes. Le prieur écouta avec émotion le récit de notre aventure. Il fit appeler le plus habile chirurgien de la maison et lui fit visiter la plaie. Je frémis de voir à quel point les chaleurs de l'été et la fatigue du voyage l'avaient envenimée. Il n'y avait pas à différer, dit le chirurgien; mais il est temps encore, je sauverai la jambe. — Il sera donc guéri? — Oui, monsieur, j'en réponds. — Ce fut là le moment de ma joie et de mon bonheur.

Messieurs, dis-je, n'épargnez rien, et tout ce qu'il conviendra de faire je le ferai. Ce qui convient, monsieur, me dit le prieur d'un air modestement sévère, c'est de nous laisser le malade et de vous en fier à nos soins.

Je sentis que j'avais blessé la délicatesse de ce bon père, et je lui en fis des excuses. Mais ne serait-ce pas, lui dis-je, trop abuser de vos bontés, si je vous demandais que son fidèle ami..... Oui, monsieur, son ami, son chien lui tiendra compagnie : nous aussi, nous savons chérir l'instinct de l'amitié.

Ces paroles du père, cet accueil, ces soins diligents, ce dévouement tranquille et froid, cette humanité secourable, cette bienfaisance habituelle et de toutes les heures et de tous les moments, qui ne se croyait d'aucun prix, me firent une impression profonde. Quoi! disais-je en moi-même, pour mon chétif écu et pour quelques pas que je fais au service d'un malheureux, je suis transporté d'aise, je suis content de moi jusqu'au ravissement! et ces religieux, qui passent les jours et les nuits à veiller, à servir, à soulager les pauvres, qui font plus de bien en un jour que je n'en ferai en ma vie, ne daignent pas même y penser! c'est là ce qui est rare et sublime.

Avant de quitter mon vieillard, je pris l'adresse de sa fille pour lui donner de ses nouvelles, et j'allai retrouver les dames qui m'attendaient à l'autre bord. Il fallut bien leur dire ce qui s'était passé, et ma bienfaisance mesquine mêla un peu de ridicule au pathétique de mon récit; mais je les défiai d'être plus généreuses, et en attendant la guérison de mon vieillard, je fus son trésorier.

Notre société de campagne était mobile, et à chaque nouvel arrivant, on me faisait répéter mon conte. Je ne manquais jamais d'articuler l'offre de mon écu, et l'on ne manquait pas non plus d'admirer ironiquement cet excès de magnificence. Un écu, disait-on, un écu à ce bon vieillard, et pour un chien inestimable! — Et vous, monsieur, disais-je, et vous, madame, combien lui auriez-vous donné? Chacun renchérissait, qui le plus, qui le moins, selon le mouvement de sensibilité qu'avait produit la scène. Eh bien! disais-je alors, le vieillard n'est pas loin, et chacun peut faire pour lui ce qu'il aurait fait à ma place. On se piquait d'émulation, et moi, je bénissais le Ciel de m'avoir donné pour richesse le talent d'émouvoir les riches. Enfin j'annonçai le beau jour où mon vieillard viendrait avec son chien rendre grâce à ses bienfaiteurs. La maison en fut pleine. J'allai le prendre à la Charité, et, après avoir témoigné aux bons pères ma profonde reconnaissance, et toute ma vénération pour un institut si sacré et pour des fonctions si saintement remplies, je l'amenai presque aussi ingambe et aussi joyeux que son chien.

Ils furent reçus l'un et l'autre avec des cris de joie; mais le chien fut le plus fêté. De sa vie il n'avait reçu tant de caresses. D'abord il en fut étourdi; mais bientôt il y répondit d'un air à faire croire qu'il entendait pourquoi on le traitait si bien.

Le bon vieillard dîna avec nous, et son chien à côté de lui. Ils couchèrent ensemble, et le lendemain, au point du jour, ils vinrent prendre congé de moi. Le petit trésor du bonhomme lui fut remis. J'eus beau lui dire que j'y avais peu contribué : Je vous dois tout, s'écriait-il, et je ne l'oublierai jamais. A ces mots il voulut se prosterner; je le retins, et nous trouvant dans les bras l'un de l'autre, nous nous serrâmes dans nos adieux comme auraient fait deux anciens amis.

Monsieur, je m'en vais accablé de vos bontés, me dit-il enfin; mais oserais-je encore vous demander une grâce? Vous m'avez embrassé, daignez baiser mon chien. Je veux pouvoir dire à ma fille que vous avez baisé mon chien. Viens, Léveillé, viens, lui dit-il, monsieur veut bien te faire cet honneur. Léveillé se dressa, et moi je me baissais vers lui, quand tout-à-coup s'offrit à ma pensée l'image du vieillard courbé comme moi sur son chien, et croyant l'embrasser pour la dernière fois : aussitôt mes larmes coulèrent. Ah! vous le regrettez, s'écria le bonhomme, gardez-le, il est à vous encore. — Eh non, mon ami; non, va-t'en, et sois heureux. Je le suis plus moi-même que je n'ai mérité de l'être, et ton image et celle de ton chien me suffiraient long-temps pour l'être encore de souvenir.

LE CURÉ.

Quel fut le plus beau jour de ma vie, dit le curé; vous l'avez entendu. Il faut donc que j'en rappelle un autre, moins heureux, mais heureux encore; et le voici.

Nous avons dans ce voisinage un gentilhomme qui, après avoir servi son roi et sa patrie avec distinction, s'est retiré au sein de sa famille, décoré de ce beau *prix de la valeur*, que deux de ses enfants ont déja reçu comme lui. M. de l'Ormon, dit Olympe. — Oui, madame, lui-même; c'est de lui que je vais parler.

Né d'un père aussi brave, aussi estimable que lui, mais qui, s'étant ruiné au service, l'avait laissé sans biens, son unique espérance était l'héritage d'un oncle dont il était aimé.

Cet oncle, homme de bien, mais bouillant et colère, comme le sont assez naturellement les bons cœurs, s'appelait M. de Glancy. Il avait eu deux frères, l'Ormon et d'Orambré, l'un dissipateur, l'autre avare. Chacun des deux avait laissé un fils; l'Ormon, comme je vous l'ai dit, un fils dénué de fortune; d'Orambré, un fils opulent. Pour lui, se croyant plus sauvage qu'il ne l'était, quoiqu'il le fût un peu, il avait préféré le célibat au mariage, et il passait sa vie à la campagne, où il faisait prospérer ses biens.

Les oncles riches et sans enfants sont rarement négligés par leurs neveux; celui-ci croyait l'être par le jeune l'Ormon. Il s'en plaignait souvent à moi; et je tâchais de l'adoucir. La discipline en temps de guerre est si sévère, lui disais-je, et si gênante pour la jeunesse, qu'il est bien juste qu'un peu de liberté l'en dédommage en temps de paix. M. de l'Ormon vient vous voir rarement, il est vrai; mais quand il est ici, je l'y vois gai, content, heureux de vos bontés; et il m'en a parlé souvent avec une ame sincèrement reconnaissante.

Belles paroles, me disait l'oncle; je n'en crois que les actions. Voyez mon neveu d'Orambré: il est riche, il n'a pas besoin de mes bienfaits; il n'en reçoit aucun; et avec quelle assiduité il me rend les devoirs que l'Ormon néglige.

Eh bien, je gage, lui disais-je, que votre cœur ne laisse pas de pencher quelquefois du côté de l'Ormon. Sans doute, disait-il, parce qu'on a plus de penchant à aimer ceux qui ont besoin qu'on les aime. Mais c'est ce qui le rend plus inexcusable à mes yeux.

Une fois, comme il s'en plaignait avec plus d'amertume encore : Monsieur, lui dis-je, je vais vous paraître bien singulier; mais je n'ai jamais su déguiser ma pensée. A Dieu ne plaise que je veuille diminuer dans votre estime le prix des assiduités et des complaisances de M. d'Orambré, ni jeter sur les sentiments qu'il a pour vous le plus léger nuage : je les crois d'autant plus louables qu'ils sont plus désintéressés; mais si j'avais un neveu pauvre, je ne me plairais pas à le voir si empressé auprès de moi. Un air libre, aisé, naturel, écarterait de ma pensée les motifs et les prévoyances d'un héritier avide et vigilant. J'aimerais à le voir s'abandonner à mes bontés, sans les poursuivre avec trop d'ardeur. Ce qui convient à M. d'Orambré, ne siérait pas de même à M. de l'Ormon, et ces assiduités marquées, dont vous croyez qu'il se dispense, j'ai dans l'idée qu'il s'en abstient. Son ame noble a de la répugnance pour tout ce qui ressemble à l'adulation ; et il aime mieux, dans son état, mériter votre bienveillance par une conduite honorable, que de paraître la cultiver avec l'impatience d'en recueillir les fruits.

A cela il me répondit qu'il connaissait mon faible pour M. de l'Ormon ; que je plaidais fort bien sa cause; mais que le juge, par malheur, n'était pas facile à séduire. Je voyais cependant que je le soulageais en l'aidant à lui pardonner. Quelquefois même il s'égayait sur ma morale complaisante; et à l'indulgence avec laquelle je protégeais les jeunes libertins, il n'était pas éloigné de croire, disait-il, que je leur avais ressemblé. Il m'appelait le docteur commode. Ainsi, du moins pour quelque temps, son humeur était éclaircie, et son neveu rentrait en grâce auprès de lui.

Mais un jour qu'il m'avait invité à dîner, je le trouvai d'un sérieux morne et sombre, que je ne lui avais jamais vu. Je lui en demandai la cause. Commençons, me dit-il, par dîner à notre aise, après cela nous parlerons.

Le dîner fut silencieux; et au sortir de table, s'étant enfermé avec moi : Vous allez, me dit-il, apprendre à quel point je suis respecté de ce neveu que vous avez loué et justifié tant de fois. Il est marié, il y a six mois, sans mon aveu, à mon insu. Si cela est, il est bien coupable, lui dis-je. Si cela est! Oui, monsieur, cela est, reprit-il, d'une voix tonnante, avec des yeux enflammés de colère. — Et comment l'avez-vous appris? — Par la douleur où j'ai vu son cousin, et dont il me cachait la cause. Enfin je lui ai fait violence; et, forcé d'obéir, il m'a tout avoué. L'Ormon est marié. Il l'était en secret; mais se voyant au moment d'être père, il a bien fallu prendre la qualité d'époux. C'est sans doute, lui dis-je, un mariage de folie; mais j'ose croire au moins qu'il aura fait un choix dont vous n'ayez point à rougir. Oh non, dit-il, tout au contraire, j'ai lieu de m'en glorifier. Une chanoinesse fort noble assurément, et sans doute fort belle, mais, comme lui, n'ayant, grâce au Ciel, rien au monde; à moins qu'il ne lui reste dans quelque coin de terre un oncle oublié, méprisé, et qui lui laissera son bien.

Et voilà, dis-je, l'écueil funeste où le plus heureux naturel, la bonté, l'honnêteté même, toutes les espérances que donnait la jeunesse ne se brisent que trop souvent. Que l'homme est faible à tous les âges, et qu'il est fragile à vingt ans!

M. le curé, me dit-il, je vois le circuit que veut prendre votre éloquence insinuante; mais moi je parle sans détour. L'Ormon est un ingrat, et il l'est avec impudence. Je profère son nom pour la dernière fois. Ne m'en parlez jamais; ou, malgré le tendre respect que j'ai pour vous, je ne vous verrais plus. Monsieur, lui dis-je en tombant à ses pieds, encore une dernière grâce.... Il est peut-être, malgré les apparences, plus malheureux qu'il n'est coupable. Daignez l'entendre avant que de le condamner. Jamais, dit-il, jamais il ne paraîtra devant moi : je sais de lui ce que j'en veux savoir; je ne le connais que trop bien.

Alors tout son feu s'étouffa; il devint calme, et d'un froid de glace; son esprit même reprit sa liberté, et ce qui me parut plus terrible encore, il causa gaiement avec moi. Je vis que sa résolution était prise, et qu'il s'y croyait affermi. Mais le temps, la nature et la religion l'ébranleraient peut-être; il fallait les laisser agir.

Le jeune homme était en Alsace; il n'était que trop vrai qu'il y était marié. Je l'appris bientôt par lui-même. Il m'écrivit qu'irrévocablement déterminé à former ce lien, et intimement convaincu que M. de Glancy, son oncle, refuserait d'y consentir, il s'était vu réduit à la cruelle alternative de le former, ou à son insu, ou malgré lui; et que de ces deux torts il avait préféré le moins ineffaçable. Il se recommandait à moi, me suppliait, au nom de l'amour le plus saint, d'intercéder pour lui, et d'employer mon zèle à fléchir, s'il était possible, la colère d'un oncle justement irrité, mais toujours chéri, et qui serait pour lui, dans sa disgrâce même, l'objet du respect le plus tendre. Il venait de lui écrire; et il me confiait une copie de sa lettre, sans espérance, disait-il, d'en obtenir la réponse affligeante et sévère qu'il méritait.

Cette instruction me donna lieu d'examiner, dans le silence et dans l'humeur de M. de Glancy, l'impression qu'aurait laissée l'humble et touchant aveu que lui faisait l'Ormon de sa faute et de ses regrets. J'observai : le calme où il était tombé après la fougue de sa colère ne me parut point altéré. Son ame semblait impassible et ne plus s'affecter de rien.

D'Orambré vint le voir, et j'espérai que l'accueil qu'il ferait à ce neveu décèlerait en lui quelque ressentiment de l'offense de l'autre; car ma plus grande peine était de l'y voir insensible. J'aurais préféré, pour M. de l'Ormon, le dépit le plus violent à ce tranquille et sévère oubli. Mais d'Orambré fut reçu comme de coutume : ni plus, ni moins d'amitié pour lui; seulement un profond silence, qui sans doute lui était prescrit sur l'existence de son cousin. Du reste, même nonchalance et même liberté dans tous nos entretiens. L'Ormon semblait anéanti dans le souvenir de son oncle. Trois ans s'écoulèrent sans qu'une seule fois son idée y parût revivre.

Et cependant que devenait ce malheureux jeune homme, avec une femme et deux enfants? car il était père pour la seconde fois. Il lui était resté des débris d'une fortune ruinée, une mauvaise petite ferme, au-dessus de Corbeil et entre deux forêts, abandonnée aux bêtes fauves. Il demanda, comme une grâce, la permission de l'enclore de haies vives et de fossés. Il l'obtint; et sous le vieux toit de la maison attenante à la ferme, il vint se retirer avec sa femme et ses enfants.

Nous nous écrivions fréquemment; et dans notre correspondance, loin de se plaindre de son infortune, c'était lui qui m'en consolait. Les émoluments de sa compagnie, une modique pension qu'il avait obtenue pour une action distinguée, et le produit du coin de terre qu'il avait su rendre fertile, l'avaient mis, disait-il, au-dessus du besoin; grâces au Ciel, ce n'était plus que par un sentiment très-désintéressé qu'il regrettait les bontés de son oncle : aussi en lui écrivant deux fois l'année, comme je lui avais recommandé, ne s'exprimait-il qu'en homme libre et en neveu tendre, sans lui parler d'aucun autre malheur que de celui d'avoir pu lui déplaire.

Ayant appris enfin que quelques devoirs de mon état m'appelaient à Paris, il m'écrivit qu'il espérait bien qu'en passant sur la route voisine de Corbeil, je ne lui refuserais pas de traverser la Seine, pour l'aller voir dans sa retraite; et je n'y aurais pas manqué.

Il était dans les champs au moment de mon arrivée. Je fus reçu par une femme dont l'air et le maintien auraient décoré une cabane. Rien de plus simple que son vêtement, rien de plus noble et de plus touchant que le caractère de sa beauté. A mon nom, un léger nuage de tristesse parut se dissiper et laisser sur son front rayonner une vive joie. Monsieur, me dit-elle, j'éprouve en ce moment qu'il n'y a rien au monde de plus doux à la vue que la présence d'un véritable ami qu'on voit pour la première fois; et M. de l'Ormon lui-même ne sera pas plus heureux que moi de posséder M. le curé de Verval. Il s'en faut bien, madame, lui dis-je en soupirant, que ma joie soit aussi pure que la vôtre; et ce n'est pas ici, je vous l'avoue, que je désirais de vous voir. Pourquoi donc, me dit-elle avec une grâce charmante? Ne suis-je pas ici dans une situation désirable? N'y suis-je pas auprès de mon mari et au milieu de mes enfants? Ce qui nous manque ne touche guère que la mollesse et la vanité; on peut se passer de ces vices; et puis lorsqu'on a bien prévu, bien pressenti sa destinée, et qu'on se l'est faite à soi-même, il faut avoir au moins le courage de la remplir. L'Ormon ne m'a dissimulé ni l'état d'infortune où le laissait son père, ni le danger de déplaire à son oncle et d'en être déshérité, s'il avait fait sans son aveu un mariage d'inclination; mais cet aveu, me disait-il, nous ne l'aurons jamais. — Vous l'auriez eu, lui dis-je, s'il eût pu vous connaître; et je lui aurais moi-même procuré ce bonheur. Vous m'auriez fait la grâce de passer pour ma nièce; et il vous aurait vue chez moi. Belle, sans atours, sans parure, tout comme vous voilà, vous l'auriez enchanté. Cette raison, cette décence, cet esprit sage et modéré, cette ame si noble et si douce, auraient fait leur impression. Vous l'auriez bientôt amené à me dire : Que n'ai-je une nièce pareille! et moi, je lui aurais répondu : Il ne tient qu'à vous de l'avoir.

Votre joli roman me flatte sensiblement, me dit-elle, mon bon curé; mais la pensée n'en pouvait venir qu'à vous seul. Pour nous, le choix se réduisait, ou à nous unir à son insu, ce qui n'était qu'une simple offense, ou à nous passer de son aveu, après le lui avoir demandé, ce qui devenait une insulte. L'une, disait l'Ormon, peut m'être pardonnée, l'autre ne le sera jamais. Ne nous abusons point, lui dis-je. Aux yeux d'un homme aussi susceptible et aussi vif que M. de Glancy, non-seulement le tort de vous marier malgré lui, mais celui de vous marier à son insu, peut être un crime irrémissible, et peut l'aliéner sans retour. C'est dans cette position qu'il faut nous voir, et nous demander à nous-mêmes, si nous avons besoin de lui pour être heureux. Sa réponse fut simple; il me fit le tableau de la vie que nous menons et m'en offrit la perspective. J'aimais, j'étais aimée; j'y bornai mon ambition;

et telle que vous la voyez, cette vie obscure et tranquille, je la préfère encore à ce que la fortune a de plus magnifique et de plus séduisant. Ainsi parla l'intéressante et belle Anastasie.

L'Ormon revint des champs; et en me voyant il s'élança vers moi. Ah! mon digne ami, me dit-il, je vous serre enfin dans mes bras. Vous avez cru sans doute me trouver malheureux; vous avez vu ma femme, vous êtes détrompé. Avez-vous baisé mes enfants? Les voilà l'un et l'autre; recevez leurs caresses. Ils sauront quelque jour ce que vous doit leur père; ils en seront reconnaissants. Ma femme, il faut tuer le faucon. Vous n'aurez pas ici, mon bon curé, à exercer contre le luxe votre éloquence pastorale. Vous ferez un dîner de l'âge d'or, je vous l'annonce; mais ce ne sera point avec des gens de l'âge de fer. Tandis qu'il me parlait ainsi, j'avais l'aîné de ses enfants sur mes genoux, je le baisais, et mes yeux se mouillaient de larmes. Eh bien, mon bon curé, me dit le père en souriant, qu'est-ce donc que cette faiblesse? Les voyez-vous avec pitié, ces deux enfants! Allez, n'en soyez pas en peine. J'ai déja pour eux la promesse qu'ils seront reçus tous les deux à l'école de l'honneur et de la vaillance; et s'ils ont des sœurs, comme je l'espère, elles trouveront dans mon état les fils de mes compagnons d'armes, qui ne les dédaigneront pas. Elles auront pour dot l'exemple, les leçons, les vertus de leur mère, peut-être aussi sa grâce et quelques-uns de ses attraits. Je sais que la fortune est l'idole du monde; mais parmi les ames communes, il se retrouve encore des cœurs nobles et généreux. Vous en êtes la preuve, lui dit modestement madame de l'Ormon. Moi, madame, s'écria-t-il! si j'avais eu une couronne vous m'auriez fait encore bien de la grâce en me permettant de vous l'offrir. Mon curé, reprit-il, ne prenez pas ceci pour une phrase de roman : de votre vie vous n'avez entendu rien de plus vrai ni de plus juste.

Le dîner fut de ce ton-là. L'air content du mari, la sérénité de la femme, leur courage à l'un et à l'autre, le caractère de loyauté, de cordialité, de franchise qui anoblissait leur pauvreté, me la déguisaient à moi-même, et me persuadaient qu'il ne leur manquait rien.

Cependant, après le dîner, étant allé avec l'Ormon parcourir ce qu'il appelait magnifiquement ses domaines : êtes-vous bien, lui demandai-je, aussi heureux que vous semblez l'être? Non, me dit-il, j'ai un poids sur le cœur; et ce n'est pas le regret des biens auxquels j'ai renoncé, mais le reproche des bienfaits que j'ai reçus et que l'on croit, avec quelque apparence, que j'ai payés d'ingratitude. Je vous le jure, mon ami, par tout ce qu'il y a de plus saint; si M. de Glancy était persuadé que je n'ai cessé de l'aimer, de l'honorer, de voir en lui un second père; déshérité par lui, réduit à cette état de médiocrité, de détresse, nul homme sur la terre ne serait plus heureux que moi. Mon unique chagrin est de paraître ingrat, et de n'avoir pas même l'espérance que mon oncle soit détrompé.

S'il est possible, il le sera lui dis-je. Mais il m'a défendu de vous nommer à lui; et je connais son caractère : il faut l'attendre et ne pas le heurter.

Nos adieux furent attendris par les plus vives protestations d'une amitié inaltérable. Je baisai mille fois les deux jolis enfants, j'embrassai leur bon père; vous l'avouerai-je, enfin? je me laissai embrasser par leur mère; et je partis.

Mais je fus triste dans mon voyage. Plus mes amis m'avaient paru consolés de leur infortune, plus j'en étais inconsolable. J'ai eu toute ma vie du regret à voir la richesse entre les mains de ceux qui en étaient avides, et je l'ai toujours souhaitée à ceux qui l'estimaient le moins.

Dans le temps dont je parle, M. de Verval père vivait encore, et il était ici. Je lui écrivis de Paris, comme il avait eu la bonté de le vouloir; et plein de mon objet, j'en dis quelques mots dans ma lettre. Mais le lieu, comme les personnes, était marqué par des étoiles. Je ne désignais rien. Il prit ce récit pour un conte fait à plaisir, et dont j'avais voulu embellir mon voyage. Ce fut à son dîner que ma lettre lui fut remise. Ah! dit-il, c'est le bon curé qui me donne de ses nouvelles. Et savez-vous à quoi il s'amuse à Paris?

à faire des romans. En voici un essai. Il lut tout haut ma lettre. Notre oncle était de ce dîner. Il savait en quel lieu s'était retiré son neveu; d'Orambré l'en avait instruit; et ce lieu était sur ma route. La situation le frappa; il devina le reste, et il se retira rêveur et agité; mais sa pensée se fixa sur le soupçon, que j'avais moi-même pris ce détour pour l'émouvoir, et que l'arrivée de ma lettre, au moment du dîner de M. de Verval, avait été préméditée.

A mon retour, j'allai le voir. Il me reçut froidement, me dit deux mots de mon voyage, me répondit à peine lorsque je lui parlai de lui-même et de sa santé. Enfin, après un long silence : Monsieur le curé, me dit-il en fronçant les sourcils, je vous connaissais bien des talents, mais non pas celui de faire des contes. — Des contes! moi, monsieur? — Oui, des contes qu'on lit à table, chez M. de Verval, et qu'on trouve fort amusants. — Je vous entends, monsieur, vous parlez d'une lettre où j'ai légèrement et vaguement tracé le tableau d'un ménage heureux par ses vertus, dans le sein de la pauvreté, tel que je venais de le voir. Ah! ce n'est point un conte, c'est la vérité toute simple. — Et cette vérité, monsieur, vous la divulguez à plaisir? — Hélas! peut-elle être cachée? Et cependant je n'en ai dit que ce que l'amitié la plus discrète en a pu dire; et je l'ai dit innocemment. — C'est donc innocemment, reprit-il avec amertume, que l'on met son ami en scène? —

Et qui vous dit, monsieur, que j'aie parlé de vous? — Qui le dit! moi, qui l'ai entendu; moi, qui n'ai que trop vu que la scène était arrangée, et que l'on m'y invitait pour m'en faire rougir. Ni M. de Verval ni moi, lui dis-je en me levant, ne connaissons ces tours d'adresse et de malice. Quant à moi, j'atteste le Ciel que l'intention que vous m'attribuez ne m'est pas venue dans la pensée; et je suis étonné que vous ne m'ayez pas mieux connu. Quoi! vous vous en allez, me dit-il avec émotion! Oui, je m'en vais, pour ne plus vous trouver injuste. — Injuste de me plaindre, lorsque après m'avoir fait mystère !..... Il s'arrêta. De quoi vous ai-je fait mystère? lui demandai-je en le pressant. — De vos liaisons avec un homme qui m'a causé des chagrins mortels. C'était là que je l'attendais. Monsieur, je ne sais point, lui dis-je, partager des ressentiments dont la rigueur m'afflige autant que la durée. Ils répugnent à mon état, et plus encore à mon caractère. Quant à mes liaisons, je n'en fais mystère à personne. Il est vrai qu'avec vous j'ai gardé un silence que vous m'avez imposé vous-même; mais ce silence n'est point celui de la dissimulation; et si l'on ne veut point savoir ce que je pense, au moins saura-t-on bien toujours ce que je fais. Au surplus, je déclare que pour personne au monde je n'aurai la faiblesse de sacrifier l'amitié. Et moi, monsieur, et moi, me dit-il avec violence, je ne suis donc pas votre ami? — J'en ai deux; vous en êtes un; mais je n'abandonne point l'autre. — L'autre est un insensé. — Il l'a été peut-être; mais il n'est point ingrat, mais il est honnête homme, mais je le croyais malheureux : tous ces titres me sont sacrés. — Malheureux! peut-il ne pas l'être? — Il l'est d'aimer, de révérer un homme injuste qui le hait. — Encore! un homme injuste? — Oui, très-injuste, de faire un crime d'une faute, et de proscrire un innocent. C'est une chose étrange, repris-je, en le voyant ému, qu'avec un sac d'or à la main on se croie armé de la foudre, et que pour un moment d'erreur, de délire, que sais-je? de cet égarement dont la cause est si pardonnable, on fasse gloire d'être inflexible, et qu'on se condamne soi-même au tourment de toujours haïr! — Non, je ne le hais point, non, je l'aimai toujours; et puisqu'il faut le dire, je l'aime encore pour mon supplice. — Pour votre supplice! Ah grand Dieu! c'est donc un supplice d'aimer, d'aimer les siens? — Oui, c'en est un pour ce cœur trop sensible que l'ingratitude a blessé. Non! point d'ingratitude, interrompis-je avec toute ma force. Ce vice n'a jamais souillé l'ame du vertueux jeune homme qui vous chérit, qui vous honore, qui vous bénit dans sa misère, et qui pour vous donnerait tout son sang. Qu'il vienne donc, dit-il, se jeter dans mes bras avec sa femme et ses enfants; car tout ceci m'excède; il faut que j'en finisse; j'ai besoin de sommeil; et vos peintures romanesques dont je suis poursuivi ne me laissent aucun repos. Victoire, s'écria Juliette, je m'y attendais, et j'ai prévu le moment de votre bonheur. — Eh non, mademoiselle, vous n'y êtes pas encore, dit le curé. Ce n'est pas cependant qu'une révolution si prompte dans le cœur d'un homme irrité et qui se croyait implacable, ne me causât bien de la joie; mais j'avais encore bien des peines à éprouver avant que d'être au bout.

J'écrivis au plus vîte à l'Ormon d'arriver; et il ne se fit pas attendre. La réconciliation de son oncle avec lui fut sincère et attendrissante. Madame de l'Ormon, ses enfants dans ses bras, rendit, comme vous croyez bien, le tableau plus touchant encore; et je jouis de ce spectacle avec délices. Mais je ne sais quelle amertume restait au fond du cœur de M. de Glancy. L'Ormon s'en aperçut; et attentif à ne pas se rendre indiscret, il le pria, peu de jours après, de lui permettre d'aller, avec sa femme, vaquer aux soins de la moisson.

Cette simplicité de mœurs ne déplut point à M. de Glancy. Mais leur départ, au lieu de l'affliger, comme je l'espérais, parut le soulager d'une secrète inquiétude; et dès le lendemain arriva M. d'Orambré. Son voyage ne fut pas long; et il s'en alla moins content que de coutume. J'attribuai le souci que je croyais lui voir au rappel du pauvre exilé.

Cependant, l'oncle, sans nous le dire, s'apercevait d'une altération progressive dans sa santé. Il devint tous les jours plus sauvage et plus solitaire. Il ne voyait que moi.

Sur la fin de l'automne il eut des pronostics trop certains de sa mort prochaine. Mon ami, me dit-il un jour, mon sang se décompose, ma poitrine s'engage, et je commence à respirer péniblement ; il est temps de penser à moi. Vous m'avez vu profondément blessé de la conduite de l'un de mes neveux. Dans ma colère je fis un testament, et dans ce testament je le déshéritai. J'instituai l'autre mon légataire universel. Je l'appelai ; et en exigeant que le secret de mes dernières volontés ne fût révélé qu'après moi, je l'en rendis dépositaire. Ma colère s'est appaisée ; et la nature, ou, si vous voulez, la justice a repris ses droits. J'ai fait rappeler d'Orambré, et je lui ai demandé ce testament déposé dans ses mains. « Eh quoi! mon oncle, m'a-t-il dit, avez-
« vous pu croire que je laisserais subsister un
« acte que le chagrin vous avait dicté? J'ai res-
« pecté votre ressentiment; mais il aurait été
« cruel à moi d'en abuser. Je suis riche, l'Or-
« mon ne l'est pas; votre héritage est sa seule
« espérance. Votre testament l'en privait; je l'ai
« brûlé. J'espère que mon oncle voudra bien me
« le pardonner. » Mon ami, s'il est vrai qu'il l'a brûlé, c'est une belle action ; et je l'en crois capable ; je n'ai jamais rien vu de ce jeune homme

qui ne témoigne en sa faveur; mais je suis naturellement soupçonneux, je vous le confesse; et s'il m'avait trompé!..... A ces mots ses yeux se fixèrent sur les miens pour me consulter; mais les miens se baissèrent, et mon silence fut ma réponse. A demain, me dit-il, je vois que c'est ici une des choses sur lesquelles il ne faut jamais demander conseil.

Le lendemain, nouveau tête-à-tête. Celui-ci fut intéressant. Mais il me fit promettre d'en garder le secret jusqu'aux dernières extrémités; je le promis, et je veux lui tenir parole.

Dès ce moment, tous les nuages de sa pensée me semblèrent se dissiper. Il fit venir ses deux neveux, les traita l'un et l'autre avec une bonté pareille, leur recommanda la concorde, pria madame de l'Ormon d'oublier le passé, caressa ses enfants, et, parmi ces caresses, tourna souvent les yeux vers moi avec douceur en signe de recommandation. Dieu sait si j'en avais besoin! La veille de sa mort, exhortant d'Orambré à se choisir, comme l'Ormon, une vertueuse compagne : Hélas! dit-il, je me suis dérobé le seul prix de la vie, j'en ai perdu le charme, quand je me suis condamné moi-même à cette froide et triste viduité du célibat.

Son caractère naturellement bon avait perdu toute son âpreté; son ame s'était amollie; et la manière douce et tendre dont il avait reçu et recueilli dans son sein l'Ormon, sa femme et ses enfants, les avait vivement touchés. Ils le pleuraient comme un bon père, mais leur douleur était sans faste; celle de d'Orambré fit plus d'éclat. Ainsi quelques jours se passèrent, après ses funérailles, à mêler ensemble nos larmes, et à répandre nos regrets.

Cependant je m'apercevais qu'insensiblement d'Orambré prenait dans la maison l'air et le ton de maître, qu'il avait l'œil à tout, et qu'il s'était saisi des clefs. Je crus donc voir de l'équivoque dans ses intentions, et je voulus m'en éclaicir.

Je demandai aux deux neveux s'il ne convenait pas de faire mettre les scellés dans la maison, en attendant que l'on fît l'inventaire? Cela est inutile, me dit d'Orambré d'un air froid : nous n'aurons point de démêlé ensemble. Et quand je fus seul avec lui : monsieur le curé, me dit-il, vous m'avez mis mal à mon aise. Je ne veux point affliger l'Ormon. Cependant il faut qu'il connaisse notre situation respective. Vous savez quelle a été pour moi l'estime, l'amitié de M. de Glancy. J'étais garçon, il me connaissait peu disposé au mariage; il regardait mes biens comme assurés à l'Ormon et à ses enfants. Il a bien voulu joindre son héritage au mien et me rendre dépositaire. Il m'a institué son légataire universel; et l'acte qui contient sa volonté dernière est en mes mains, j'en suis porteur. C'est une chose fâcheuse à dire face-à-face; vous êtes bon et sage, vous êtes notre ami; c'est à vous de la faire entendre.

Monsieur, lui dis-je, il est possible que dans un moment de violence et de colère la bonté naturelle de M. de Glancy ait éprouvé quelque altération; mais c'est un de ces mouvements que l'on doit oublier : la loi les désavoue; et une probité délicate ne doit jamais s'en prévaloir. Je ne sais pas pourquoi, me dit-il d'un ton sec, vous attribuez à la colère une prédilection constante, invariable, connue de tout le monde, et dont vous-même avez été témoin. Je la suppose, répliquai-je, cette prédilection dont vous avez pour vous toutes les apparences; a-t-elle pu rendre cruel, injuste, impitoyable jusqu'au dernier soupir, un homme naturellement et sincèrement vertueux? Avez-vous pu le croire? Oseriez-vous le dire? Oseriez-vous bien l'affirmer? Monsieur le curé, reprit-il, votre zèle passe les bornes. Je me modère; imitez-moi. Pardon, monsieur, lui dis-je, et seulement deux mots encore. La nature et la loi font un juste partage des biens de Glancy. Riche comme vous l'êtes, n'en est-ce pas assez pour vous de la moitié? En enviez-vous l'autre à M. de l'Ormon? Rendez, croyez-moi, cet hommage à la mémoire de votre oncle, d'effacer jusqu'au souvenir de ce qu'il a désavoué par la plus éclatante réconciliation. Chacun a ses maximes, monsieur le curé, me dit-il; ma manière à moi de rendre hommage à la mémoire de mon oncle, c'est de ne rien changer à ses dispositions et d'accomplir sa volonté. Je n'insisterai pas, lui dis-je, et je vous laisserai le temps de changer de résolution. Mais, monsieur, si je suis réduit à défendre les droits de M. de l'Ormon, comme je m'y sens obligé, j'attaquerai, je vous en avertis, vos prétentions immodérées, et peut-être aurez-vous à vous en repentir. Un sourire amer et dédaigneux répondit à cette menace, et il finit en me priant de disposer l'Ormon à se retirer sans éclat.

Dès ce moment je désespérai de le voir changer de langage. J'attendis cependant jusqu'au lendemain pour voir si la réflexion n'aurait pas amené quelque sentiment de pudeur.

Le lendemain matin je demandai à l'un de ses gens comment son maître avait passé la nuit. Il m'assura qu'il avait dormi d'un sommeil très-paisible, et qu'il venait de s'éveiller. L'indignation me saisit, et armé de tout mon courage, je me rendis au déjeûner. Il y vint plus délibéré que je ne l'avais jamais vu. M. d'Orambré, dis-je en le voyant, paraît avoir dormi cette nuit du sommeil du juste. Comme vous, monsieur le curé, me répondit l'audacieux. *Comme vous* me parut insolent à l'excès. Il caressa les enfants de l'Ormon, parla d'un air affectueux à leur mère, lui dit que ses enfants étaient les siens, que vraisemblablement il n'en aurait point d'autres, et qu'ils seraient les seuls auxquels passerait tout son bien; et puis s'adressant à l'Ormon : Ne vous offensez pas, lui dit-il, que notre oncle ait voulu que ce soit de mes mains qu'ils reçoivent son héritage; c'est un dépôt que je conserverai pour eux avec le plus grand soin.

L'Ormon interdit le pria de s'expliquer. Quoi! monsieur le curé ne vous a donc pas dit, reprit-il froidement, que M. de Glancy a fait de moi son légataire, et qu'il en a laissé le titre dans mes mains? Je ne l'ai pas dit, répliquai-je, et vous en savez la raison. J'ai voulu laisser à votre conscience le temps de vous parler; mais puisqu'elle se tait, c'est à moi de me faire entendre; et alors m'adressant aux deux époux, que je voyais, frappés d'étonnement, se regarder l'un l'autre : N'accusez pas, leur dis-je, de vous avoir trompés, cet oncle qui en mourant vous a tendu les bras. Non, ne le croyez point capable d'avoir insulté au malheur de vos enfants par de faux semblants de bonté et par des caresses perfides. Susceptible et prompt, il a pu dans sa colère vouloir déshériter un neveu qu'il aimait, mais il n'a pu vouloir lui en imposer avec une douceur traîtresse. Il vous a pardonné, et en vous pardonnant il a voulu vous voir rentrer dans tous les droits de la nature. Il a voulu que ce testament, que lui avait dicté la colère, vous fût à jamais inconnu. Il a voulu qu'il fût anéanti, et il l'a redemandé pour n'en laisser aucune trace. On lui a dit qu'il était brûlé. Qui le lui a dit, demanda le fourbe? — Vous, monsieur. — Moi! — Vous-même; je l'affirme sur sa parole. Monsieur le curé, reprit-il, l'éloquence a beau jeu lorsqu'elle fait parler les morts; elle ne risque pas de se voir démentie. Ce n'est pas moi, monsieur, lui dis-je, que votre oncle démentirait s'il se faisait entendre du fond de son tombeau. Tremblez que sa cendre ne se ranime, et que le Ciel, pour vous confondre, ne permette à sa voix de rompre le silence de la mort. A ces mots, il me regarda d'un air moqueur. Eh bien! repris-je, il va parler, puisque vous osez l'y contraindre. Et dans l'instant je tirai de ma poche un second testament que le mourant m'avait laissé.

Lisez tout haut, monsieur, dis-je à l'Ormon : voilà sa volonté dernière. Il lut, et par ce nouvel acte, ce fut lui qui fut déclaré seul héritier des biens de M. de Glancy.

D'Orambré frappé de la foudre, garda un moment le silence, et puis reprenant son audace : On voit, dit-il, dans cet écrit la séduction auriculaire; je ne tarderai pas à la faire connaître, et nous saurons s'il est permis d'abuser, avec ce manége, de la faiblesse des mourants. Il sortit outré de fureur, et peu d'instants après nous entendîmes partir sa chaise.

La révolution avait été sensible sur le visage de madame de l'Ormon et de son mari; mais je n'y aperçus, grâce au Ciel, aucun signe d'une indécente joie; et tout-à-coup je vis l'Ormon tomber dans un abattement incompréhensible pour moi. Mon ami, me dit-il, c'est à-présent que vous me croyez bien heureux; c'est à-présent que je le suis moins que jamais, car je me sens coupable. Il vient de se passer en moi des mouvements affreux : en me croyant déshérité, l'indignation m'a saisi; j'ai du fond de mon cœur, pour la première fois, outragé le meilleur des hommes, mon bienfaiteur, mon second père, que j'avais offensé, qui m'avait pardonné, et qui m'avait comblé de biens. Le bon jeune homme pouvait à peine articuler ces mots; la honte lui étouffait la voix. Allons, dit-il, allons du moins sur son tombeau demander pardon à son ombre. Hélas! plus que jamais j'ai besoin de le rendre miséricordieux envers moi.

Ce fut là, ce fut en voyant ruisseler sur la pierre qui renfermait la cendre de M. de Glancy les pleurs du repentir et ceux de la reconnaissance; ce fut en voyant les deux époux incliner leurs enfants sur cette tombe révérée et la leur faire baiser avec amour; ce fut alors que je jouis avec une tranquille et pleine volupté. Qu'ils furent touchants l'un et l'autre! Ils me devaient beaucoup, ils ne l'ignoraient pas, et ni l'un ni l'autre dans ce moment ne s'occupa de moi : leur cœur fut tout entier au véritable objet de leur reconnaissance; mais ce devoir rempli, la simple amitié eut son tour, et j'eus lieu d'observer combien le ressentiment des bienfaits élève et ennoblit encore les belles ames. Pour nous, me disaient-ils, le premier des biens et celui auquel nul autre n'est comparable, c'est de savoir que ce généreux homme nous a aimés jusqu'à la fin ; mais après cette douce et précieuse idée, celle qui nous est la plus chère, celle au prix de laquelle tout l'or du monde serait vil, c'est de penser que le retour de ses bontés, nous le devons au zèle d'un ami tel que vous. Ah! de grâce, leur dis-je, si j'ai contribué à rapprocher de vous un bon parent, ne m'en ôtez pas le mérite : que m'en restera-t-il quand vous l'aurez payé au centuple de sa valeur? Il n'y aurait plus de vertu à bien faire, si l'on trouvait par-tout des cœurs aussi reconnaissants.

SOLANGE.

J'ai été heureuse aussi une fois en ma vie, dit la marquise de Solange, et presque à la façon de monsieur le curé. Le moment en est déja bien loin, et cependant il m'est comme présent encore.

Ma sœur, madame de Clarville, était une femme de l'ancien temps. J'avais été élevée avec elle; mais notre seconde éducation ne fut pas la même. Son mari, qu'elle aimait dévotement, était un homme sage : il lui forma l'esprit, et lui donna son caractère. Le mien, que j'aimais bien aussi, était ce qu'on appelle un homme du monde; il me laissa mon naturel. On disait même qu'il me gâtait, mais je n'en croyais rien. Ce qu'il y a de vrai, c'est qu'après deux ans de mariage, ma sœur et moi ne nous ressemblions point du tout; mais en me pardonnant des goûts, des fantaisies, des plaisirs qu'elle n'avait pas, elle me promit de m'aimer tant que je ne serais qu'une folle estimable, et j'eus le bonheur d'arriver à l'âge où tous les écueils sont passés, sans que son amitié pour moi reçût la plus légère atteinte. Nos maisons, comme l'on peut croire, n'étaient pas sur le même ton : dans la sienne, les mœurs antiques, les nouvelles mœurs dans la mienne, formaient deux mondes différents. Il fallut pourtant bien qu'au mariage de son fils elle permît quelque mélange. La jeunesse attira la jeunesse, et parmi les liaisons de mon neveu, les jeunes gens les plus aimables à mon gré déplurent à ma sœur; elle les trouvait à-la-fois importants et frivoles, maniérés dans leurs grâces, composés dans leur naturel, et le plus distingué d'entre eux par les agréments de son âge fut justement celui qu'elle prit en aversion.

Villarcé, destiné par sa naissance à remplir les premiers emplois de la magistrature, semblait avoir pris cet état par complaisance pour sa famille, et il voulait bien qu'on s'aperçût que la présidence n'était pas ce qui lui convenait le mieux. A l'habit près, c'était un militaire d'une tournure noble et leste, dédaignant l'importune gravité de la robe, et déployant toutes les grâces d'un maintien libre et dégagé. Son ton avec les femmes ne passait jamais les limites d'une galanterie respectueuse; mais irrépréhensible dans son langage, il n'était pas toujours aussi modeste et réservé dans ses regards.

Vous pensez bien qu'un magistrat de cette élégance ne fut pas du goût de ma sœur. Le caractère de son esprit ne lui plut guère davantage; il avait ce que dans le monde on appelle *du trait*, des saillies, des mots imprévus et piquants, peu de suite dans les idées. Causant tant qu'on voulait, pourvu qu'il ne fallût pas raisonner, voltigeant d'objets en objets, sans se reposer sur aucun, il aurait cru s'appesantir s'il eût réfléchi deux minutes à ce qu'il avait dit, à ce qu'il allait dire; mais plus son entretien était léger, plus il était brillant.

Les jeunes gens, les jeunes femmes ne se lassaient point de l'entendre. Comme il savait un peu de tout, il avait l'air de tout savoir, et l'on se demandait comment il pouvait à son âge en avoir tant appris.

Mais ni ma sœur, ni les têtes mûres qui composaient sa société intime, n'admiraient cette suffisance : ils n'y voyaient qu'une superficie de faux savoir sur un grand fond de vanité. Pour moi j'étais plus indulgente, et sans me soucier que son esprit fût plus solide, je le trouvais fort amusant. Je ne lui désirais qu'un peu moins d'assurance et un peu plus de modestie; et Caliste ma nièce, comme vous l'allez voir, était assez de mon avis.

Un jour que devant elle j'excusais Villarcé du

reproche de fatuité : Voilà, me dit ma sœur, une belle cause à défendre ! La présomption d'un jeune étourdi qui ne doute de rien, qui décide de tout, et qui ne daigne pas même entendre l'homme instruit, l'homme sage qui lui donnerait des leçons. Ne me parlez pas d'une tête aussi pleine de vent, ni d'un personnage aussi vain, aussi occupé de lui-même, et qui, sous un habit qui lui prescrit au moins le sérieux des bienséances, se donne tous les airs qui contrastent le plus avec les mœurs de son état. Je plains la femme qui l'aura pour époux, je plains la mère qui l'a pour fils, et je suis très-fâchée qu'il soit lié avec le mien. Je ne veux plus rien voir chez moi qui lui ressemble.

Si j'avais regardé ma nièce dans ce moment, j'aurais pu voir l'impression que ces mots faisaient sur son ame ; mais je ne m'aperçus de rien : je ne m'intéressais que légèrement à Villarcé ; je n'insistai pas davantage. Bientôt après le ton de la maison de ma sœur étant redevenu trop sérieux pour lui, et l'accueil froid qu'il y reçut l'en ayant éloigné, je ne le revis plus que de loin en loin dans le monde, où je crus le trouver plus sage, plus réservé, mais moins aimable. Il faut que la fatuité ait un charme qui lui est propre ; car on ne s'en corrige pas sans qu'il en coûte quelque agrément.

La jeune madame de Clarville, naturellement douce et timide, prit sans peine les mœurs et les goûts de sa belle-mère. Son mari l'adorait; il ne respirait que pour elle, et le bonheur ayant pris dans son ame la place des amusements et des illusions passagères, il avait renoncé lui-même à cette vie dissipée qui ne plaît qu'à des cœurs oisifs.

C'était dans cet intérieur que Caliste, ma nièce, semblait attendre paisiblement que sa mère disposât d'elle. Nous parlâmes de l'établir, et sur le choix de son époux, car le nombre des aspirants croissait de jour en jour, sa mère eut la bonté de lui demander sa pensée.

Madame, lui répondit Caliste avec son air doux et modeste, vous m'avez rendu si sacrés et en même temps si redoutables les devoirs d'épouse et de mère, que j'ai besoin de me consulter et de m'assurer de moi-même, avant d'oser me croire digne de les remplir. C'est un examen sérieux et profond que je veux faire dans le silence, et au pied des autels, entre le Ciel et moi. Daignez, avant de disposer de votre fille, qui vous sera toujours soumise, lui accorder, loin du monde et dans la paix du cloître, quelque intervalle de solitude et de recueillement.

Cette réponse étonna ma sœur, et quoiqu'elle en fût édifiée : J'aurais espéré, lui dit-elle, qu'une bonne mère serait admise entre le Ciel et vous à ce conseil secret, et que pour mieux vous disposer à lui obéir, vous n'auriez pas besoin de vous éloigner d'elle.

Madame, lui répondit Caliste, si, comme le Ciel, vous pouviez lire dans mon ame et dans ma pensée sans m'obliger moi-même à vous en démêler tous les replis, je vous dirais : Lisez, et disposez de moi; mais ce respect tendre et timide que je conserverai pour vous toute ma vie, cette crainte religieuse de vous déplaire, ou de vous affliger, cette crainte plus délicate de ne pas vous paraître assez digne de votre amour, ne permettra jamais que j'ose me livrer, sans un peu de réserve, à cette confiance dont vous êtes si digne. J'en aurais bien la volonté, mais je n'en aurais pas le courage et la force. Quelle ame est assez pure pour se montrer nue et sans voile à d'autres yeux que ceux de celui qui voit tout, et qui veut bien tout pardonner?

C'était lui avouer assez ingénuement qu'elle avait dans le cœur quelque secret qu'elle n'osait lui dire. Ma sœur n'expliqua point ainsi cette réponse; elle convint qu'il était une sorte d'examen de soi-même, dont le compte n'était réservé qu'à Dieu seul, et que l'exiger de sa fille, ce serait excéder les droits du pouvoir maternel. Le couvent fut choisi; ma nièce y fut conduite par sa mère, et celle-ci, en me confiant l'entretien qu'elles avaient eu, n'en témoigna aucune inquiétude; j'en eus très-peu moi-même, et l'air calme et serein dont se parait ma nièce toutes les fois que j'allais la voir acheva de me rassurer.

Cependant, au bout de trois mois, Caliste

écrivit à sa mère, pour la supplier, dans les termes les plus respectueux, mais les plus pressants, d'approuver qu'elle prît le voile. Sa lettre respirait une piété angélique. Ma sœur en fut touchée. A Dieu ne plaise, me dit-elle en me confiant cette lettre, que je m'oppose à une vocation si sainte, si elle est véritable! mais je veux l'éprouver. Caliste n'avait pas vingt ans. Elle exigea qu'elle ne prît le voile qu'à l'âge prescrit pour les vœux.

Dans une fille que sa naissance, sa fortune, et sur-tout sa beauté, destinaient à tous les bonheurs de ce monde, cette résolution me parut singulière, et d'autant plus qu'elle me semblait prise avant son entrée au couvent. J'en voulus pénétrer la cause; et d'abord je me procurai un entretien particulier avec l'abbesse. C'était une excellente femme, un peu fière de sa naissance, mais religieuse dans l'ame, et qui, dans le babil du parloir, mêlait assez d'esprit à beaucoup de naïveté.

Est-il vrai, madame, lui dis-je, que mademoiselle de Clarville, ma nièce, ait envie de prendre le voile? Non, madame, me dit l'abbesse, ce n'est point une envie, c'est une belle et bonne vocation, je vous le garantis, et je ne m'y trompe jamais. D'abord la ferveur d'une sainte, la docilité d'un enfant, la douceur, la candeur, l'innocence d'une colombe.... Ah! madame, qu'elle est heureuse d'avoir échappé aux vautours! Et puis, avec tant de beauté, cet oubli d'elle-même, cette pudeur si tendre, cette craintive modestie qu'un mot, qu'un rien peut alarmer, et qu'un souffle aurait pu ternir! Bon dieu! à combien de périls ne s'est-elle pas dérobée! Allez, madame, je sais un peu ce qui se passe dans le monde. Je vois ici bien des personnes de la plus haute qualité, les miens et les amis des miens. J'y vois aussi de graves et pieux personnages, un père Ambroise, un père Anselme, un père Séraphin, les conseils de familles, les lumières du siècle; et dans tout ce qu'ils m'en racontent, je ne vois que folie, mensonge et vanité, des spectacles frivoles, des soupers insipides, des cercles ennuyeux, un luxe qui fait peur, et des plaisirs qui font pitié.

Oui, mais ma nièce ne connaît rien de tout cela, lui dis-je, à moins que vous, madame, ne l'en ayez instruite. Oh! non, Dieu m'est témoin, dit-elle, qu'avant que de venir ici sa résolution était prise de renoncer au néant du monde, je n'ai fait que l'y affermir.

Le premier point une fois éclairci : mais, madame, insistai-je, lui trouvez-vous dans vos entretiens cet enjouement, ces rayons de gaieté qui annoncent une ame contente? Non, la gaieté, dit-elle, n'est point son caractère; c'est plutôt le recueillement, la méditation, le silence et le goût de la solitude; mais ce sont là les dons du Ciel les plus rares, les plus exquis.

Me voilà sûre encore que ma nièce est triste et rêveuse; et dans cette mélancolie, demandai-je à l'abbesse, n'apercevez-vous pas quelquefois de l'ennui? De l'ennui, madame! dit-elle, a-t-on jamais ici le temps de s'ennuyer? On y a le choix entre la vie active et la vie contemplative. La vie active est occupée dans les divers emplois de la maison, ce n'est point là ce qui convient à votre nièce; mais pour la vie contemplative, je vous réponds, madame, qu'elle s'y livre avec délices, et je m'en aperçois jusque dans nos récréations. Par exemple, à la promenade, dans nos jardins, car nos jardins sont l'abrégé de la campagne, des arbres du plus bel ombrage, des oiseaux, des gazons, des fleurs, des fruits; et sur nos têtes ce beau ciel, ces brillants nuages, ce soleil; et le soir, ces étoiles, ce clair de lune, cette voûte d'azur! Vous m'avouerez, madame, qu'il n'y a rien de plus ravissant. Eh bien, lui dis-je, en est-ce assez, ma fille, pour remplir une ame de joie et d'admiration? Oui, lorsqu'une ame est en paix, dit-elle, ce sont là des plaisirs bien doux. Alors je la vois de nouveau se recueillir et soupirer de l'émotion que lui causent ces merveilles de la nature. Quelquefois même, dans son ravissement, des larmes coulent de ses yeux.

Vous pensez bien que j'expliquai ces larmes tout différemment de l'abbesse. J'espère, ajouta-t-elle, que, dans ma dignité, ce sera sœur Caliste qui me remplacera. J'ai cinquante ans, elle en a vingt; j'aurai le temps de la former, et j'y emploierai tous mes soins. Je crois, madame, que cette perspective n'est faite pour vous déplaire. Mais ma belle Caliste est si modeste, qu'elle rejette cette pensée; et comme si un ange lui avait prédit que je dois lui survivre, elle m'assure tous les jours que ce sera moi qui pleurerai sur son tombeau.

A ces derniers mots, je sentis que le cœur de ma nièce était mortellement blessé, et je quittai l'abbesse dans la ferme résolution d'écarter de l'autel cette faible et douce victime.

Le lendemain je la vis elle-même; et je ne conçois pas encore l'empire que ce jeune cœur avait pris sur lui-même pour me cacher son mal.

Je voulus lui faire sentir les conséquences de sa résolution. Je lui représentai ces murs, ces grilles, cette captivité, cette éternelle dépendance, ce mélange de cáractères souvent incompatibles et irrévocablement réunis dans le même lieu, enfin cette privation de toute liberté. Elle me répondit que pour un sexe à qui les simples bienséances prescrivaient une vie retirée et tranquille, il fallait peu d'espace pour respirer, vivre et mourir; que ces murs n'étaient rien pour qui n'avait aucune envie de les franchir, ni de savoir ce qui se passait au-delà; qu'avec de la raison, de la douceur et de la modestie, on se conciliait par-tout les esprits les plus difficiles; que dans toutes les conditions de la vie on était dépendant, que malheur même à qui n'avait ni loi ni règle, enfin qu'on était libre dès qu'on savait vouloir constamment ce que l'on devait, et qu'à ce prix, on l'était dans le cloître autant et plus que dans le monde, où l'on est souvent obligé de vouloir ce qu'on ne doit pas.

Interdite de ces réponses, je les communiquais à sa mère, qui s'en affligeait avec moi, mais qui ne laissait pas d'y trouver beaucoup de sagesse.

Elle allait voir sa fille, elle lui témoignait avec une sorte de respect pour sa vocation, le regret qu'elle aurait d'être privée d'elle. Non, lui disait Caliste, nous ne serons jamais privées l'une de l'autre. Quel qu'eût été mon sort, il eût fallu être éloignée de vous; je le serai le moins possible, et avec cette différence, que dans le monde mille objets de devoir ou de dissipation m'auraient envié votre idée, et vous auraient pu dérober quelques-uns de mes sentiments; au lieu que dans le cloître, Dieu et vous, voilà tout pour moi. Mon frère et son aimable femme sont une société assez intéressante pour remplir votre intérieur de joie et de consolation; de nouveaux objets y mêleront encore le charme de leur innocence; c'en est assez pour vous rendre heureuse; et si le Ciel pouvait permettre qu'un cœur si bon eût des chagrins, c'est alors, ô ma tendre mère, que je vous demande la préférence, et qu'à tous les moments mes bras seraient ouverts. D'autres partageront votre félicité; moi, je partagerai, j'adoucirai vos peines, et nous les offrirons ensemble au suprême consolateur.

Ma pauvre sœur revenait du parloir pénétrée, enchantée des vertus de sa fille, et sur-tout bien persuadée qu'elle serait heureuse dans l'état qu'elle avait choisi. Moi-même, revenue de mes inquiétudes, je commençais à croire qu'elle ne faisait que céder à de saintes inspirations ; et les deux ans d'épreuve étant presque écoulés, nous touchions au moment de lui laisser prendre le voile.

Eh bien, ma fille, lui dis-je enfin, car tu es ma fille aussi, et j'espérais que tu me tiendrais lieu de mes enfants que j'ai perdus : Eh bien ! ta résolution est donc invariablement décidée ? Oui, ma tante, très-décidée, me dit-elle, et je vis pour la première fois ses regards s'armer de courage. Je n'aurai plus, lui dis-je, sur ce triste sujet que cet entretien avec toi. Parlons-nous bien sincèrement : naissance, fortune, espérances du sort le plus brillant, tu vas donc tout sacrifier sans peine et sans regret ? Un dédaigneux sourire exprima le mépris dont elle voyait tous ces biens. A-présent, dis-moi, poursuivis-je, si tu connais des devoirs plus saints et plus doux à remplir que les devoirs d'épouse et de mère ? Non, me dit-elle, il n'en est point de plus doux ni de plus sacrés. — Et crois-tu qu'aux yeux de Dieu même il y ait rien de plus agréable qu'une femme qui les remplit ? — Non rien, j'en suis persuadée. — Et lorsqu'on se sent appelée à cet état, n'est-ce pas tromper à-la-fois le vœu de la nature et l'attente du Ciel, que de s'y refuser? — Oui, mais pour s'y croire appelée, il faut en avoir les vertus? — Mon enfant, n'exagérons rien : quelles sont-elles ces vertus? n'est-ce pas la douceur, la tendresse, la modestie, le goût de l'ordre, le courage d'une ame fidèlement soumise et dévouée à tout ce qu'exigera d'elle la sainteté de ses liens? — Oui, tel est le modèle que j'ai sous les yeux. — Eh bien! de ces vertus, dis-moi celle que tu n'as pas, ou que tu n'aurais pas dans la position de ta mère. — Ah! ma mère n'a jamais eu dans l'ame un sentiment que son devoir n'ait avoué. — Voilà le mot que j'attendais de toi : ce mot seul m'a tout dit; et je lis enfin dans ton ame. — Qu'ai-je donc dit, ma tante, reprit Caliste avec effroi? — Rien, si tu te repens de m'avoir confié tout ton secret; mais tout, si tu veux bien que ta meilleure amie en soit dépositaire. — Eh bien! parlez : je n'aurai plus que la force de vous entendre. Et en disant ces mots, elle se mit à fondre en larmes. Tu as pris dans le monde, lui dis-je, une inclination que tu ne crois pas raisonnable, et dont tu désespères de pouvoir te guérir. Madame, me dit-elle avec fierté, je n'aimerai jamais, et je n'ai jamais rien aimé que de digne de mon estime; mais il est d'autres convenances que malheureusement un jeune et faible cœur ne consulte pas dans son choix. — Quel est-il donc ce choix qui blesserait les convenances? — Ma tante, j'en ai dit assez : n'exigez pas un effort inutile qui serait déchirant pour moi. Qu'il vous suffise de savoir que jamais cette inclination, trop invincible, hélas! n'obtiendrait l'aveu de ma mère. J'en suis certaine, et je n'ai plus qu'à l'ensevelir pour jamais. Quant à celui qui a troublé mon repos sans en avoir eu la pensée, c'est un secret entre le Ciel et moi, et je serais inconsolable, si son nom m'était échappé. — Mais, mon enfant, avec cet amour dans le cœur, tu viens faire des vœux au Ciel de renoncer au monde et de n'être plus qu'à lui seul! — Oui, ma tante, et mes vœux seront fidèlement remplis. Je serais criminelle si j'allais à l'autel tromper un homme, et lui promettre, lui laisser espérer au moins la possession d'un cœur rempli d'une autre image ; mais devant Dieu je suis innocente. Je ne le trompe point; je ne l'offense point. Il n'y a point de rivalité entre lui et sa créature, il n'y aura point de jalousie. Il me verra lui offrir tous les jours en victime ce que j'aurai le plus chéri. Aucun regret n'altérera la pureté de ce sacrifice; et si Dieu me laisse dans le cœur un sentiment involontaire, en le lui immolant je le sanctifierai. Vous le dirai-je enfin ? je suis peut-être heureuse d'avoir à lui montrer, en m'élevant à lui, les tristes débris de ma chaîne et les marques de sa victoire.

En me parlant ainsi son visage était animé, ses yeux levés au ciel étaient brillants de joie et humides de larmes; je n'ai jamais rien vu de si étonnant, de si touchant que ce mélange de deux amours, dont l'un s'applaudissait de sacrifier l'autre. Je m'en allais ravie de ce que je venais de voir, lorsqu'en cherchant quel pouvait être dans le monde l'objet qui avait si vivement touché son cœur, je me souvins, comme d'un songe, que devant elle, un jour, sa mère, en me parlant de Villarcé, en avait dit ce que vous avez entendu. C'est lui, je n'en saurais douter, dis-je en moi-même : la pauvre enfant! Je ne suis pas surprise qu'elle ait désespéré de l'obtenir. Et dès ce moment je me pris du plus vif intérêt pour Villarcé; j'en parlai dans le monde, et j'en demandai des nouvelles; mais on me répondit qu'on ne le voyait plus.

Le jour approche, me dit ma sœur; il faut que j'aille voir ma fille, et je n'en ai plus le courage. Ah! lui dis-je, si vous saviez ce que j'ai su moi-même d'une vocation pareille, vous seriez bien plus faible encore. Qu'est-ce, demanda-t-elle? Une jeune personne, dans un accès de ferveur et de zèle, veut se faire religieuse; on y consent; elle s'engage; et quand ses vœux sont prononcés, tout son courage tombe, le regret la saisit, un noir chagrin s'empare d'elle; la malheureuse a dans le cœur une passion dont le feu la consume, sa jeunesse est déja flétrie, et tous les jours elle s'éteint. — Et comment s'est-elle engagée, si elle avait dans le cœur cette passion funeste? Elle aimait un jeune homme bien né, de bonnes mœurs, d'une fortune même assortie à la sienne, mais plein des ridicules et des vanités de son âge; ses parents le lui ont refusé, elle a pris sa résolution. Ah! les cruels, s'écria ma sœur! pourquoi avoir désespéré d'une jeunesse que la raison eût peut-être bientôt mûrie? Nous sommes tous injustes envers les jeunes gens : avec eux nous prenons au grave des choses souvent très-légères. N'avais-je pas conçu moi-même l'aversion la plus sérieuse, le mépris même le plus amer pour un jeune homme qui en peu de temps est devenu très-estimable? Je le trouvais pétri d'orgueil, vain, léger, choquant même dans sa présomption; eh bien, mon fils m'assure qu'il est changé au point de n'être plus reconnaissable. Il est modeste, réservé, sage dans ses propos comme dans sa conduite; en un mot, il est le modèle des jeunes gens de son état; et dans des circonstances difficiles, il s'est fait admirer par un mélange de prudence et de fermeté au-dessus de son âge. N'est-ce pas, demandai-je, M. de Villarcé? Hélas! c'est lui-même. Il me témoigne le désir de rentrer en grâce auprès de moi. J'ai consenti avec empressement à le recevoir, et je suis bien impatiente de réparer les torts de mes préventions.

Jugez combien je fus émue de cette lueur d'espérance. Le Ciel me l'envoyait. Je renfermai ma joie; et le plus modérément qu'il me fut possible : Vous me faites plaisir, dis-je à ma sœur, de m'apprendre que ce jeune homme se soit formé ; j'eus toujours du faible pour lui. Je le sais bien, dit-elle, aussi je vous invite à venir avec moi le recevoir demain ; comme je veux lui parler à mon aise, nous serons seuls. Jugez si je manquai à me trouver au rendez-vous. Le jeune homme se présenta de l'air le plus timide, portant sur le visage la confusion du passé. Sa figure naturellement noble, avait acquis de la dignité ; mais elle était pâle et ternie. Il n'osa parler le premier ; ce fut ma sœur qui le prévint.

Monsieur, lui dit-elle, je suis ravie de vous revoir, car vous avez à vous plaindre de moi ; et quoique l'estime publique vous ait bien pleinement vengé de mes préventions, il me manque à moi-même de soulager mon cœur des reproches que je me fais et que vous avez droit de me faire. A vous, madame, reprit-il, des reproches ! Je n'ai que des grâces à vous rendre ; car le malheur d'avoir pu vous déplaire a été pour moi la plus sensible, mais la plus utile leçon. L'expression qu'il mit à ces mots, *la plus sensible*, me pénétra jusqu'au fond du cœur. Oui, madame, poursuivit-il, si les illusions de la vanité, dont le monde m'environnait, et qui sans vous peut-être m'auraient long-temps séduit, se sont tout-à-coup dissipées, c'est à votre sévérité que j'en suis redevable. A tous les frivoles suffrages que je briguais avec tant d'ardeur, j'ai opposé votre opinion; et j'ai senti qu'un homme exclus de votre société pour les airs et les tons qu'il se donnait si follement, ne pouvait plus s'estimer lui-même. J'ai rougi à mes propres yeux; et dès-lors j'ai été changé. Vous l'êtes prodigieusement, reprit ma sœur, et il m'est doux d'entendre que j'ai contribué à produire ce changement que le temps aurait fait sans moi. Mais, comme moi, monsieur, n'avez-vous pas été trop rigoureux envers vous-même? J'entends parler de la vie appliquée et laborieuse que vous menez, et je crois voir que votre santé en a souffert. Oui, madame, elle est altérée; et je n'espère pas qu'elle se rétablisse; mais l'excès du travail auquel on attribue cette altération, n'en est que la cause apparente. Je sais quel est mon mal, et je sais qu'il est sans remède. Sans remède! à votre âge! reprit ma sœur avec intérêt. Oui, madame, à mon âge il est des atteintes cruelles dont on a long-temps à souffrir et dont on ne guérit jamais. Ma sœur détourna l'entretien pour ne pas l'occuper de ses tristes idées; et lorsqu'il fut parti : Ce jeune homme a, dit-elle, quelque passion dans l'ame. Je le crois comme vous, lui dis-je, et je soupçonne que c'est lui qu'aimait cette jeune personne dont je vous ai peint le malheur. Lui! s'écria ma sœur avec émotion; et quelle est cette infortunée? — C'est ma nièce, c'est votre fille. — O ciel! que dites-vous! Ma fille! ils s'aimaient donc à mon insu! Et à l'insu l'un de l'autre, ajoutai-je; chacun des deux se flatte de mourir avec son secret, et je ne sais moi-même que ce que j'en ai pénétré. Il faut tout éclaircir, me dit ma sœur; voyez ma fille, tâchez de lire dans son cœur; et prévenez l'abbesse que tout est suspendu. De mon côté je vais faire inviter Villarcé à souper demain avec moi; je ne tarderai pas à savoir de lui-même ce qui se passe dans son ame.

Villarcé qui, de son côté, désirait de la trouver seule, arriva de bonne heure, et l'entretien s'engagea sans détour. Monsieur, lui dit ma sœur, vous m'avez parlé de vos peines; et l'estime. la plus sincère, l'intérêt le plus sérieux me presse de savoir quelle en est la nature, pour vous offrir sinon des conseils salutaires, au moins les consolations de l'amitié; car, je vous le répète, c'est par ce sentiment que je veux réparer mes torts. Madame, répondit le jeune homme, vos bontés semblent pressentir ce que j'ai à vous révéler, tant c'est à-propos qu'elles daignent m'en inspirer la confiance. Lisez donc au fond de mon cœur.

Tandis que je me ruinais dans votre estime par des travers et des ridicules dont je m'étais fait un système, je m'enivrais auprès de vous des illusions les plus flatteuses de l'espérance et de l'amour, et je m'applaudissais d'une passion naissante qui devait faire mon supplice. Bientôt le charme a été rompu; et c'est alors que j'ai senti au fond de mon ame se fixer et s'approfondir l'impression fatale d'un objet qui m'était ravi, qui l'était pour jamais. J'ai su de mon ami que, volontairement et par inclination, sa sœur, au grand regret de sa mère et de sa famille, s'étant retirée au couvent, demandait à prendre le voile. J'ai vu que deux années d'épreuve n'ont fait que l'affermir dans sa résolution. Enfin je sais que dans peu de jours se consomme son sacrifice; je n'ai pas la pensée de l'en dissuader, ni d'obtenir de vous, madame, une tentative inutile. Je ne veux pas non plus jouer dans le monde des scènes de romans, ni me faire citer au nombre des amants malheureux et désespérés; on n'a que trop parlé de moi; je n'ai plus qu'à mourir tranquille; et mon ami lui-même qui me voit dépérir, ne connaît point mon mal. Mais vous, madame, dont le cœur est un sanctuaire pour moi, vous tenez de si près à l'objet de mes peines, que dès que vous avez daigné vouloir en être instruite, vous avez dû l'être. Ce sera d'ailleurs, je l'avoue, un soulagement pour celui qui adore mademoiselle de Clarville, qui ne la verra plus, qui l'aimera toujours, de pouvoir parler avec vous d'un objet qui nous est si cher.

Quand même la cause de votre malheur me serait étrangère, lui dit ma sœur, je m'y intéresserais par tous les sentiments qu'un vertueux amour inspire; et après en avoir sollicité la confidence, je me ferais un devoir d'en adoucir les peines, si je ne pouvais rien de plus. Combien n'y suis-je pas plus obligée encore, lorsque cette cause innocente du mal qui vous détruit est un autre moi-même? Ce que je n'ai pas fait pour moi, quoique ma fille que je perdais me fût bien chère, je le ferai pour vous, monsieur, n'en doutez pas; et hormis d'abuser du pouvoir maternel, tout ce qui n'est qu'invitation et que persuasion sera mis en usage pour ramener ma fille auprès de moi. Alors si elle sent comme moi le prix d'un cœur tel que le vôtre, elle est à vous; et je ferai mon bonheur d'assurer le sien. Elle achevait à peine, le bon jeune homme était à ses genoux.

Je ne sais pas décrire des scènes pathétiques, reprit madame de Solange; et d'ailleurs chacun sent ce que peut dire un mourant qu'on ranime par un breuvrage salutaire, ou un naufragé qui périt, et auquel du haut d'un écueil on jette un câble secourable. Je vous laisse donc imaginer ces transports de reconnaissance; et je vais moi-même trouver Caliste, que je revis le lendemain.

Il ne me fut pas difficile, en lui parlant de sa mère, d'amener le récit de sa réconciliation avec M. de Villarcé, et de leur premier entretien. Caliste en m'écoutant rougit, mais sans marquer encore aucune émotion. Ce ne fut qu'à ces mots, *il est des atteintes cruelles dont on a long-temps à souffrir et dont on ne guérit jamais*, qu'elle ajouta: Oh non, jamais, jamais on n'en guérit.

Ne penses-tu pas comme nous, lui demandai-je, que ce jeune homme a quelque passion dans l'ame? Hélas! peut-être bien, dit-elle, et si cela est, je le plains; car il n'a pas les mêmes consolations que moi. — Et si celle qu'il aime l'aimait aussi à son insu? Et s'ils n'étaient malheureux l'un et l'autre que pour ne pas savoir qu'il leur est permis d'être heureux? — Hélas! me dit-elle, ma tante, pourquoi venez-vous me troubler de ces dangereuses pensées? Je vois trop bien que vous croyez avoir pénétré mon secret; mais croyez-vous de même avoir surpris le sien? Et quand ce serait lui, qui vous assure que ce soit moi? Et si ce n'est pas moi, voyez le mal que vous me faites! Et si c'est toi, lui dis-je en fixant mes yeux sur les siens? Elle se jeta dans mes bras; et je sentis mon sein baigné de larmes. Eh bien, c'est toi, il l'a dit à ma sœur, et nous n'en pouvons plus douter. — Et que lui a répondu ma mère, demanda-t-elle d'une voix tremblante? — Que tu es à lui, si tu le veux. — Quoi, ma tante, il faut donc que ma conduite se démente, et que pour un époux dont on m'aura parlé, je change de résolution? Que dira-t-on de moi? — Que tu obéis à ta mère. N'as-tu pas annoncé que tu lui étais soumise, et que ta résolution même dépendait de sa volonté? — Oui, je l'ai dit. — Eh bien, ta mère commandera, et tu ne feras qu'obéir. Elle m'embrassa de nouveau, et au battement de son cœur, au mouvement pressé de son haleine, je crus sentir s'exhaler de son sein tous les soupirs qu'elle étouffait depuis deux ans. Je la quittai bien vite pour aller retrouver ma sœur.

Je ne me trompais pas : j'ai son aveu, lui dis-je, et c'est bien Villarcé qu'elle aime. Mais elle ne veut changer de résolution que pour vous obéir; et il faut que vous commandiez. Je commande, me dit ma sœur, qu'elle se rende auprès de moi dès ce soir même. Allez, et ramenez-la moi. Les heures de douleur sont longues, et je veux épargner à cet intéressant jeune homme au moins cette nuit de tourment.

Elle le fit venir; et, par degrés, le rassurant et lui insinuant l'espérance, elle affaiblit tant qu'il lui fut possible la commotion que lui aurait causée une subite joie; elle fit prudemment, car il y aurait succombé.

Nous ne tardâmes point à arriver, sa fille et moi. La voilà, lui dit-elle en nous voyant paraître; elle est soumise à ma volonté; elle y cède sans répugnance; peut-être un jour vous en dira-t-elle davantage. Sa mère ne veut pas lui en dérober le plaisir.

Ce fut alors que nous conçumes combien nécessaire avait été la précaution que ma sœur avait prise; car tout préparé qu'il était à soutenir l'excès de son bonheur, Villarcé n'en eut pas la force; ses genoux fléchirent sous lui; il se laissait tomber, et ce fut moi qui le soutins. Caliste, dans les bras de sa mère, ne voyait qu'elle, et pleurait de joie et d'amour. Enfin tout fut calmé, et lorsque je les vis à table, elle auprès de sa mère, et lui auprès de moi, vis-à-vis l'un de l'autre, n'osant se regarder et ne pouvant parler tant ils étaient saisis, confus, surpris de se trouver amants sans s'en être jamais doutés.... Je vais vous dire une chose étrange; mais n'en déplaise à l'amour maternel, et n'en déplaise à l'amour même, je crois que de nous quatre je fus dans ce moment la plus heureuse, par la seule pensée que leur bonheur venait de moi.

DRISAC.

Du temps de la Chevalerie, dit à son tour le baron de Drisac, avec l'accent de son pays, il n'y avait pas un gentilhomme qui n'eût, au coin de son feu, quelque belle aventure, quelque prouesse à raconter. Ce bon temps est passé. Il n'y a plus de géants, plus d'enchanteurs, plus de champs-clos; on n'enlève plus de princesses; que voulez-vous qu'on vous raconte? Pour moi, je ne sais que vous dire; et en repassant dans ma mémoire les événements de ma vie, le plus beau jour dont je me souvienne, fut celui où en admirant les tableaux de nos peintres dans le salon des arts, je reçus une croquignole. Quoi, sur le nez, s'écria Juliette? Eh oui, mademoiselle, sur ce nez-là. Voici le fait.

A l'âge de vingt ans, j'étais arrivé à Paris, avec mon patrimoine dans un porte-feuille très-mince, et la promesse d'un brevet de lieutenant d'infanterie, sur lequel je fondais toutes mes espérances et mes projets d'ambition. Le brevet se faisait attendre, car c'était le temps de la guerre, on était friand de dangers, et les emplois vacants étaient brigués par une foule de jeunes amants de la gloire; si bien qu'en attendant mon tour, je voyais mon petit pécule s'en aller insensiblement. Je le ménageais pourtant bien! et pour me tenir lieu des plaisirs ruineux, je m'en faisais d'économiques. Moitié goût naturel, et moitié calcul et prudence, je m'avisai d'aimer les arts et de fréquenter les artistes. Mes spectacles étaient les ateliers; il ne m'en coûtait rien; et plus sensible tous les jours aux productions du génie, je pouvais en jouir sans bourse délier; je trouvais cela fort commode! ajoutez, d'abondance, que parmi les artistes, je trouvais des hommes instruits, des caractères à l'antique, une franchise que j'aime fort, une fierté que je ne hais point, de la gaîté, souvent de l'esprit, de la verve, et une vivacité d'imagination qui me rappelait mon pays.

Celui de tous auquel je m'attachai le plus, ce fut Carle Vanloo. Il n'y avait pas de meilleur peintre, il n'y avait pas de meilleur homme. Plein de génie et d'ame, il avait les mœurs d'un enfant. Il remarqua mon assiduité; il fut sensible aux éloges naïfs que je donnais à ses ouvrages; et il me prit en amitié. Bientôt il me permit de l'aller voir chez lui : j'y trouvai le bonheur et les plaisirs de l'innocence. Sa femme avait la voix d'un rossignol, sa fille l'éclat d'une rose; c'était le plus joli printemps qu'il fût possible de voir fleurir.

Vous allez en être amoureux, lui dit tout bas Dervis. — Oh! non, je ne voyais dans la belle Carline que le chef-d'œuvre de son père : sa main était promise et son petit cœur engagé; qu'aurais-je fait de mon amour? Non, croyez-moi, l'amour ne vient pas tout seul et de lui-même, c'est toujours l'espérance qui l'amène et qui l'introduit; et puis, j'avais mon brevet dans ma tête, et si-tôt qu'il fut expédié, je partis.

Brave jeune homme, me dit Carle dans nos adieux, vous allez aux coups de fusil; j'ai un bon office à vous rendre. Bagieux, le plus habile chirurgien de l'armée, est mon ami intime; voici une lettre de recommandation pour vous auprès de lui. Je la reçus, comme vous croyez bien, avec une sensible joie; Bagieux, le jour d'une bataille, était un personnage d'une grande importance, et bien me prit d'être son protégé. Huit jours après mon arrivée, je reçus, à l'attaque de Laufeld, deux blessures; l'une à la cuisse, mais fort légère; l'autre à l'épaule droite, et celle-ci valait la peine qu'un homme habile y mit la main. Bagieux, à qui Vanloo avait recommandé de ne pas me perdre de vue dans les occasions sérieuses, sut que j'étais blessé, et accourut à mon secours.

Digne ami de mon ami Carle, considérez, lui dis-je, que ce bras est celui dont je tiens l'épée; tâchez de me le conserver. Il leva l'appareil. La balle était restée, et il fallut la dégager. Je ne veux pas vous ennuyer de mes douleurs et de son industrie, l'intéressant est de savoir qu'il me guérit, et que mon bras fut encore au service de l'État et de mes amis.

Enfin la paix m'ayant permis de venir rendre grâce à celui dont la prévoyance m'avait peut-être sauvé la vie, je passais mes jours avec lui dans l'intimité la plus douce; le matin à son atelier, le soir au sein de sa famille et au clavecin de sa femme, où la belle Carline, instruite par sa mère, essayait ses jeunes talents.

Autour du clavecin, une société d'artistes, de lettrés, de bons bourgeois amis de Carle, exprimaient leur ravissement pour cette nouvelle musique, dont madame Vanloo nous faisait la première connaître et sentir les beautés; et Carle, dans ce cercle, m'avait fait distinguer Pacôme, son ami de cœur, dont le jeune fils me semblait prodigieusement sensible à la belle voix de Carline. Ainsi se passait notre temps.

Cette année-là, le salon des beaux arts fut d'une richesse admirable, et mon ami Vanloo s'y distingua par la fierté de sa manière et le brillant de sa couleur. L'envie n'en fut que plus envenimée contre la gloire des talents.

J'ai ouï dire que la gloire et l'envie étaient nées

le même jour, l'une de l'œuf d'un aigle, l'autre du sein d'une vipère; je le croirais assez, et je conçois que l'artiste qui rampe soit jaloux de celui qui vole. Mais celui qui n'est point artiste, de quoi, sandis! peut-il être envieux? En fait d'esprit, à la bonne heure, chacun y prétend plus ou moins : on a fait dans sa vie un madrigal, une chanson; c'en est assez pour être un ennemi de Voltaire. Montesquieu, après tout, n'a fait que de la prose; M. Jourdain en fait aussi; mais à moins d'avoir manié le ciseau, le pinceau, comment peut-on être offusqué de la gloire du peintre ou de celle du statuaire? C'est qu'il est une espèce d'hommes naturellement ennemis de tout bien : tout succès les afflige, tout mérite les blesse; ils obscurciraient le soleil, s'ils pouvaient souiller sa lumière.

Entre ces malheureux était un spadassin appelé Rudricour, connu dans les cafés et dans tous les spectacles pour un cabaleur redouté. Il se piquait aussi d'être le fléau des artistes; et tous les jours dans le salon, la lorgnette à la main, il vantait avec arrogance ce que dédaignait tout le monde, et en revanche il dénigrait ce qu'on admirait le plus. Il avait pris sur-tout en haine ce bon Carle Vanloo, de tous les hommes le plus modeste, le plus sensible à la critique, et à qui un simple écolier faisait effacer son ouvrage, s'il avait l'air d'en être mécontent.

Savez-vous, me dit Carle, pourquoi cet homme-là me poursuit avec tant de rage? Je l'ai vu chez moi l'an passé aussi bas complaisant et louangeur aussi outré, qu'il est âcre et mordant critique; mais en feignant d'être amoureux de mon talent, il l'était de ma fille, et il eut l'insolence de lui glisser un jour un billet d'amour dans la main. La pauvre enfant nous apporta ce billet, et nous demanda, à sa mère et à moi, ce que lui voulait ce monsieur? Je vis tout simplement qu'il voulait la séduire, et sans daigner me plaindre, je priai l'amateur de ne plus mettre les pieds chez moi. Il ne me l'a point pardonné.

Je tâchais inutilement d'inspirer à Vanloo, pour cette espèce de gens-là, tout le mépris qu'elle mérite. Ah! me répondait-il, ce sont les Rudricour qui ont fait mourir de chagrin le Moine. Cependant comme il avait pour lui la voix publique et de brillants succès, en l'assurant bien, je calmais un peu ses esprits.

Mais un matin que je l'allais voir, je trouvai le plus beau tableau qu'il eût mis au salon déchiré par lambeaux, et devant ce tableau, sa femme et sa fille éplorées.

Saisi d'étonnement et de douleur, je demande à ces femmes quel est le furieux qui a lacéré ce bel ouvrage. Hélas! me dit la mère, c'est mon mari. — Il est donc fou? — Il l'est de douleur, me dit-elle, et il a bien raison de l'être. Ce malheureux tableau va peut-être coûter la vie à notre plus ancien ami. Pacôme, vous le connaissez, vous l'avez vu chez moi. Ah! M. de Drisac, un père de famille, âgé de cinquante ans, a reçu hier dans un café le plus cruel affront, pour avoir répondu à un méchant appelé Rudricour, qui décriait l'ouvrage de mon mari et son talent, sans même épargner sa personne, l'accusant d'un orgueil outré et d'une haine sourde et basse pour tous ceux de son art qui valaient mieux que lui. Pacôme avait souffert la critique la plus violente contre l'ouvrage de son ami; mais quand le détracteur en vint à des injures personnelles, il le défia de citer un seul fait ni un seul témoin qui appuyât cette calomnie. Ce mot de *calomnie* blessa le calomniateur. Tiens, le voilà le témoin, dit-il en menaçant de frapper le bonhomme; et celui-ci, au moment de l'insulte, se trouvant désarmé, n'en put tirer vengeance; mais, hélas! depuis hier au soir, sa femme et ses enfants ont beau vouloir le retenir, il veut mourir ou se venger. Son fils veut mourir avant lui. Ce n'est pas tout; mon mari pense que c'est à lui de venger son ami, et dans ce moment il est là qui prépare ses pistolets. Plein d'une fureur sombre, il nous a rebutées, sa fille et moi; il ne veut plus nous voir que cet affront ne soit lavé.

En écoutant ce funeste récit, Bagieux me vint dans la pensée. J'allai droit à Vanloo, et le forçai de m'ouvrir la porte du cabinet où il était seul enfermé, et lui voyant charger ses pistolets: Que faites-vous? lui dis-je, et ne voyez-vous pas que c'est à l'indignation publique et au mépris que ce vil garnement doit être abandonné. — Non, M. de Drisac, me dit-il, non : si c'était un lâche, à la bonne heure; mais puisque le plus malhonnête des hommes n'en est pas moins ce qu'on appelle parmi vous un homme de cœur, je saurai s'il en a, et s'il est aussi brave qu'il est insolent et cruel.

Comme il disait ces mots, nous vîmes Rudricour passant sous nos fenêtres pour aller au salon, la tête haute, le regard insultant, le chapeau sur les yeux, une longue épée au côté. Le voilà, me dit Carle : à son retour du salon, je l'attends; vous me servirez de témoin.

Je n'avais guère plus de confiance aux pistolets de Carle qu'à l'épée du bon Pacôme; mais le moyen de retenir un homme à qui le sang bout dans les veines! Il me pria de le laisser sortir d'un ton à ne plus me permettre de l'arrêter; je parus lui céder, et me contentai de le suivre. Mais en sortant du cabinet, ah! quelle scène! quel tableau! et comme il l'aurait peint lui-même! sa femme, son aimable fille, l'une à ses pieds, l'autre à son cou, l'enchaînant de leurs bras, avec des cris, avec des larmes, avec ces mots de la nature qui transpercent le cœur... Carle y était insensible. Mon ami, disait-il, mon ami est déshonoré; il faut que je le venge ou que je meure, et il s'arrachait de leurs bras. Sa femme tombe évanouie, sa faible et tendre enfant lui résistait encore; elle avait découvert les pistolets cachés sous l'habit de son père, et, oubliant les frayeurs de son âge, elle voulait, par un dernier effort, le désarmer. Que fais-tu, lui dit-il, ma fille? ils sont chargés, et si l'un des deux part, tu vas tuer ton père! Elle tomba sans couleur et sans mouvement.

Oh ça, mon cher Carle, lui dis-je, vous pensez en brave homme, il n'y a pas moyen de le dissimuler; mais vous allez agir en fanfaron, si en abordant votre homme au sortir du salon, vous le provoquez en public; car ce sera paraître vouloir qu'on vous sépare. Voulez-vous me laisser vous l'amener, sans bruit, en quelque lieu où vous serez plus à votre aise? — Fort bien, me dit-il avec joie, c'est ce que je demande. — Tenez-vous donc tranquille, et quand vous nous verrez passer, vous nous suivrez. En attendant, allez secourir vos deux femmes; moi, je vais monter au salon.

En effet j'y montai, et dans la foule je vis mon homme, sa lorgnette à l'œil droit, parcourant les tableaux, et parlant des plus admirables avec un insolent mépris, au grand scandale de trois jeunes artistes qui le suivaient des yeux, indignés de son impudence. Je m'approche et me place auprès de lui, tant soit peu en arrière, pour engager le dialogue. Je lui entends dire d'un tableau de Vernet : Enluminure d'éventail. Et moi, je dis : Quelle beauté! quelle vérité de couleur!

qui jamais a mieux peint le ciel, l'eau, l'air et la lumière? Il me regarde du haut en bas, et s'avançant, il dit d'un tableau de Deshaies : C'est de l'art sans talent; et moi : Ce n'est que du génie. Il lorgne un tableau de Vien, et dit : Ouvrage d'écolier; et moi je lui riposte : D'écolier rival des grands maîtres. Il dit d'un Lagrenais : Cela est froid et maniéré. Oui, dis-je, froid comme l'Albane, maniéré comme le Corrège. Enfin apercevant le vide du tableau de Vanloo : Il a bien fait de l'ôter, dit-il en souriant, il n'y avait rien de si plat; et moi : Il a mal fait, il n'y avait rien de si sublime.

Mes répliques l'impatientaient. Il me regarde sur l'épaule une seconde fois, et dit : L'importun voisinage que celui d'un sot! et moi : La fâcheuse rencontre que celle d'un fat! Alors il se retourne, et me prenant pour un écolier, il me donne une croquignole. Je ne remuai point, et sans faire aucun bruit, je mis mon chapeau sur ma tête. Monsieur, lui dis-je, vous voyez cette cocarde? — Oui, je la vois. — Eh donc? — Eh donc? répliqua-t-il en me contrefaisant. Messieurs, dis-je à mes trois artistes qu'étonnait ma tranquillité, voulez-vous venir faire un tour? Tous les matins avant dîner, je prends l'air aux Champs-Élysées; cela me met en appétit. Je m'y promène aussi quelquefois, dit mon homme; l'exercice me fait du bien. A l'instant je sortis avec mes jeunes gens, à qui les yeux pétillaient de colère.

Vanloo m'attendait au passage. — Eh bien! notre homme? — Il va nous suivre; rendons-nous aux Champs-Élysées. Chemin faisant, Vanloo instruisit les artistes de l'aventure de Pacôme; mais il ne sut rien de la mienne; je les avais priés de n'en pas dire un mot.

Rudricour ne se fit pas attendre, et en arrivant, nous le vîmes s'avancer par une autre allée; mais Pacôme et son fils, qui sans doute l'avaient guetté, le suivaient à peu de distance, le chapeau sur la tête et l'épée au côté, *pécaïr!* c'était pour la première fois. Ah! me dit Carle en les voyant, délivrez-moi de ces deux hommes-là, ils vont se faire tuer. Nous allâmes les joindre.

Tout beau, messieurs, leur dis-je, quand nous fûmes ensemble; chacun de nous ici a sa propre querelle à vider; car, ne vous déplaise, je viens d'avoir aussi la mienne, et notre commun adversaire commencera par moi, si vous le trouvez bon. — Vous, monsieur? me dit Carle; vous n'êtes ici que témoin. Je pénètre votre intention, et sens tout ce que je vous dois; mais n'allez pas plus loin, et croyez que sans vous nous saurons laver notre injure. — Votre injure, fort bien, lui dis-je; mais la mienne? — La vôtre? — Eh oui, ma croquignole. Est-ce vous qui l'avez reçue? est-ce vous qui la vengerez? Il ne m'entendait pas. Je lui expliquai le fait. Il voulut en douter encore; mais j'avais là mes témoins. Ce n'est donc pas pour vous, lui dis-je, c'est pour moi que j'ai prié ce galant homme de venir faire un tour de promenade ; et puisque c'est moi qui l'invite, c'est à moi de le recevoir. Je ne serai pas long, et dans quelques minutes, je vous le livre mort ou vif.

Rudricour s'impatientait ; excusez-moi, lui dis-je en l'abordant : j'ai perdu là quelques minutes ; mais ces messieurs me disputaient la préséance, il a fallu leur faire entendre qu'elle m'appartenait. Ils m'ont cédé le pas ; maintenant je suis tout à vous.

Je vois, dit-il avec un sourire insultant, que j'ai plus d'une affaire ce matin ; expédions la vôtre.

A l'instant il tira une épée longue d'une aune ; moi, je tirai aussi ma petite épée, encore vierge, car je n'avais jamais dans ma jeunesse badiné qu'avec le fleuret.

Nous commençons par nous escrimer, comme en nous agaçant l'un l'autre ; mais tout-à-coup il me détache une botte effroyable qui allait me percer d'outre en outre ; heureusement ma lame fit décliner la sienne de la ligne de direction ; en même temps, comme il s'allongeait, et qu'en parant je ripostai, son œil droit, se trouvant au bout de mon épée, s'enfila de lui-même. Apparemment la douleur fut vive, car il pâlit ; et laissant tomber son épée, il alla s'appuyer contre un arbre voisin.

Mes amis, qui le crurent mortellement blessé,

voulurent accourir. Non, leur dis-je, il est plein de vie; il n'a perdu que son mauvais œil; laissez-moi lui parler; j'ai encore deux mots à lui dire; et en relevant son épée, j'allai à lui. Vous devez en avoir assez, lui dis-je; et moi, pour ce qui me concerne, je suis content; mais voici un brave homme que vous avez gratuitement et cruellement offensé; c'est à lui, s'il vous plaît, qu'il faut venir demander pardon, et mettre à ses pieds votre épée. A ces mots, il me regarda de son œil gauche avec fureur, et répondit qu'il n'en ferait rien, qu'il était sans défense, que je n'avais qu'à le tuer. Je ne vous tuerai point, lui dis-je; mais si vous refusez une réparation si juste, et cependant si douce, de l'outrage le plus sanglant, vous êtes indigne de voir le jour; et vous n'avez qu'à vous mettre en garde, car je vais vous percer l'autre œil et vous mener aux Quinze-Vingts. Il entendit raison, et le bon Carle et les deux Pacôme, en le voyant dans ce piteux état leur rendre son épée, en furent émus de pitié. Les trois jeunes artistes n'étaient pas si compatissants; et en se rappelant l'œil dédaigneux de la lorgnette, cet œil-là, disaient-ils, n'insultera plus les talents : Dieu l'a puni par où il a péché.

Voulez-vous, leur dis-je, admirer davantage l'équité de la Providence? Apprenez que ce même bras qui vient de venger mon ami Carle et ses amis, c'est Carle qui me l'a sauvé. Je leur contai mon aventure de Laufeld; ils furent charmés de m'entendre; et voilà, disaient-ils, comme un bienfait n'est jamais perdu.

En conversant ainsi, nous nous avancions vers le Louvre, bien contents d'aller consoler deux familles au désespoir. Tout-à-coup un garde m'arrête et me dit de le suivre; quelqu'un de loin sans doute avait vu le combat et nous avait trahis. Ne craignez rien, me dirent les trois jeunes artistes, nous sommes vos témoins, et ils m'accompagnèrent jusqu'à la prison. Carle et les deux Pacôme voulaient me suivre aussi, quoique plus effrayés que moi. Non, leur dis-je, gardez-vous bien de vous mêler dans cette affaire; je m'en tirerai; laissez-moi, et allez rassurer vos femmes.

Les trois témoins furent ouïs; je fus interrogé moi-même; et ne voyant dans tout cela qu'une insulte, qu'une rencontre et qu'un insolent châtié, l'officier chargé d'en instruire m'assura que le tribunal ne me laisserait pas languir.

Me voilà donc entre quatre murailles, le cœur plein d'une joie que je ne puis vous exprimer.

J'avais forcé Pacôme à recevoir et à garder l'épée que Rudricour avait mise à ses pieds; c'était pour son honneur un témoignage irréprochable. Carle était rendu à sa femme et à sa chère enfant. Consolés, délivrés du plus violent chagrin et des frayeurs les plus cruelles, ils étaient contents, pleins de joie, heureux dans les bras l'un de l'autre. Je voyais tout cela du fond de ma prison, et j'y respirais l'air le plus suave, le plus pur que j'aie respiré de ma vie.

Ah! je le crois, dit Juliette; mais vous fûtes encore bien plus heureux, je gage, dans votre prison, lorsque vous vîtes arriver deux familles si soulagées et si ravies de vous devoir ce qu'elles avaient de plus cher.

Rien n'est plus vrai, mademoiselle; il n'y a point de spectacle ravissant comme celui-là. Dans le séjour du crime, de la honte, et de la douleur, je me crus dans le Ciel. Figurez-vous que la tendre Carline m'embrassait, me baignait de larmes, et couvrait mes mains de baisers. Eh bien, c'était le moins touchant des objets de ma jouissance. Sa mère! ah! les yeux de sa mère! c'est ce qu'il fallait voir! et son amie! la femme de Pacôme; et deux jeunes sœurs de son fils! il n'y a point de couleur pour peindre tout cela. Oh! bienheureuse croquignole! disais-je en moi même, sans toi je n'aurais jamais soupçonné cet excès de bonheur! J'en étais enivré. Je les embrassais pêle-mêle, et je pleurais comme un enfant.

Je finis par les rassurer sur ma situation; et quand tout fut calmé : M. de Drisac, me dit Carle, vous avez, j'en suis sûr, sollicité une querelle, un affront, pour venger le nôtre. — Mon ami, quand cela serait, vous savez bien, lui disje, que ce bras est à vous, ne me l'avez-vous pas sauvé? Il serait donc bien juste que votre bras vous eût servi; mais j'ai été insulté moimême, sans autre cause, je vous le jure, que d'avoir opposé le bien au mal, en louant des talents dont Rudricour parlait avec mépris. Au reste, le voilà corrigé, je l'espère; et s'il regarde encore les ouvrages des grands artistes, ce ne sera plus du même œil.

Vous pensez bien qu'en me quittant, Carle mit tout en mouvement pour me tirer de là. Il avait des amis, ils agirent avec chaleur; et dès le lendemain, le maréchal de N... me fit venir chez lui. Je lui contai naïvement tout ce que je viens de vous dire, hormis le rendez-vous que je dissimulai.

Vous êtes un brave homme, un véritable ami, me dit ce généreux vieillard. Je prendrai soin de vous; et il me tint parole : je lui dus mon avancement. Mais ce qui m'a été plus cher que ma fortune, c'est l'amitié de deux familles qui m'ont toujours chéri et choyé dans leur sein, les uns avec l'affection dont les enfants aiment leur père; les autres avec la tendresse dont un père aime ses enfants.

NORLIS.

J'ai bien aussi ma petite aventure à raconter, dit la bonne madame de Norlis; mais un scrupule me retient : c'est de savoir si, à vingt-cinq ans d'intervalle, on peut, sans vanité, dire de soi le bien que l'on dirait d'un autre : c'est un cas de conscience que je donne à résoudre à monsieur le curé. A cette distance de soi on est si peu soi-même, répondit le bon homme, que

l'amour-propre n'y est presque plus pour rien.
N'ai-je pas dit de ma jeunesse le peu de bien
que j'en savais? J'en vais faire autant, reprit-elle.

Je suis d'un pays où le mariage n'est pas une
chaîne indissoluble, et où le divorce est permis
du consentement libre et mutuel des deux époux.
Cependant comme l'inconstance n'était point dans
mon caractère, et que la seule idée de revoir
dans le monde un homme qui, après avoir été
la moitié de moi-même, ne me serait plus rien,
blessait mon imagination, je mis dans mon engagement toute la réflexion dont ma jeunesse
était capable; et j'examinai moins si celui qu'on
me proposait pour époux était fait pour me plaire,
que si j'étais moi-même celle qui devait captiver
son cœur et le posséder pleinement.

Je crus voir en effet dans M. de Norlis une
ame susceptible des sentiments qu'avec un peu
de soin je croyais pouvoir inspirer. Il me voyait
avec plaisir, m'écoutait avec complaisance, goûtait le tour naïf et simple de ma pensée, avait
l'air de me consulter; et sur tous les objets qui
intéressaient notre âge, nos goûts étaient d'accord. Ainsi ma plus chère espérance, celle de son
bonheur, qui serait mon ouvrage, se fortifiait
tous les jours; et, à vrai dire, cette espérance tenait un peu de l'illusion qu'on se fait à soi-même,
quand ce que l'on espère est ce qu'on désire le
plus. J'aimais sans savoir que j'aimais.

Dans le choix que l'on me permit, Norlis eut

donc la préférence, et cinq ans de l'union la plus paisible et la plus tendre me firent bénir le moment où je m'étais donnée à lui.

Deux enfants, un fils son image, une fille qu'il aimait, disait-il, de prédilection parce qu'elle me ressemblait, resserraient encore nos liens, et je me croyais aussi sûre de mon mari que de moi-même, quand tout-à-coup je le vis changer, se refroidir, me négliger, s'éloigner même de sa femme et de ses enfants. Je dissimulai ma douleur, mais j'en cherchai la cause; et j'appris qu'il rendait les soins les plus assidus à une jeune veuve, dont on me vantait la sagesse, mais dont on me faisait redouter les attraits.

Madame de Velbac, plutôt jolie que belle, ayant dans la figure cette piquante irrégularité qui semble être un caprice de la nature, et qui compose ce qu'on appelle un visage de fantaisie, mais bien plus séduisante encore par son esprit et par son caractère, avait enchanté mon époux.

A tout ce que le naturel a de plus attrayant dans une jeune femme, elle joignait un art qui m'était inconnu, l'art de se jouer à son gré des désirs et des espérances. Honnête cependant et sévère dans ses principes, elle disait à qui voulait l'entendre, que l'homme qui oserait compter sur sa faiblesse serait un fat; que, quoiqu'elle eût aimé et pleuré son mari, elle ne s'était pas engagée à mourir fidèle à son ombre; qu'à son âge il y aurait de la folie à s'imposer une si dure loi, et qu'elle n'estimait pas assez ce faste de vertu pour y mettre sa gloire; qu'elle voulait donc bien que tout le monde sût que son cœur était libre et pouvait se donner encore; mais que sa liberté était d'un prix auquel on n'atteindrait pas aisément.

Mon mari, dont l'état et la fortune auraient été à sa bienséance, lui convenait assez lui-même pour lui faire envier mon sort; mais cette envie, ou trop légère, ou trop adroite pour se montrer, ne laissait voir dans le cœur de la jeune veuve qu'une fierté jalouse de son indépendance, et qu'une vertu dont jamais aucune séduction n'aurait pu triompher.

Enfin quand elle fut bien assurée de son empire : Êtes-vous insensé, disait-elle à Norlis (car j'ai su tout cela depuis), êtes-vous insensé de me parler d'amour? vous, le mari d'une femme aimable et vertueuse, me croyez-vous moins estimable qu'elle? et ne craignez-vous pas vous-même d'être méprisable à mes yeux, en m'apportant l'hommage d'un sentiment qui lui est dû, et qu'elle mérite si bien?

Il rougissait, il s'accusait de folie et d'égarement; il avouait qu'il était injuste. Mais enfin, disait-il, comme disent les infidèles, qui peut commander à son cœur? Oh bien! moi, je commande au mien, lui répondait madame de Velbac, et je lui commande d'un ton qu'il n'aimera jamais, j'en suis bien sûre, que ce qu'il lui sera permis et glorieux d'aimer. Vous, Norlis, par exemple, je suppose que vous fussiez l'homme du monde dont la figure, le langage, le caractère, en un mot, le *je ne sais quoi*, me préviendraient le plus; un seul article détruirait tout : vous avez une femme. Après cela, réunissez l'esprit d'Ovide et le cœur de Tibulle, la beauté, la galanterie, les agréments d'Alcibiade; je ne vous crains non plus que le sot qui m'ennuie, ou que le galant fade et langoureux qui me déplaît.

Ainsi se passaient leurs tête-à-tête. Mais en public et devant lui, elle jetait légèrement dans ses propos des maximes qui étaient pour lui autant d'avis et de leçons, et qui ranimaient dans son cœur l'espérance découragée; l'éloge du divorce, la témérité d'un engagement perpétuel et irrévocable, la folle obstination de s'ennuyer ensemble, de se gêner l'un l'autre quand on ne s'aimait plus, la mauvaise foi des époux qui se trompaient mutuellement par de faux semblants de tendresse, l'excuse enfin d'un changement auquel on avait dû s'attendre, et qui, n'étant pas volontaire, devenait innocent dès que l'on en faisait l'aveu; tels étaient les propos qui semblaient lui échapper. Mais quelquefois d'un ton plus ferme : Ce que deux ames se doivent l'une à l'autre, disait-elle, c'est une pleine sincérité; et de tous les genres d'hypocrisie, la plus odieuse est celle de l'amour. Je sais bien que dans une femme la pudeur peut servir d'excuse à la dissimulation; mais la fausseté dans un homme ne peut être qu'une bassesse; et c'est un hommage qu'on doit à la beauté, à la vertu, à l'innocente crédulité d'une épouse qu'on n'aime plus, que de s'avouer indigne d'elle, et de lui rendre cette liberté dont elle n'obtient plus le prix.

Ces leçons étaient recueillies comme de précieux oracles; et la conclusion qu'en tira mon mari fut qu'il serait malheureux et coupable tant qu'il ne m'aurait pas tirée de l'illusion où j'étais encore, en m'instruisant de l'état de son cœur. Dès-lors il songeait au divorce; mais n'étant pas assez cruel, assez résolument injuste pour me le proposer, il voulait m'engager à le lui demander moi-même. Heureusement je fus instruite des propos que tenait madame de Velbac, et j'en pénétrai l'intention. Alors, recueillie en moi-même, seule avec mes enfants, je consultai mes forces, ma raison, mon courage, et sur-tout mon cœur, car c'était avec lui qu'il fallait me mettre d'accord.

Je ne suis plus aimée, me disais-je en pleurant; et ce qui est plus cruel encore, celui que j'aime, à qui je suis unie, a dans le cœur un autre amour. Instruite de son inconstance, je n'ai qu'à vouloir que ces nœuds, qui lui pèsent sans doute, soient rompus; ils vont l'être. Mais puis-je vouloir qu'ils le soient? puis-je vouloir que la loi divise entre nous, comme une dépouille, les fruits d'une sainte union; qu'ils soient privés, l'une d'un père et l'autre d'une mère; et tous les deux peut-être négligés, rebutés par une jalouse marâtre? Non, mes enfants, disais-je en les embrassant l'un et l'autre, je n'y consentirai jamais. C'est vous qui les serrez ces nœuds sacrés qui nous unissent; ils ne seront jamais brisés de mon aveu; je croirais vous rendre orphelins. J'aurai peut-être bien à souffrir; mais ce sera pour vous, et votre vue adoucira mes peines. Je serais trop dénaturée, si l'amour-propre dans mon cœur balançait l'amour maternel.

Cependant mon mari cherchait l'occasion de se délivrer du reproche qu'il se faisait de me tromper; et il prit pour cela un de ces moments où mon cœur, par des effusions de tendresse, tâchait de ranimer le sien. Il est donc vrai, me dit-il froidement, que vous m'aimez encore? Pouvez-vous me le demander, lui dis-je, et n'en êtes-vous pas bien sûr? — Quoi, de même, et autant que vous m'avez aimé? — Oui, de même, et assez encore pour ne désirer rien au monde que de vous plaire et de vous rendre heureux. — Oh! pour le soin de me rendre heureux, dit-il, je n'en saurais douter. Mais j'avouerai que plus j'observe ce qui se passe en moi, et plus j'ai peine à croire à un amour que cinq ans de bonheur n'auraient point affaibli.

Il est assez naturel, lui dis-je, que votre amour n'ait pas gardé l'inaltérable égalité du mien; car rien de très-vif n'est durable; mais à-présent qu'il est plus modéré, il sera plus constant, et n'en aura pas moins de charme et de prix à mes yeux.

Il n'alla pas plus loin; mais un jour que le voyant triste, je lui en demandai la cause. — Que voulez-vous que je vous dise? Je suis mécontent de moi-même; car enfin je suis juste, et je sens que je n'aurais jamais dû changer. J'essayai, par mon indulgence, d'adoucir pour lui et pour moi l'amertume de cet aveu. Eh non, madame, non, me dit-il avec impatience, jeune et belle comme vous l'êtes, vous méritez un autre sentiment qu'une simple et froide amitié. Ces mots me pénétrèrent jusqu'au fond de l'ame; mais retenant mes larmes prêtes à s'échapper : Ah! conservez-la moi, lui dis-je, cette amitié pure et sensible qui me consolera de tout. Après m'être vue adorée, je ne serai plus que chérie; mais n'est-ce pas encore assez, si je le suis toujours? Les enchantements de l'amour sont des songes trop fugitifs. C'est un sentiment doux et tendre, un sentiment inaltérable et durable comme la vie que je demande à mon époux; et l'amour ne l'est pas.

L'amour, me dit-il, n'a jamais été content de cet échange; et vous m'aimez bien peu vous-même, si vous me pardonnez de vous aimer ainsi.

Je vous aime, lui dis-je, plus que ma vie, et autant que je puis aimer : voilà ce que je sais.

Que d'autres analysent un sentiment qu'elles n'ont pas; je me livre à celui que j'ai; il fait mon bonheur et ma gloire; et je le chérirais encore quand même il ferait mon tourment. Du reste, je suis sûre de la bonté de votre cœur. Vous ne serez jamais assez injuste pour me refuser votre estime, jamais assez cruel pour ne pas m'accorder la tendre bienveillance qu'on ne peut refuser à qui n'existe que pour nous, et cela me suffit.

Mais enfin, me dit-il, un mari dissipé ne saurait plus vous rendre heureuse; et je prévois que la solitude aura pour vous bien des ennuis. N'en soyez pas en peine, lui dis-je avec douceur. Mes enfants sont déja pour moi une compagnie amusante; ils occuperont tous mes soins; et puis mes livres, mon ménage, votre idée, et vous quelquefois, mon ami, c'est assez.

Je le vis confus et rêveur; et après quelques minutes de silence : Quelle contrariété, dit-il, quel caprice de la nature! et que devrait-on plus aimer que ce qu'on estime le plus? A ces mots, il sortit, et je fis venir mes enfants.

D'abord immobile et muette, les yeux attachés sur leurs yeux, je m'abreuvai, pour ainsi dire, de la douceur de leurs regards, et je sentis toutes les plaies de mon cœur arrosées comme d'un baume salutaire. Après cela, témoin de leurs amusements et de leur innocente joie : cette joie sera la mienne, me disais-je en pleurant, et je serai du moins heureuse encore de leur bonheur.

Tandis que je me soulageais par ces réflexions et par de douces larmes, mon mari allait dissiper auprès de ma rivale le trouble où je l'avais plongé. Enfin, lui dit-il, je n'ai plus à m'accuser de dissimulation envers une femme estimable. Je viens de lui avouer que je ne l'aime plus. — Qu'a-t-elle répondu à ces douces paroles? — Qu'elle se réduisait à la simple amitié. — Fort bien; elle s'y attendait; et son ame fière et paisible n'a pas daigné s'en émouvoir. J'entends cela. Cinq ans d'amour et de bonheur peuvent laisser dans l'ame une philosophie que ne dérange point l'indifférence d'un époux. Et puis un nom, un état, des enfants, une fortune considérable, l'opulence d'une maison où l'on commande en souveraine, tout cela fortifie contre les revers de l'amour. Cependant vous voilà vis-à-vis l'un de l'autre bien décontenancés! quel triste tête-à-tête! et quel rôle allez-vous jouer?

Oh! non, dit-il, après avoir rompu le charme, il n'y a plus moyen d'y tenir. Ce serait passer l'un et l'autre d'un palais enchanté dans un affreux désert. Dès que les mots en sont dits, le divorce est inévitable. Ma foi, reprit madame de Velbac, c'en serait déja fait si j'avais été à sa place. Juste Ciel! un mari qui ose vous dire en face qu'il ne vous aime plus! c'est un blasphême après lequel il faut sortir bien vîte du temple de l'hymen, ou s'exposer à la colère d'un dieu qui ne pardonne point, et dont la vengeance est terrible.

Dès que la jeune veuve me sut bien avertie que j'étais délaissée, elle eut la bonté de vouloir m'envoyer des consolateurs. Dans sa société un bruit mystérieux annonçait mon prochain divorce; et en même temps des éloges sur ma figure et sur mon caractère donnaient envie de succéder à l'époux que j'allais quitter. Il m'arriva des aspirants que je voyais empressés à me plaire, sans me douter encore du dessein qui les amenait.

De ce nombre fut un Anglais, d'une figure noble et douce, et d'une mélancolie intéressante; car elle était mêlée de candeur et de loyauté. Il s'appelait milord Altmon. Il se fit présenter chez moi, et y vint plus souvent que je n'aurais voulu, m'observant beaucoup, parlant peu, et ayant l'air de désirer de se trouver avec moi tête à tête.

Un jour enfin que j'étais seule : Madame, me dit-il, j'estime infiniment la sincérité dans les femmes, et je vous crois douée de cette qualité. Parlez-moi donc sincèrement; que pensez-vous de moi? Ne me trouvez-vous pas bien triste et bien maussade? Maussade, non, lui dis-je; mais triste, il est vrai que vous l'êtes. Savez-vous pourquoi, me dit-il? c'est que rien dans le monde ne m'attache à la vie. Mon cœur languit et se dessèche comme une plante qui n'a point de racines. Ma famille est éteinte; me voilà jeune, et seul. Je chéris ma patrie, je donnerais mon sang pour elle; eh bien, je ne puis m'y souffrir. J'attribuais cet ennui au climat; j'ai cherché un soleil plus pur, un ciel plus doux, et j'en ai joui quelque temps; mais bientôt je ne sais quel nuage en a obscurci la lumière. Ah! le nuage est dans mon ame; c'est le froid dont elle est saisie qui condense autour d'elle cet amas de vapeurs. (Je me souviens de ces paroles dont la nouveauté m'étonna).

Eh quoi! lui dis-je, dans l'âge des plaisirs, rien n'a pu vous tirer de cette indifférence? Le plaisir de la bienfaisance m'a ému quelquefois; mais, dit-il, ce plaisir n'a que des instants dans la vie : quand on a fait du bien, l'on ne s'en souvient plus. Les plaisirs de la vanité me semblent tous des jeux d'enfants; ceux de l'avarice ne sont pardonnables qu'à la vieillesse; ceux de l'ambition coûtent plus qu'ils ne valent. Je méprise la fausse gloire; la véritable est rare et trop chère pour moi. L'estime est nécessaire et j'en fais cas; mais j'en suis peu flatté : c'est comme l'air que je respire, un besoin sans plaisir. Quant à ces fantaisies que la richesse engendre dans un esprit malade de satiété et de langueur, j'en ai vainement essayé. Je n'ai jamais pu m'applaudir de la vitesse de mes chevaux de course. Dans mes jardins j'ai promené des idées mélancoliques, et ma pensée a flétri mes gazons. Après avoir acquis les chefs-d'œuvre de l'art en peinture, en sculpture, et en avoir froidement admiré les beautés, je les ai livrés aux passants. Je ne vous parle point des goûts que la vénalité de leur objet dégrade : rien de vil ne peut me toucher.

Et l'amitié? lui demandai-je. — Ah, l'amitié! je l'ai trouvée dans de beaux livres, me dit-il; mais ces livres eux-mêmes en parlent comme du phénix. J'y ai trouvé de même, ajouta-t-il, les charmes de l'amour, et pour ceux-là, j'y crois; mais le désir qui m'en est resté s'est éteint manque d'aliment. Et comment voulez-vous qu'on ose aimer, lorsque soi-même on sent que l'on n'est pas aimable? On le devient, lui dis-je, par le désir de plaire. Oui, madame; mais ce désir doit être nourri d'espérance; et cette espérance, qui seule me rattacherait à la vie, je ne l'ai jamais eue, je l'ai moins que jamais. A ces mots il baissa les yeux.

Je vous conseille, lui dis-je, de ne pas vous décourager. Vous êtes fait pour inspirer à une femme aimable et vertueuse une inclination que vous partagerez. L'amour ranimera ce cœur que vous croyez éteint; et dès qu'au bonheur d'être époux se joindra celui d'être père, c'est alors que vous sentirez se renouer pour vous tous les liens les plus doux de la vie.

Hélas! s'écria-t-il, c'est tout ce que j'ambitionne. Mais cette espérance charmante que vous voulez que je conçoive, c'est à vous de me la donner. A moi, milord! — A vous, madame, et à vous seule. Je sais que vous et M. de Norlis allez faire divorce, je le sais de bon lieu, et c'est ce qui m'a fait penser à me substituer à lui. Je ne suis point galant, je ne connais point l'art de tourner avec gentillesse une déclaration d'amour; mais vous êtes la femme du monde que je serais le plus content de posséder et le plus fier de rendre heureuse. J'ai dix mille livres sterling de rente à vous offrir, avec un cœur qui n'a jamais aimé, qui n'aimera jamais que vous : voyez si cela vous convient. Je suis flattée de cette offrande ; mais, lui dis-je, milord, on s'est joué de nous en vous parlant de mon divorce. Je n'y ai jamais pensé; et mon mari, à ce que j'espère, n'y pensera jamais. Oh! pour lui, reprit-il, je suis bien certain qu'il y pense, et je crois même qu'il a fait des conventions préliminaires avec madame de Velbac. Au reste, je ne vous demande qu'une préférence éventuelle ; et si le divorce n'a pas lieu, je retire ma motion. Je voulus savoir où il avait appris la nouvelle de mon divorce. C'est chez madame de Velbac elle-même, me dit-il, et je vous croyais de bon accord ensemble; car elle parle de vous, madame, avec les plus justes éloges; et bienheureux, dit-elle, l'époux qui sentira le prix de votre possession! aussi voyez-vous ses amis s'empresser de s'offrir à vous, et se disputer votre choix.

J'assurai bien milord que mon divorce ne serait jamais qu'une fable; et avec lui tous mes poursuivants furent poliment éconduits.

L'Anglais ne manqua point de se plaindre qu'on l'eût joué, et d'assurer madame de Velbac que rien n'était plus loin de ma pensée que ce divorce imaginaire.

Voilà donc, dit-elle à Norlis d'un ton moqueur, comme vous allez être remis en liberté? Non, monsieur, je vous l'ai prédit, lorsqu'on tient dans ses chaînes un captif tel que vous, on ne lui permet pas de les rompre et de s'échapper. Vous êtes condamné à des amours perpétuelles.

Je le revoyais tous les jours plus triste et plus préoccupé. Est-il vrai, me demanda-t-il, que vous avez remué l'ame de ce bon lord Altmon, et qu'il ne tient qu'à vous de guérir sa mélancolie? De telles guérisons, lui dis-je, ne sont pas réservées à des femmes d'un caractère aussi uni, aussi paisible et aussi simple que le mien, c'est le prodige de l'art de plaire que d'échauffer un cœur glacé : c'est avec des grâces légères et de brillants caprices; c'est par une piquante diversité d'humeur, par une extrême mobilité d'imagination, par un adroit mélange de douceur, de fierté, de rigueur et de complaisance, qu'on ranime les étincelles de ce feu qu'on appelle amour; et si j'avais tous ces dons-là ce ne serait pas pour émouvoir le cœur de lord Altmon que je voudrais en faire usage. Si cet homme-là, me dit-il, aime une fois, ce sera pour la vie. Oui, je le crois, lui dis-je; et bienheureuse sera la femme qu'il aimera! — Il possède des biens immenses. — Je le sais. — Il est pair d'Angleterre. — C'est encore un grand avantage. — Il est jeune, bien fait, d'une probité rare, d'un naturel plein de douceur, de bonté, de noblesse; je ne sais pas pourquoi l'on dédaigne cet homme-là. Assurément, lui dis-je, il ne sera point dédaigné; et je crois voir d'ici la femme qui fera gloire de sa conquête. Elle joint à l'art de séduire tous les dons de charmer; elle est vive, attrayante, elle sait réveiller les désirs par les craintes, et les soins par les jalousies : elle est faite exprès pour retirer milord Altmon de sa langueur; et je la crois digne de lui. — Et quelle est-elle, demanda-t-il, cette coquette raffinée? — Oh! c'est là le secret de ma pénétration. Quand il l'épousera, je vous dirai, c'est elle; jusque-là, s'il vous plaît, je vous la laisse à deviner.

Ne croyez-vous pas que c'est moi? lui dit madame de Velbac, lorsqu'il lui raconta notre conversation. Oui, c'est moi qu'elle a voulu peindre.

Hé bien, monsieur, puisqu'elle présume si bien du pouvoir de mes artifices, il faut lui apprendre qu'elle a raison. Tant qu'elle vous croit le cœur libre, il est tout simple qu'elle espère le ramener dans ses liens. C'est de cette espérance qu'il faut la détacher, et s'il est vrai qu'elle ait une rivale aimée, c'est là ce qu'il faut qu'elle sache. Elle est trop estimable pour ne pas mériter cet aveu : Vous le lui devez, vous vous le devez à vous-même. — Et vous, madame, permettez-vous que je lui nomme sa rivale? — Tout comme il vous plaira. Mais non, je ne suis pas encore assez sûre de vous, ni peut-être aussi de moi-même, ajouta-t-elle en riant : que sait-on? Je puis, du soir au lendemain, trouver un homme encore plus séduisant, plus dangereux que vous, un milord Altmon, par exemple. Croyez-moi, ne me nommez point que nous ne soyons à l'autel.

Mon mari vint, et me trouva faisant dire à ma fille sa petite leçon. Venez, lui dis-je, écoutez-la, comme elle commence à bien lire, et baisez-la pour sa récompense. Il la baisa, et je vis ses yeux se mouiller.

Durant la leçon, il tomba dans un fauteuil, se releva, se promena dans le salon, à pas pressés, mais en silence, et le cœur agité; puis tout-à-coup il sort, et il va s'enfermer chez lui. Enfin, après de longs combats avec lui-même, il retourne chez ma rivale, s'avouer faible et sans courage, pour me parler à cœur ouvert. J'ai pitié de vous, lui dit-elle, et je vois bien qu'il faut que je vienne à votre aide, car sans cela jamais nous n'arriverions au dénouement.

Le soir, une lettre anonyme fut remise à Paulette, ma femme de chambre affidée, comme venant d'une de mes amies. Je la reçus, et j'y lus ces mots :

« Est-ce à madame de Norlis d'être trahie et
« d'être abandonnée ? Ignore-t-elle, ou dissimule-
« t-elle l'inconstance de son époux ? et le cœur
« plein d'un autre amour, peut-il lui en imposer
« encore ? ou bien a-t-elle assez peu d'orgueil et
« de courage pour n'oser demander à rompre ses
« liens ? »

Je ne doutai pas que ce billet ne vînt de ma rivale ; et comme il provoquait une résolution décisive, je ne voulus pas l'éluder. Norlis, nous faisons des jaloux, lui dis-je en le voyant. Tenez, lisez ce que m'écrivent de bons amis. Il lut, en jouant la surprise : Que pensez-vous, me demanda-t-il, de cet avis officieux ? — Vous le voyez, lui dis-je, à l'air dont je vous en fais confidence. — Vous ne croyez donc pas que mon cœur soit capable d'une infidélité ? — Je ne le crois pas impossible. — Et s'il était vrai, me dit-il, en fixant ses yeux sur les miens ? — S'il était vrai, je vous plaindrais. — Et vous renonceriez à moi ? — Oh non. — Après mon crime ! — Ce crime serait une erreur, et je vous la pardonnerais. Pour le coup, c'en est trop, dit-il, en se levant ; et si vous aviez la constance d'être malheureuse avec moi, je n'aurais pas moi-même celle de souffrir que vous le fussiez, et d'en être à-la-fois le témoin et la cause. Vous ne savez donc pas, lui dis-je, qu'il est dans nos devoirs fidèlement remplis, des adoucissements aux peines que nous n'avons point méritées ? La seule qualité de père de mes enfants vous donne un droit inaltérable à ma tendresse; et il ne dépend pas de vous d'y renoncer. En m'unissant à vous, je ne me suis permis ni de vous haïr malheureux, ni de vous délaisser malade. Vous seriez l'un et l'autre, si un fol amour vous égarait : ce serait un délire dont j'attendrais la guérison en y contribuant de tous mes soins et de tout mon pouvoir. — Je serais donc pour vous un objet de pitié ? — Dites de compassion, et de celle qu'un père inspire à sa fille qui veille auprès de son lit de douleur. C'est un sentiment, me dit-il, dont votre mari vous dispense : son mal, si c'en est un, n'est point un accès passager. Je gardai le silence.

Dites-moi, reprit-il, de qui vous tenez ce billet ? — Paulette l'a reçu, elle me l'a remis. — Cette Paulette se mêle ici de tout; et vous auriez pu vous apercevoir qu'elle a le don de me déplaire. Ne différez plus, je vous prie, à me délivrer de sa vue. Il me dit ces mots d'un ton brusque ; et, sans attendre ma réponse, il sortit, oppressé de l'effort qu'il faisait sur lui-même pour paraître injuste et cruel. Je n'eus dans ce moment guère plus de force que lui.

C'était bien peu de chose que le renvoi de cette fille, après tant d'épreuves si douloureuses que j'avais soutenues; ce fut pourtant à celle-ci que je fus prête à succomber. Est-ce là mon mari, disais-je? Quoi, cet homme indulgent, sensible, en qui j'ai vu tant de bonté! en quel état l'a mis ce malheureux amour!

Je fis venir Paulette; et comme elle avait coutume de m'amener mes enfants, je les vis entrer avec elle; j'avais besoin de ce secours. Je commençai par les caresser; car ce n'était jamais qu'en les pressant contre mon cœur que j'y sentais renaître la force et le courage. Enfin, quand ma constance fut un peu raffermie : Paulette, écoutez-moi, lui dis-je; vous savez que je vous veux du bien. Vous m'avez servie avec zèle : je n'ai qu'à me louer de vous; mais, mon enfant, je vous renvoie. Ne m'en demandez pas la cause, je ne tarderai pas à vous placer, et en attendant j'aurai soin de vous.

Paulette, interdite et tremblante, n'eut point de voix pour me répondre; et tout-à-coup fondant en larmes, elle tombe à mes pieds. Mes deux enfants la voyant désolée, sont effrayés de sa douleur, et tous les deux avec des cris perçants, ils se précipitent sur elle. Jamais rien ne m'a plus touchée. Qu'ai-je donc fait, s'écria-t-elle enfin? ah! ma bonne maîtresse! je donnerais pour vous ma vie, le Ciel m'en est témoin; je ne respirais que pour vous; et vous me chassez! malheureuse! qu'ai-je donc fait? qu'ai-je donc fait? non, rien dit-elle, rien! je suis irréprochable. On vous force à me renvoyer; et c'est à vous que l'on se plaît à faire de la peine, je ne le vois que trop. Ah! madame, on voudrait vous faire mourir de chagrin.

Effrayée et confuse de sa pénétration, je lui

imposai silence. Par toute l'amitié que j'ai pour vous, lui dis-je, et que j'aurai toujours, je vous défends, Paulette, de tenir jamais ce langage; et s'il vous en échappe un mot, je vous mépriserai et je vous haïrai autant que j'ai pu vous aimer. Allez-vous-en sans proférer la moindre plainte.

Mon mari la vit s'en aller, comme une criminelle, un voile sur les yeux, un mouchoir sur la bouche, dont elle étouffait ses sanglots. Il ne soutint pas ce spectacle; et se rejetant en arrière comme un homme accablé de remords et de honte : Suis-je assez injuste, assez dur, assez inhumain, s'écria-t-il? est-elle assez soumise et assez patiente? une fille dont je n'ai jamais eu à me plaindre un moment, qui l'a servie avec tendresse, qu'elle aime et dont elle est aimée, je m'avise de demander qu'elle soit renvoyée; elle l'est à l'instant. Il faut pour mon malheur que ma femme ait la vertu d'un ange, et que ce cœur qui devrait l'adorer, soit de glace pour elle et de feu pour une autre; pour une autre qui assurément ne lui ressemble pas. Folie inconcevable! être bizarre et dépravé! Cependant faut-il être malheureux avec elle? Je m'y condamnerais si je devais seul en souffrir. Mais elle-même que d'ennuis, que de larmes, que de plaintes amères n'aurait-elle pas à dévorer? Ah! plus elle serait admirable à mes yeux, plus elle me rendrait odieux à moi-même. C'est une situation horrible à soutenir; et le moyen de m'en tirer? Des procédés indignes! je n'en aurai jamais, jamais je n'en serai capable. Ce fut ainsi qu'il s'en expliqua avec madame de Velbac.

Fi donc! s'écria-t-elle, de mauvais procédés! qui peut en avoir la pensée : Je vous détesterais si vous manquiez jamais aux égards, aux respects que vous devez à votre femme. Se rendre ennuyeux, incommode, savoir être maussade et déplaisant pour se faire quitter, à la bonne heure; cela peut se permettre à un mari, et même à un amant; mais rien au-delà, s'il vous plaît. Ah! ces ressources sont épuisées, dit-il en gémissant. Je n'en crois rien, répliqua-t-elle; et pour la gloire de mon sexe, je suis persuadée que vous vous y êtes mal pris. Madame de Norlis n'aurait jamais souffert que son mari lui déclarât que sa rivale est adorée. J'aurais voulu l'entendre pour le croire.

Vous l'entendrez si vous voulez, lui dit-il; et je ne demande qu'à vous rendre témoin des efforts inutiles que je fais pour me dégager.

Ce défi lui donna un moment à rêver. Eh bien, dit-elle, soit, faites-nous lier connaissance; je vous réponds que si je puis causer un peu à mon aise avec elle, je vous ferai incessamment expédier votre congé.

Je donne tel jour à souper, me dit-il; nous aurons des femmes. Je vous nommerai celles que vous aurez la complaisance d'inviter par billets. De ce nombre sera madame de Velbac; c'est une femme du meilleur ton, très-aimable et très-estimée; vous aurez la bonté de la bien recevoir.

L'humiliation d'être contrainte à bien accueillir ma rivale, me fit frissonner et pâlir. Mais quand je fus livrée à moi-même, il se fit en moi une révolution que je ne puis me rappeler sans étonnement.

La pensée que j'allais me trouver en présence de l'ennemie, et qu'il fallait ou me voir dégrader, ou m'élever au-dessus d'elle et de moi-même, cette alternative pressante m'inspira une force dont je ne me croyais pas capable. Je pris donc ma résolution, et après avoir rempli par mes billets la liste des invitations que mon mari m'avait remise, j'attendis de sang-froid madame de Velbac.

Rien de plus leste et de plus délibéré que son abord; rien de plus naturellement poli que mon accueil; et de mon côté comme du sien, le souper, la conversation qui le suivit, en un mot, l'entrevue se passa sans aucun nuage; mais avec cette différence qu'elle y mit de l'empressement, et cette coquetterie légère qu'elle avait même avec les femmes; et moi, de la douceur, de la sérénité, des attentions flatteuses, avec un certain air de réserve et de prédominance, qui me mit à ma place et lui marqua la sienne. Elle s'en aperçut; et par l'aisance, la vivacité, le brillant de son air et de son langage, elle essaya de me primer. Je souris à ses agréments, je les louai, je lui applaudis, mais de ma loge, et comme à une actrice qui voulait bien jouer pour son plaisir et pour le mien.

Mon mari, mécontent de voir l'infériorité où je tenais mon aimable convive, s'efforça de la relever par des distractions marquées. Je ne fis pas semblant de m'en apercevoir ; et de mon côté, je m'occupai des femmes qu'il négligeait indécemment. La politesse de mes regards, plus que celle de mes paroles, mit dans mes attentions pour elles ces nuances de sentiment qui peuvent échapper aux hommes, mais que les femmes, plus délicates sur l'article des convenances, ne manquent jamais de saisir. Ainsi je m'assurai que si les succès de la vanité, qui flattaient ma rivale, se décidaient pour elle, la bienveillance et peut-être aussi quelque degré d'estime, seraient en ma faveur; car du moins avais-je sur elle cet avantage prodigieux, que ma réserve n'excitait point l'envie; au lieu que son éclat ne pouvait manquer de blesser toutes celles qu'elle effaçait.

Pour les hommes, je ne pensai qu'à ne pas les désobliger, bien sûre qu'ils finiraient tous par être de l'avis des femmes, sur les points de comparaison qui étaient dignes de me toucher.

Soit donc que la première impression de mon caractère eût dissuadé madame de Velbac de la prétention de m'éclipser chez moi, soit que, pour atteindre à son but, l'insinuation lui convînt davantage, elle prit avec moi le ton d'une amabilité séduisante ; et sans me livrer à ses avances, je crus devoir au moins ne pas m'y refuser.

Deux jours après, elle vint me voir. J'avais chez moi peu de monde, et de son côté, l'empressement d'une amitié naissante, du mien, l'air de me plaire à lui inspirer ce sentiment, firent croire que j'ignorais les soins que mon mari lui prodiguait. On parla donc en toute liberté de la nouvelle du jour. Cette nouvelle était le divorce d'une madame de l'Yeuse, et chacun à l'envi applaudissait à la fierté de cette jeune femme qui, se voyant trahie et délaissée, avait pris son parti. Je lui pardonne, dis-je, elle n'a point d'enfants. Et quand elle en aurait, reprit madame de Velbac, ne serait-elle pas encore bien pardonnable, et bien louable même dans sa résolution ? On voit bien, madame, lui dis-je, que vous n'êtes pas mère. Si vous saviez combien les petits dépits de l'amour-propre et de la vanité sont peu de chose auprès de l'amour maternel !

On se doit sans doute à ses enfants, reprit-elle ; et sans être mère, je sens qu'on peut dissimuler pour eux bien des peines et des ennuis ; mais on ne leur doit pas de se laisser contrarier, trahir, humilier sans cesse ; et un malheur de toute la vie et de tous les moments passe les forces de la constance. Alors, feignant de raconter l'histoire de madame de l'Yeuse, elle fit la mienne avec des traits si vifs, si pénétrants, que chaque mot me déchirait le cœur. Enfin, dit-elle, figurez-vous un mari, qui, pour l'irriter, lui amène et lui fait voir chez elle une rivale aimée, l'oblige à la bien recevoir, et à ses yeux, à côté d'elle, prodigue à celle-ci tous les soins de l'amour.

Eh bien, je suis persuadée, dis-je sans m'émouvoir, que si elle avait jeté sur les écarts de son mari un voile de pudeur et de bienséance, et qu'en dissimulant elle-même ses torts, elle eût appris à ses amis à les dissimuler comme elle, son malheur n'aurait eu qu'un temps. La sagesse de sa conduite aurait bientôt peut-être ramené son mari; car il en est peu d'insensibles à des procédés vertueux; et quand même le mal eût été sans remède, elle aurait du moins eu pour elle cette estime publique qui console de tout, tandis que l'humiliation va toujours à qui la mérite.

Ces mots parurent la blesser. On se console comme on peut, reprit-elle; mais quoi qu'on en dise, l'humiliation est pour la femme abandonnée qui n'a pas le courage de se dérober au mépris. Elle sortit d'un air triomphant après sa réplique, et sur-tout bien contente du trait empoisonné qu'elle me laissait dans le cœur.

Je ne voulus pas lui donner sur moi cet avantage; et prévoyant qu'on voulait me forcer à l'éclat d'une brouillerie, ou me distiller goutte à goutte un poison lent, en me faisant tous les jours quelque scène pareille à celle-ci, je résolus de couper racine à l'un et à l'autre projet. Madame de Velbac ne tarda pas à m'en offrir l'occasion. J'allai lui rendre sa visite, et je la trouvai seule.

J'étais impatiente, me dit-elle, madame, d'avoir le plaisir de vous voir. J'ai avec vous un tort involontaire dont je dois me justifier. J'ai défendu l'autre jour devant vous la jeune madame de l'Yeuse avec un peu trop de chaleur. Je n'ai su que depuis la cause du déplaisir que vous en avez eu. Je vous en demande pardon. — De quoi, madame? et qu'a-t-on pu vous dire? — Hélas! que vous êtes vous-même dans une situation pareille, et que M. de Norlis..... Un moment, lui dis-je avec une fierté modérée, mais imposante. Il est, madame, des propos qu'on ne répète qu'à une amie intime ; et je n'ai pas encore le bonheur de l'être pour vous ; cependant je veux bien entendre ce que vous avez à me dire ; mais commencez vous-même par daigner m'écouter.

Norlis est dans le fond de l'ame un honnête, un excellent homme. Cinq ans d'intimité, de confiance et d'abandon ne m'ont appris qu'à l'estimer et à l'aimer tous les jours davantage; et il m'est impossible de méconnaître en lui ce que la nature en a fait, un ami sûr et vrai, un mari indulgent, un bon père, en un mot, celui de tous les hommes que je préférerais encore, si j'avais à choisir. Après cela, qu'il soit infaillible et à l'épreuve des séductions de l'esprit et de la beauté, c'est ce que je n'attends ni de lui ni d'aucun homme de son âge. La première de nos vertus est à peine au nombre des leurs : ainsi l'a voulu l'opinion : ne soyons pas plus sévères qu'elle ; et croyez-moi, ces crimes de l'amour que trouve irrémissibles une jeune maîtresse, n'ont plus la même gravité aux yeux d'une épouse indulgente, et sur-tout d'une bonne mère. En supposant donc à Norlis les torts qu'on attribue à M. de l'Yeuse, ce serait à moi, par mes soins, ma tendresse, ma complaisance, et tous les moyens de lui plaire, à le tirer du piége où il serait tombé. A-présent, dites-moi, madame, si c'est là ce dont on l'accuse. — Oui, madame, c'est cela même; et l'on ajoute, ce que je ne puis croire, que son erreur est sans retour. — Pardonnez-moi, lui dis-je, c'est ce que vous croyez; mais c'est ce que je ne crois pas. Si la femme qui l'a séduit est assez vertueuse pour le désespérer, eût-elle tous vos charmes, il ne l'aimera pas long-temps; il ne l'aimera pas long-temps si elle cesse d'être estimable. — Madame, reprit-elle avec vivacité, le divorce est permis; et Norlis a pu le promettre. — Il a donc promis l'impossible, lui dis-je, en souriant; car il dépend de moi de n'y pas consentir; et je n'y consentirai pas. — Et s'il vous le demande? — Je le refuserai. J'ai pour cela deux sortes de courage, celui d'épouse et celui de mère; ni l'un ni l'autre ne m'abandonnera. — Quoi! madame, la négligence, la froideur, l'oubli, l'abandon! ah! vous avez beau dire, cela est trop amer, trop humiliant pour le souffrir. — Je le souffrirais cependant, et je le souffrirais sans honte. La vertu a un caractère qu'on ne dégrade point, c'est elle qui rabaisse tout ce qui prétend l'avilir. — Mais, madame, s'il est malheureux avec vous? — Eh bien! nous le serons ensemble, mais non pas long-temps, je l'espère; et dans le sein de l'amitié nous retrouverons le bonheur. — Et s'il est vrai, comme on le dit, qu'il aime éperdument une autre femme? — Oui, madame, il est vrai qu'il aime une femme charmante, pleine d'esprit, d'attraits, mais pourquoi des détours? Oui, madame, c'est vous qu'il aime, je le sais, je le lui pardonne, et je vous déclare que de ma vie Norlis ne sera votre époux. Il a sans doute mille moyens de m'affliger, je m'affligerai en silence. Telle est ma destinée, et je la remplirai.

Puisque vous savez tout, madame, me dit-elle, je n'ai plus rien à vous cacher. Il est vrai qu'il m'adore. Je n'ai pu le guérir de cette passion insensée. Si vous vous y opposez, il faut qu'il y renonce; nous l'allons mettre au désespoir. Pourquoi vous obstiner à retenir malgré lui un cœur qui ne peut plus vivre pour vous? Mille autres vous seront offerts; et aussi aimables que vous l'êtes..... Alors je me levai. Je suis peu sensible, lui dis-je, aux consolations que vous daignez m'offrir. Je m'obstine, comme vous dites, à être la femme de Norlis, parce que je suis mère, et la mère de ses enfants. Mes deux titres me sont sacrés; ils seront tous les deux également ineffaçables, et ils seront tous deux gravés sur mon tombeau.

A ces mots, je la vis émue, et tout-à-coup se jetant sur mes mains, elle les serra dans les siennes et les baisa avec un transport dont je fus étonnée, comme vous croyez bien. Ah! madame, s'écria-t-elle, combien il est irrésistible cet ascendant de la vertu, et combien toutes les vanités sont peu de chose devant elle!

Elle alla retrouver Norlis. Retournez, monsieur, lui dit-elle, près d'une femme incomparable; aimez-la, ou du moins ne vivez que pour elle. Je l'ai connue enfin; et en vérité, quoique je m'estime assez moi-même, elle me force de convenir que je ne la vaux pas.

Norlis revint confus et accablé. Il se tint seul enfermé quelques heures; et après s'être abandonné à ses réflexions, il passa dans mon cabinet, où j'étais seule aussi. Madame, me dit-il, écoutez-moi; mon cœur est plein, il est oppressé, il est souffrant, et il faut que je le soulage. Alors me révélant lui-même tout ce que je viens de vous dire : Tels sont mes torts, dit-il enfin; puisque je les avoue je veux les expier. Je vous le rends ce cœur, honteux de ses égarements et plein pour vous d'estime et de tendresse : Je n'ose en dire davantage, vous ne m'en croiriez pas; mais pour toute la vie, je jure..... Ah! mon ami, lui dis-je en me précipitant dans ses bras, attendez; je veux des témoins qui répondent de vos serments. Je sonnai, et je fis appeler mes enfants. C'est par eux, dis-je alors en les rassemblant dans nos bras, qu'il faut jurer tous deux d'oublier le passé, et de leur laisser des modèles de bonté, de tendresse et de fidélité. Il le prononça ce serment avec une émotion et un soulagement de cœur inexprimable. Vous jugez si je fus heureuse dans ce moment! Dès-lors tout fut changé. Ma chère Paulette fut rappelée; ma maison redevint paisible et plus riante que jamais, je crus voir insensiblement l'amour se ranimer dans le cœur de Norlis; et si ce fut une illusion, au moins a-t-elle été la même jusqu'à son dernier soupir.

Et votre Anglais? demanda Juliette. — Il fut heureux aussi. Ma prédiction fut un avis dont profita la jeune veuve. Elle le rendit bien amoureux, bien jaloux, bien impatient de ses caprices, bien épris de ses charmes; et après avoir dissipé sa mélancolie comme à force de changements, elle l'épousa, et partit avec lui presque aussi contente que moi.

Ainsi se termina cette veillée intéressante.

Ne remarquez-vous pas, reprit alors madame de Verval en s'adressant à ses amis, que de tous les moments de joie et de bonheur que nous venons de nous rappeler, il n'y en a pas un seul qui ne soit le prix ou d'un sentiment vertueux ou d'une action de bienfaisance? tant il est vrai qu'il n'y a rien de mieux à faire pour être heureux que d'être bon!

LE TRÉPIED D'HÉLÈNE.

Après la ruine de Troie, tandis que les débris de ses murs, de ses temples, de ses palais fumaient encore; que sous ces débris teints de sang, Priam, son peuple et ses enfants étaient ensevelis; que sa femme et ses filles s'en allaient en esclaves servir sous d'insolents vainqueurs; tandis que ces vainqueurs eux-mêmes allaient périr les uns dans leurs palais, les autres sur les mers, ou misérablement errer de rivage en rivage, à la merci des flots, des vents et des tempêtes; enfin tandis que dans les champs troyens, Achille, Hector, le fils de Télamon, étaient couchés dans la poussière, et qu'une foule de héros y confondaient leurs cendres ennemies dans un vaste et même tombeau, Hélène et Ménélas, réunis, réconciliés, s'en retournaient tranquillement et gaiement à Lacédémone; elle, se plaignant doucement qu'il eût pu la croire infidèle; lui, s'excusant d'avoir ajouté foi à des apparences trompeuses, et promettant bien de ne plus douter de son amour ni de sa foi; tous deux enfin le mieux du monde ensemble, et seulement un peu fâchés que pour si peu de chose on eût fait tant de bruit.

Mais en passant à travers les Cyclades, ils furent assaillis par un violent orage, et comme ils voyaient le moment où leur navire allait se briser aux écueils de l'île de Cos, ils firent un vœu à Neptune. O le plus inconstant des immortels, lui dit tout bas Hélène, protège une femme qui te ressemble! A ces mots elle lui offrit un trépied d'or qu'elle avait sauvé du pillage de Troie, et le lui jeta dans la mer. Aussitôt la mer s'apaisa.

Or, six cents ans après, comme un navire de Milet passait près de l'île de Cos au moment qu'un pêcheur de l'île jetait son filet dans la mer, les Milésiens qui étaient dans le navire proposèrent au pêcheur de leur vendre son coup de filet, au hasard; il y consentit, et au fond du filet, lorsqu'il l'eut retiré, se trouva le trépied d'Hélène.

Procès interminable entre Cos et Milet pour ce trésor : les uns disant que le pêcheur n'avait entendu vendre que le poisson qu'il aurait pris, les autres soutenant qu'il avait tout vendu. La guerre allait s'ensuivre. Pour en éviter le malheur, on eut recours à la Pythie, et l'oracle les mit d'accord en ordonnant que l'on fît présent du trépied d'or au plus sage des sages.

Mais quel était le plus sage des sages? Cette question n'était pas moins difficile à résoudre que celle du coup de filet. On délibéra longuement pour savoir auquel des sept sages, qui fleurissaient alors, on donnerait la préférence. Ils nous éclaireront eux-mêmes sur le choix, dit l'un des consultants : commençons par le plus voisin. Thalès est à Milet ; allons lui proposer d'accepter notre offrande.

O vous ! lui dirent-ils, dont le génie a pénétré au sein de la nature et lui a dérobé ses plus profonds secrets, vous qui avez découvert que l'eau est l'élément unique, et qu'elle est le principe des autres éléments ; vous qui donnez au monde une ame universelle, et qui pensez que cette ame est unie et inhérente à la matière, comme l'ame de l'homme est unie à son corps ; si tout cela est vrai, divin Thalès ! recevez de nous ce trépied d'or qu'Apollon nous ordonne d'offrir au plus sage des sages.

Mes amis, répondit Thalès, si tout cela était bien vrai, si j'en étais bien sûr moi-même, et si ce que j'enseigne je le concevais bien, je me croirais sage en effet; mais j'ai beau vouloir deviner la grande énigme de la nature, ni hors de moi, ni en moi-même, je ne vois pas plus clair que vous. Je vous dis là le secret de l'école ; mais avec Apollon, puisque c'est lui qui vous envoie, il n'y a rien à dissimuler. J'ai essayé de faire du feu avec de l'eau ; mais je suis encore à comprendre comment dans le soleil l'eau fait un étang de lumière. L'ame que j'ai voulu donner à l'univers, pour en régler les mouvements et en remuer les ressorts, serait sans doute une belle chose, si je pouvais m'expliquer comment cette ame universelle serait une et la même dans le vautour et dans la colombe, dans le tigre et dans l'éléphant; mais c'est là le nœud qui m'arrête; c'est l'unité de son essence et la diversité infinie de ses métamorphoses qui confond mon entendement. Curiosité n'est pas science, et les études où je m'enfonce sont de celles peut-être où la faible raison de l'homme ne trouvera jamais qu'un vide immense et qu'une vaste obscurité. Ce qu'on appelle ma sagesse pourrait donc bien n'être que ma folie; car c'en est une que de vouloir connaître ce qu'il n'est pas donné à l'homme de savoir. Cependant pour ne pas rebuter mes disciples, et comme avec le temps quelque coin du grand voile peut être soulevé, je leur donne l'exemple de l'espérance et du courage; mais dans la route que je leur trace, je m'égare souvent moi-même, et je ne sais plus où j'en suis. Portez votre offrande à Solon: c'est lui qui va droit à l'utile; son étude est celle de l'homme, et son objet est de le rendre meilleur, plus juste et plus heureux.

Les députés embarqués pour l'Attique allèrent voir Solon, et l'appelant le plus sage des sages, ils lui offrirent le trépied d'or.

Vous prenez bien votre moment, leur dit le législateur d'Athènes; je suis prêt à devenir fou. Je viens de la place publique où je n'ai vu que des mécontents. Les gens de mer se plaignent que j'ai favorisé les gens de la campagne; ceux-ci m'accusent d'avoir trop ménagé les citadins ; et à la ville, c'est encore pis : chacun voudrait des lois faites en sa faveur et au préjudice des autres. Mais ce n'est rien encore, et dans ma maison même, je ne suis jamais en repos. Vous voyez cette jeune esclave qui boude et pleure dans un coin; c'est un petit démon; elle me fait tourner la tête : cela n'a pas encore dix-huit ans, et cela me gronde, et cela veut avoir plus de raison que moi. Oui, oui, dit Glycérie, j'en ai mille fois plus; car au moins, je suis juste, je ne gêne personne, et je laisse faire à chacun ce qui lui plaît. A ces mots ses pleurs redoublèrent.

C'est dommage de l'affliger, dit l'un des députés, car elle est si jolie! — Vraiment jolie! elle croit l'être; mais elle ne sait pas que sa malice l'enlaidit. Eh bien! si je suis laide, répliqua la boudeuse, que ne me vendez-vous? que ne me laissez-vous aller? — Et où irais-tu, petite folle? quel est le maître qui serait aussi bon et aussi indulgent que moi! — Quelle bonté, quelle indulgence, qui ne me laisse pas la moindre liberté! Et savez-vous, reprit Solon, quelle est la liberté qu'elle veut qu'on lui laisse? celle de voir chez moi un petit insolent dont elle est amoureuse, et qui rôde sans cesse autour de ma maison. Dès que je sors pour aller au sénat ou au Lycée, à l'instant même il arrive, il est introduit, et quand je les surprends ensemble, elle me dit pour son excuse qu'il est plus jeune et plus joli que moi.

Assurément, s'écria-t-elle, il est plus jeune et plus joli. Faites-le rappeler, pour voir; et que ces étrangers nous jugent. Retirez-vous, friponne, dit Solon ému de colère, et que je ne vous entende plus.

Ce libertin qu'elle aime, continua-t-il, est un jeune homme appelé Pisistrate, pour qui j'ai eu mille bontés, que j'ai instruit, et qui se moque de mes leçons et de mes lois. — De vos lois! — Oui, sans cesse il me répète ce mot du scythe Anacharsis, que les lois sont des toiles d'araignées où se prennent les moucherons, mais d'où les grosses mouches s'échapperont toujours. — Et que ne fermez-vous votre porte à cet insolent? — Bon! lui fermer la porte! il entrerait par la fenêtre. Si vous saviez comme il est adroit et séduisant! il a gagné tous mes esclaves. Les prières, les larmes, les présents ne lui coûtent rien; il est plein d'esprit et de grâce; et moi-même, quand je l'écoute, il a le don de m'appaiser. C'est bien la peine, me dit-il, mon vénérable maître, de nous brouiller pour une esclave! si nous étions, vous jeune comme moi, et moi vieux comme vous, ne vous la céderais-je pas? Voyez qui de nous deux peut le mieux s'en passer. Vous sentez que ces raisons-là ne laissent pas d'être pressantes; et puis, si je le désespère, il ira m'accuser, me décrier parmi le peuple; il dira que je suis amoureux et jaloux. Tout jeune encore, il a plus de crédit que moi; il écoute les mécon-

LE TRÉPIED D'HÉLÈNE. 393

tents, il les accueille, il les caresse, et puis il vient me dire à moi, que je ne ferai rien de ce peuple, s'il ne s'en mêle; qu'en livrant les Athéniens à leur propre génie, je ne les connais pas; qu'ils sont vains, légers, étourdis, capricieux, ingrats, amis des nouveautés; qu'ils ne feront que des sottises, s'ils n'ont pas à leur tête un homme adroit et ferme qui sache les mener, et que cet homme ce sera lui. Voilà un drôle bien résolu! dirent les députés. Et bien dangereux! dit Solon. Il a, je vous l'ai dit, l'art de flatter la multitude, et c'est l'art de la dominer. Il s'en vante, il annonce qu'il l'enveloppera comme dans un filet; et après qu'il m'a mis en colère par ses menaces, il me défie de ne pas l'aimer, et il me jure ses grands dieux que je serai toujours son ami malgré moi. Vous voyez bien qu'un homme qui se laisse ainsi tracasser, désoler par deux jeunes têtes, n'est pas le sage que vous cherchez. Je vous conseille de vous adresser à Thalès le milésien; car c'est lui qui possède son ame en paix, et qui est heureux avec lui-même.

Nous avons commencé par lui, répondirent les députés; mais il nous a fait, comme vous, confidence de sa folie. — Est-ce qu'il a aussi une petite esclave qui le fasse enrager, un fripon qui la lui caresse, et un peuple indocile qu'il ne puisse mettre d'accord? — Non, mais il a autant de peine à combiner les éléments que vous à gouverner les hommes; et sa folie est de vouloir, dit-il, expliquer ce qu'il n'entend pas.

Allez donc à Bias, reprit Solon : celui-là vit tranquille et retiré dans sa petite ville de Priène; il ne se mêle d'expliquer que les énigmes du roi d'Égypte et que les logogryphes du roi d'Éthiopie. Quant aux mystères de la nature, il déclare qu'il n'y entend rien. Il laisse aller le monde comme il va, sans vouloir le régler lui-même; et pour être plus libre d'inquiétude et de soucis, il a renoncé à la science en même temps qu'à la richesse. Ils allèrent donc à Bias.

Ah! messieurs, leur dit-il en les voyant entrer chez lui, vous m'apportez sans doute quelque bonne nouvelle? auriez-vous retrouvé mon chien? sauriez-vous qui me l'a volé? Les députés lui répondirent qu'ils n'en avaient aucune connaissance. Qu'est-ce donc, leur demanda-t-il en homme désolé, qui peut vous amener chez moi? Ils lui dirent que, de la part de l'oracle de Delphes, ils lui apportaient un trépied d'or. — Un trépied d'or, à moi! que veut-il que j'en fasse? Ah! que l'oracle, qui sait tout, me dise qui m'a pris mon chien. Je n'avais plus que cet ami au monde, et l'on m'en a privé! quelle inhumanité barbare! Je leur avais tout cédé, tout laissé, honneurs, fortune, emplois; je ne demandais rien; je cultivais moi-même mon jardin et mon petit champ; mon chien était auprès de moi; nous nous aimions, nous étions heureux de vivre et de causer ensemble. Les envieux n'ont pu nous voir jouir de ce bonheur; ils nous ont séparés, ils m'ont volé mon chien, mon seul ami; ils l'ont assassiné peut-être!... Non, il n'y a point d'assez grand supplice pour cet excès de cruauté.

C'est un malheur sans doute, lui dit l'un des Milésiens, que la perte d'un chien fidèle; mais ce malheur est-il si grand? — Oui, très-grand pour moi qui n'ai plus rien. Il n'est point de disgrâce que je n'aie endurée, sans fatiguer le monde, ni le Ciel de mes plaintes. Négligé dans ma ville après l'avoir sauvée, mal écouté dans les conseils, je me suis retiré des affaires publiques, et me suis tenu dans mon coin. J'ai essuyé un procès injuste, je l'ai perdu; et je n'en ai point murmuré: ma femme m'a trompé; je n'en ai dit mot à personne. Mes enfants m'ont abandonné; j'ai pardonné à mes enfants. C'est bien assez de patience, et lorsqu'on vient me prendre encore mon pauvre chien, il est, je crois, bien naturel que ma constance soit épuisée; elle est à bout, je n'en ai plus.

Quoi! se peut-il, lui dit l'un des députés, que ce soit là l'écueil du plus sage des hommes! — Du plus sage! et pourquoi faut-il que je le sois? me donné-je pour l'être? Oh non! je ne suis pas assez fou pour cela. — Cependant si nous demandons quel est le plus sage des sages, chacun nous répond, c'est Bias. — C'est Bias! c'est Bias! ils en parlent bien à leur aise; et si Bias se fâche, quand on lui a pris son chien, ils en seront tout ébahis! Non, Bias n'est rien qu'un bonhomme, à qui l'on fait du mal, et qui sent le mal qu'on lui fait. Si vous en voulez un plus ferme et d'une trempe d'ame qu'aucun malheur n'ait encore entamée, allez-vous-en trouver le spartiate Chilon.

Allons donc à Lacédémone, dirent les députés; et en y arrivant ils demandèrent où était la demeure de cet homme si renommé par sa sagesse et sa constance. On leur répond qu'il est allé à Pise, assister aux jeux olympiques. Ils s'y rendent en diligence, et ils y arrivent le jour même qu'on dispute le prix de la lutte et du pugilat.

Autour de l'arène, ils s'informent où Chilon peut être placé. On le leur montre tout occupé du combat entre deux athlètes, dont l'un était son fils Épitélide, et l'autre le fameux Glicon, déja vainqueur dans les jeux de la course.

Les yeux du Spartiate, ardents et immobiles, observaient tous les mouvements des deux lutteurs. Le travail du combat était comme exprimé par la contention des muscles de son corps : le mouvement de ses sourcils en marquait les alternatives; son front ruisselait de sueur; ses mains, appuyées sur ses genoux, se roidissaient chaque fois que son fils serrait son adversaire, et il frémissait chaque fois qu'il le voyait lui-même chanceler ou fléchir. Il y avait plus d'une heure que le combat durait et redoublait de violence, lorsqu'enfin Glicon succomba, et que l'enceinte de l'arène retentit au loin de ces mots : *Épitélide, fils de Chilon, vainqueur au combat de la lutte.*

Le père alors, plus épuisé de la fatigue du combat et plus accablé que son fils, tombe sans couleur et sans voix entre les bras de ses voisins. On le crut mort de joie; le bruit même en courut dans quelques villes de la Grèce; mais la vérité simple est qu'il s'évanouit, et qu'on l'emporta dans sa tente, ayant sur le visage la pâleur de la mort.

Après qu'il eut repris ses sens et qu'il eut embrassé son fils, les députés se présentèrent, et croyant lui annoncer un triomphe encore plus flatteur, ils lui offrirent le trépied d'or qu'Apollon destinait au plus sage des sages.

Vous moquez-vous de moi? leur répondit le Spartiate, ou bien vous-mêmes ignorez-vous que le sage est celui qui possède son ame dans une égalité constante, sans se laisser dominer jamais par aucune de ses passions? J'en avais dompté quelques-unes, et des plus redoutables, comme l'ambition, l'envie, la cupidité, la colère; et voilà que je viens de succomber à celle dont je me défiais le moins. La fortune a trouvé mon endroit faible; elle m'a donné en spectacle à toute la Grèce, comme un enfant dont elle s'est jouée, et l'on vient de me voir au moment de mourir de joie pour la plus vaine de ses faveurs.

Rien de plus naturel et de plus excusable, lui répondirent les députés, que ce sentiment dans un père. Eh non! reprit-il, non, je ne me flatte point; ce n'est là que de la faiblesse. Quoi! parce que mon fils a dans les muscles plus de ressort et de vigueur qu'un autre, j'en ai, moi, assez peu dans l'ame pour tomber en syncope lorsqu'il est proclamé vainqueur dans les jeux de la lutte : qu'aurait-ce donc été si, après une bataille, je l'avais vu revenir vainqueur dans mes bras, couvert de sang et de poussière? Celui qui se laisse accabler par la bonne fortune saurait plus mal encore soutenir la mauvaise; et que diront de moi les femmes de Lacédémone, elles qui froidement rendent grâces aux dieux lorsqu'on leur rapporte leurs fils percés de coups, étendus sur un bouclier? Allez, croyez-moi, présenter le prix de la sagesse à mon voisin Phizon, qui n'est pas, comme moi, un vieillard imbécille et vain.

Phizon était une espèce d'ours solitaire, et si sauvage que ses concitoyens eux-mêmes osaient à peine l'aborder. Les députés, en le saluant, lui présentèrent le trépied d'or qu'Apollon destinait au plus sage des sages. Passez votre chemin, leur dit-il d'un air brusque : Apollon se connaît en hommes; je ne suis point le sage auquel il vous envoie, et ce n'est point sur un trépied d'or que je fais bouillir mon brouet.

On sait, lui dirent-ils, que vous méprisez les richesses, la mollesse, la volupté; que vous donnez aux Spartiates mêmes l'exemple d'une vie austère; et que dans votre solitude, foulant aux pieds les vices, les plaisirs, et les vanités de ce monde, vous exercez sur tous vos sens l'empire d'une raison libre et le pouvoir d'une ame forte; c'est pour cela que nous croyons obéir à l'oracle en vous présentant ce trépied, comme un don réservé au plus sage des hommes.

Je l'accepterais, leur dit-il, si je croyais de moi le quart de ce que vous en dites; mais ce n'est pas avec un dieu qui voit aussi clair dans les ames, que l'on peut se donner pour meilleur que l'on est. On me dit misanthrope, et je le suis; mais si je hais les hommes, je ne m'excepte pas de cette haine universelle; et il n'en est aucun dont je sois plus mécontent que de moi. — Vous êtes trop modeste, lui dirent-ils. — Non, je suis vrai. D'abord je me suis persuadé que l'homme social était un être dénaturé; et croyant me rendre meilleur et plus heureux, je me suis fait sauvage. L'ennui, l'inquiétude, la tristesse, m'ont détrompé. Il n'était plus temps : mon caractère était annoncé, et pour le soutenir, je l'ai forcé encore. J'ai renchéri sur l'austérité de nos Spartiates, et je passe pour mépriser plus fièrement qu'eux-mêmes les biens que je n'ai pas.

Mais pourquoi donc suis-je chagrin de savoir qu'ailleurs on jouit de ces faux biens dont je me prive? Quel mal me font les arts de Corinthe et d'Athènes, le luxe de l'Asie, les voluptés de Sybaris? J'ai trop d'humeur pour un vrai sage. Si j'étais bien heureux moi-même dans ma frugalité, pourquoi m'indignerais-je qu'on fût heureux dans l'opulence, et d'une autre façon que moi? Je me suis dit souvent que si toute la Grèce avait les mœurs de Sparte, Sparte serait asservie. Heureusement pour elle, ses voisins sont efféminés. Il aurait donc fallu me réjouir qu'ailleurs on eût des mœurs voluptueuses; et point du tout, jamais je ne pense à ces fêtes, à ces spectacles, à ces festins que des gens amollis se donnent, sans en avoir quelque dépit; et pour m'en consoler, il faut que j'en médise! Est-ce donc là de la sagesse? Oh! non. C'est de l'orgueil qui souffre, et qui se venge des privations qu'il s'impose. Un vrai sage serait celui qui, content du sort que les dieux, la fortune, ou le choix de sa propre raison, lui auraient assigné en partage, laisserait, sans s'en émouvoir, tout le monde vivre à son gré. Pour moi qui me tâte le cœur, je sens ce qui le blesse, et je trouve en effet qu'au fond de ma misanthropie l'envie a caché son levain. Dispensez-moi donc d'accepter un prix qui ne m'appartient pas; et voyez dans l'île de Rhodes, si Cléobule de Lindos ne serait pas l'homme que vous cherchez. Il goûte les biens de la vie sobrement et paisiblement, possédant des richesses dont il fait bon usage, et dont il n'est point possédé; il est heureux et libre, et il trouve bon que par-tout on soit heureux et libre comme lui.

Il a raison, dirent les députés: l'homme qui sait le mieux jouir, sans abuser, doit être en effet le plus sage; et ils se rendirent à Lindos, où

Cléobule venait tout récemment d'être mis à la tête des affaires publiques.

En arrivant sous le vestibule du palais, ils virent s'avancer vers eux, d'un pas délibéré, une jeune et belle personne modestement vêtue d'une robe de lin plus blanche que la neige, et ceinte d'un ruban bleu céleste au-dessous du sein. Ses cheveux noirs flottaient en ondes autour de son cou d'ivoire, et sur son front brillait dans toute sa candeur le caractère de la bonté. C'était la charmante Eumétis, l'une de ces femmes célèbres dont le temps semble avoir pris soin de conserver le souvenir. Fille de Cléobule, le peuple se plaisait à l'appeler Cléobuline. Fidèle conseil de son père, elle en faisait la gloire, elle en était l'amour.

Lorsque les députés se furent fait connaître : Étrangers, leur dit-elle en les introduisant dans le palais, ne vous offensez pas si mon père se fait attendre. Dans ce moment il donne audience à son peuple ; vous ne voudriez pas qu'il abrégeât pour vous la plus sainte de ses fonctions ; mais dès qu'il sera libre, je vous annoncerai.

Alors, en causant avec eux sur les mœurs, les lois, les usages, le commerce, les arts, les alliances et les rivalités des divers peuples de la Grèce, elle montra tant de lumières et un caractère d'esprit si fort au-dessus de son âge, qu'ils étaient tentés de lui offrir le trépied qu'ils venaient présenter à son père. Ah ! vous méritez bien, lui dirent-ils, étonnante Eumétis, le témoignage que Thalès vous rendit à Corinthe, dans le palais de Périandre, en disant que vous étiez digne de gouverner un grand État! Heureux, sans doute, heureux le peuple qui obéit à un père dont vous êtes la fille! Ce roi doit être le vrai sage à qui l'oracle d'Apollon nous fait apporter ce présent; et alors ils lui racontèrent l'aventure du trépied d'or.

Ah! leur dit-elle, je crains bien que mon père ne le refuse. Il s'est fait à lui-même une si haute idée de la véritable sagesse, qu'il est loin de prétendre y pouvoir atteindre jamais.

En disant ces mots, elle vit le peuple s'écouler par les portiques du palais; et après avoir observé curieusement tous les visages : Que le Ciel soit loué, dit-elle, tout le monde s'en va content! Alors d'un pas léger elle retourna vers son père.

Ah! lui dit Cléobule, excédé de fatigue, je n'en puis plus. Non, tu as beau dire, il n'y a pas moyen d'y tenir. Ces gens-là voudraient tous régner. Il n'y en a pas un qui ne pense qu'en me donnant sa voix, il m'a cédé sa place, et qui ne croie au moins devoir siéger dans mes conseils. Il sont tous politiques, militaires, jurisconsultes, négociants, que sais-je? et c'est toujours le plus inepte qui abonde le plus dans son sens.

Cléobuline, en l'embrassant avec une douce gaieté, allons, lui dit-elle, mon père, encore un peu de patience. Le sens commun est rare, et l'amour-propre est sot, on le sait bien; mais si tout le monde était sage, on n'aurait pas besoin de roi. Les avez-vous tous écoutés? — Oui, je n'ai rebuté personne. — Eh bien, courage! avec le temps ils deviendront plus raisonnables, et se laisseront rendre heureux. A-présent venez recevoir des étrangers qui vous attendent, et qui, envoyés par Apollon Delphique, viennent, disent-ils, en son nom, vous offrir un don précieux.

Lorsque les députés de Cos et de Milet eurent prononcé leur harangue, Cléobule étonné, confus de l'honneur qu'on lui déférait : Quoi! leur dit-il, n'avez-vous pas un Thalès à Milet, à Priène un Bias, un Solon dans Athènes, à Lacédémone un Chilon, un Phizon, plus sages que moi?

Que voulez-vous, lui répondit l'un des Milésiens? Nous les avons tous vus. Ils se renvoient la gloire, comme un ballon, de l'un à l'autre. Il n'y en a pas un qui veuille convenir qu'il est sage; et chacun d'eux prétend avoir son faible et son coin de folie.

Et moi, dit Cléobule, est-ce que je n'ai pas le mien? Ma sagesse dont vous parlez, la voilà, reprit-il en leur montrant sa fille. C'est elle dont l'humeur douce et conciliante tempère l'âpreté de mon esprit et de mes mœurs. Voyez cet air ouvert, accueillant et sensible; cette simplicité, cette grâce dans son maintien; cette jeunesse de vingt ans, si fraîche et si naïve encore, c'est là que loge un cœur plein de noblesse et de courage ; c'est là qu'habite une ame pleine de force et de bonté ; et si moi-même on me croit bon, c'est à ma fille que je le dois. Sans elle je serais un homme insociable. — Ah, mon père ! que dites-vous ? — La vérité, ma fille, comme on la doit aux envoyés d'un dieu pour qui rien n'est caché. Oui, messieurs, je suis affligé d'une maladie incurable, d'une antipathie invincible pour la moitié du genre humain. Je ne puis endurer les sots. J'ai voyagé dans l'espérance de leur échapper, mais en vain : par-tout je les retrouve, par-tout ils me désolent. Je crois les laisser au midi, ils m'attendent au nord. Comme un essaim de mouches, ils semblent voler après moi. Las de les fuir, je suis venu m'y abandonner dans ma patrie ; mais je ne puis m'y accoutumer.

Ils est vrai que les sots, dirent les députés, sont une espèce bien importune ; mais que serait-ce donc si vous trouviez par-tout des fous et des méchants ? Bon, reprit Cléobule, les fous, on les enferme, ils sont en petit nombre ; et lorsqu'ils ne sont pas nuisibles, on les plaint. Les méchants sont notés, ils sont rarement impunis ; et en attendant que la loi nous en délivre, on peut s'en garantir. Mais les sots ! ah ! les sots ; c'est là l'espèce indestructible, et qui fourmille impunément. Pas une loi contre eux : ils vont tête levée ; et par-tout ils ont l'avantage du nombre, de l'audace, de l'intrépidité. — Mais enfin quel mal vous font-ils? — C'est là ce que je me demande sans pouvoir m'en rendre raison. Mais du plus loin que je les vois, mes nerfs frémissent, mon sang s'allume; et avant même de les entendre, je les devine, je les sens. Cet air épanoui, content de leur mérite, assuré de leurs avantages; cette complaisance en eux-mêmes, et cette négligence de l'estime d'autrui; cet empressement à couper la parole au plus instruit pour lui apprendre ce qu'ils savent le moins et ce qu'il sait le mieux; ce ton de suffisance et de présomption; cette persuasion de succès que vient d'avoir ce qu'ils ont dit, et qu'aura ce qu'ils ont à dire; cette raison fausse et hardie qui va de bévue en bévue, heurtant de tous côtés le bon sens et les convenances, et donnant pour des nouveautés, pour des vérités inouies, les plus triviales erreurs; tout cela me met aux abois.

Vous avez bien raison, dit l'un des députés, ces gens-là sont insoutenables. Non, je n'ai pas raison, dit Cléobule; et je le sens, mon impatience est d'un fou; car enfin ces esprits tortus sont une espèce comme une autre. Est-ce que tous les arbres d'une forêt sont droits comme le cèdre? Les sots sont la broussaille du genre humain, et par-tout la broussaille abonde. Plaignez donc l'homme faible qui ne peut vivre avec les sots; mais allez, croyez-moi, chercher votre sage à Lesbos, où Pittacus, avec une bonté, une constance infatigable, accueille, écoute tout le monde, et ne revient pas de son audience avec la fièvre dans le sang. S'il y a dans toute la Grèce un vrai sage, c'est Pittacus.

Déja bien fatigués de tant de courses inutiles, les députés passèrent à Lesbos; mais avant de voir Pittacus, ils voulurent jeter un coup-d'œil sur son île; et après l'avoir parcourue, ils se rendirent à Mytilène, où le roi faisait son séjour. Ils furent introduits aussitôt qu'annoncés; et l'un d'eux lui tint ce langage : Souverain de cette île heureuse, dans vos villes que nous venons de parcourir, à Méthymne, à Antisse, surtout à Mytilène, et dans les campagnes voisines, nous n'avons vu que l'amour du travail, et l'image de l'abondance ; l'agriculture, l'industrie et le commerce florissants; par-tout l'ordre et la paix; par-tout une sécurité parfaite, une heureuse tranquillité. Ce spectacle fait votre éloge; et le trépied d'or qu'Apollon destine au plus sage des sages appartient de plein droit au législateur de Lesbos.

Oui, si l'oracle ne demandait qu'un roi juste et bon, je crois l'être, répondit Pittacus; mais un sage, c'est autre chose. Commençons par dîner, et au sortir de table, je me ferai connaître à vous tel que je suis.

Le dîner fut simple et frugal; mais l'air de bienveillance et d'affabilité qui était naturel à ce prince, l'aimable gaieté de ses enfants, les grâces nobles et touchantes de leur mère Amasille, la plus belle des femmes, valaient mieux que du luxe; et Pittacus, environné de sa famille, aurait paru le plus heureux des hommes, sans une teinte de mélancolie, qui, dans ses yeux et sur son visage, semblait attrister le bonheur.

Il se fit expliquer d'où leur venait le trépied d'or, et les singularités du refus qu'en avaient fait les autres sages. Ainsi, dit-il, aucun n'est content de lui-même; et chacun d'eux a dans son ame un juge plus sévère que ne serait l'envie, tout inexorable qu'elle est. Ah! croyez qu'ils ont tous bien mérité leur renommée : aussi sont-ils bien révérés. Ils n'ont pas comme moi dans leur pays un détracteur qui s'obstine à les outrager. Ce malheur m'était réservé. A ces mots, un profond soupir s'échappa de son sein; et après un assez long silence, il demanda aux députés si dans la Grèce on chantait les vers qu'Alcée avait faits contre lui, et qui le dénonçaient comme le corrupteur et l'oppresseur de sa patrie.

Ils l'assurèrent tous que ces vers impudents et reconnus pour tels ne flétrissaient que le poëte. Vous l'entendez, lui dit la reine? ce mauvais génie est connu; et le fiel dont il est rempli n'est un poison que pour lui-même. Oubliez-le donc pour jamais après lui avoir pardonné. Oui, dit-il, on déteste la satire, je veux le croire; mais en la détestant, chacun la sait par cœur.

Au sortir de table, la reine se retira avec ses enfants; et Pittacus se promenant avec les députés dans les jardins de son palais : Le Ciel m'est témoin, leur dit-il, qu'en acceptant la royauté que les Lesbiens m'ont offerte, je n'ai fait que céder aux instances du plus grand nombre et au vœu des plus gens de bien. Depuis, j'ai fait pour eux tout ce qu'un père tendre eût fait pour ses enfants chéris; et cependant ce malheureux Alcée ne cesse de noircir mon règne et d'empoisonner mes bienfaits. Dans ses vers, mes lois sont des chaînes, mon autorité n'est qu'un joug, ma bonté même est une amorce; et jusqu'à la clémence dont j'ai usé pour lui lorsqu'il était en mon pouvoir, est, dit-il, un effet ou de la peur du blâme, ou de l'espoir dont je me suis flatté de m'en faire un adulateur. Ah! j'atteste les dieux que je n'aurais voulu de lui que son silence. Que lui ai-je fait? l'ai-je usurpé, ce trône où il me voit d'un œil flamboyant de colère? Par quelle violence, par quelle iniquité me suis-je rendu odieux? Et quel autre que lui dans Lesbos, dans la Grèce, peut m'accuser d'être un tyran? Ils iront cependant à la postérité, ces vers où il me peint des couleurs les plus noires. Les dieux, pour mon supplice, ont accordé le don du génie à un imposteur. Ah! combien il dément cette fable vulgaire, que lorsque les serpents se sont nourris des herbes que produit l'Hélicon ils perdent leur venin! Son cœur en est gonflé plus que le cœur de la vipère; il le répand sur mon règne à grands flots.

Les députés voulurent lui répondre que l'équitable renommée confondrait son accusateur. Et qui jamais, lui dirent-ils, a déclaré plus hautement que vous son horreur pour la tyrannie? N'est-ce pas vous à qui l'on demandait *quelle était la pire des bêtes*, et qui fîtes cette réponse mémorable : *Parmi les animaux sauvages, c'est le tyran; parmi les animaux domestiques, c'est le flatteur?* Est-ce donc vous qu'on accusera d'avoir été un tyran vous-même?

Non, je ne le suis point, dit-il; non, je ne veux point l'être; et en déposant ma puissance, je rendrai compte au Ciel et à la terre de l'usage que j'en ai fait. Vous, Pittacus! s'écrièrent les députés, vous! pour complaire à un infâme détracteur, déposer le pouvoir de rendre un peuple heureux! — Oui, je l'abdiquerai pour confondre la calomnie. Ce peuple aurait encore besoin de moi, je le sens bien; ni ses lois, ni ses mœurs, ni sa félicité, ne sont assez bien affermies; la paix et l'abondance que je lui ai procurées ont des vices auxquels je sais qu'il est enclin; s'il retombe dans la mollesse et dans l'oisiveté, il ne tardera pas à se corrompre de nouveau, et peut-être à s'abandonner à la plus funeste licence; c'est ce que les plus sages des Lesbiens me disent tous les jours. Mais telle est ma faiblesse, qu'en vain dix mille voix s'élèvent pour bénir la douceur, la bonté de mon règne; un seul homme corrompt, dans le fond de mon cœur, ma joie et mes prospérités. Je le vois comme une furie me poursuivre dans l'avenir. Ce peuple qui m'aura béni sera muet dans la poussière; et Alcée vivra, me déshonorant d'âge en âge, et sera seul entendu! Dans le silence de la nuit, ses vers infâmes, mais brûlants, ses vers étincelants de rage et de génie, pleins de fiel et de charme, insolents et harmonieux, retentissent à mon oreille. Ils passeront de bouche en bouche, et je crois lui-même l'entendre les chanter au milieu des peuples assemblés. Les accords de sa lyre tourmentent mon sommeil; et parmi ces accords, j'entends ces mots terribles qui me réveillent en sursaut : *Cesse, lâche Lesbos, cesse de servir un tyran.* Oh, non! je ne l'ai point cette force de la sagesse, cette force qui foule aux pieds les serpents de l'envie et de la calomnie, et marche d'un pas libre et ferme dans le droit sentier du devoir. Si j'étais un vrai sage, Alcée aurait beau m'insulter, je lui abandonnerais l'opinion commune; je laisserais ses vers tromper la renommée; et je serais heureux avec moi-même du bien que j'aurais fait, du bien que je ferais encore à mon pays. Mais non, je suis inquiet, agité, troublé comme un enfant, de ce qu'on pensera de moi; semblable au daim timide qui court dans les forêts, le bruit des vents, le bruit des feuilles m'épouvante. Remportez votre trépied d'or; le faible, le pusillanime Pittacus ne l'a point mérité.

Mais à qui donc enfin nous adresser, lui demandèrent les envoyés de la Pythie? A Périandre de Corinthe, répondit le roi de Lesbos. Périandre ne prétend pas être au nombre des sages ; mais il aime à les rassembler, et il se plaît à les entendre. Souvent dans un banquet il les a réunis ; il les connaît bien tous ; et lui-même il saurait les apprécier mieux qu'un autre. Mais pour plus d'assurance, allez lui demander, au nom du dieu qui vous envoie, de les inviter à souper. Là, le verre à la main, et le trépied d'or sur la table, ils jugeront eux-mêmes auquel ce prix de la sagesse sera présenté par vos mains.

Ce conseil fut suivi. Les sages, conviés par Périandre, à jour nommé, se rendirent tous à Corinthe ; et je n'ai pas besoin de dire que les députés de Milet et de Cos furent du festin.

Çà, dit Périandre aux convives, vers la fin du repas, après avoir fait apporter sur la table le trépied couronné de fleurs, que chacun de vous, à la ronde, nous définisse la sagesse, et que le prix en soit donné à celui qui vous semblera réunir au plus haut degré les caractères du vrai sage. Vous serez jugés par vos pairs.

Alors, selon l'usage qui s'observait dans ces festins, chacun ne parlant qu'à son tour, les uns définirent la sagesse, *une égalité d'ame inaltérable dans l'une et dans l'autre fortune* ; les autres, *une connaissance profonde de soi-même, appliquée à se rendre meilleur et plus heureux* ; d'autres, *une modération dans les désirs qui n'excède jamais les vrais besoins de la nature* ; d'autres, *le don de régler le présent et de disposer de l'avenir, d'après les conseils du passé;* celui-là, *une force d'ame à l'épreuve des passions;* celui-ci, *l'empire absolu de la raison sur la volonté.* Bias fermait le cercle, et quand vint son tour de parler, la sagesse, dit-il, est tout cela ensemble; d'où je conclus que le vrai sage n'est pas un mortel, mais un dieu, et un dieu comme il n'y en a guère. J'opine à ce que l'on renvoie le trépied d'or au dieu qui nous le fait offrir; car c'est à lui qu'il appartient. Cet avis les mit tous d'accord, et le trépied d'Hélène fut consacré dans le temple de Delphes, pour y servir de siége à la prêtresse d'Apollon.

Quand cette grande affaire fut ainsi terminée, les députés voulurent féliciter Bias du succès de son opinion. Félicitez-moi, leur dit-il, d'une bien meilleure fortune; je suis le plus heureux des hommes; j'ai retrouvé mon chien; je n'ai plus rien à désirer.

Voici, me dit-il, cinq cents Louis, trois ans de mes épargnes, et une note signée de ma main.

La leçon du Malheur.

LA LEÇON DU MALHEUR.

C'est un noble et généreux courage que celui qui brave la mort ou qui dompte l'adversité; mais il en est un que je crois plus rare encore et non moins admirable. Je vais en donner un exemple, en me rappelant ce qu'un jour Watelet me raconta dans les bosquets du Moulin-Joli.

L'un des hommes de notre siècle qui avait le mieux arrangé sa vie pour être heureux, c'était Watelet. Il s'était donné tous les goûts, il aimait tous les arts, il attirait chez lui les gens de lettres et les artistes; il s'était fait lui-même artiste et homme de lettres, non pas avec ce brillant succès qui éveille et provoque l'envie, mais avec ce demi-talent qui sollicite l'indulgence, et qui, sans éclat, sans orages, obtenant de l'estime et se passant de gloire, amuse les loisirs d'une modeste solitude, ou d'une société bénévole, assez sage pour y borner le cercle de sa renommée, et pour ne chercher dans le monde ni admirateurs ni jaloux. Ajoutez à ces avantages une singulière aménité de mœurs, une probité délicate, une politesse attentive à tenir constamment l'amour-propre d'autrui en paix avec le sien, et vous aurez l'idée d'une vie voluptueusement innocente. Telle fut celle de Watelet.

Tout le monde connaît la retraite philosophique qu'il s'était faite au bord de la Seine. Je l'y allais voir quelquefois. Un jour j'y trouvai deux époux nouvellement unis et charmés l'un de l'autre, le mari jeune encore, la femme âgée à peine de dix-huit à vingt ans. Watelet semblait lui-même heureux de leur bonheur, dont leurs regards lui rendaient grâces. Comme ils parlaient français tout aussi purement que nous, je fus surpris de leur entendre dire qu'ils allaient passer en Hollande, et qu'ils étaient venus lui faire leurs adieux. J'eus donc après dîner, lorsqu'ils furent partis, la curiosité de savoir quels étaient ces époux, si heureux, si reconnaissants. Watelet me mena dans un coin de son île enchantée, et nous étant assis : Écoutez, me dit-il, vous allez voir l'honneur sauvé du naufrage par la vertu.

Dans un voyage que je fis en Hollande, uniquement pour voir un pays que l'homme dispute à la mer, et que le commerce enrichit comme en dépit de la nature, j'y fus recommandé à un riche négociant appelé Odelman, homme honorable dans sa maison autant qu'avare dans son commerce. A son comptoir et à sa table, je trouvai un jeune français d'une figure intéressante et d'une modestie extrême. Il n'avait, en Hollande, que le nom d'Olivier.

Odelman, simple dans ses manières, avait beau

le traiter en ami et presque son égal; le jeune homme, avec je ne sais quelle dignité respectueuse, se tenait à sa place : vous eussiez dit d'un fils attentif et docile à la volonté de son père, et qui le servait par amour.

Je lui fis un accueil dont il parut touché. Il y répondit d'un ton noble, mais d'un air humble, les yeux baissés et la pudeur sur le visage. A table, il parla peu, mais avec un choix d'expressions, une mesure, une décence qui annonçaient un homme bien né. Après le dîner, il vint à moi, et de l'air le plus obligeant, il m'offrit tous ses bons offices. Je n'en abusai point; mais pour quelques détails d'économie dans mes dépenses, d'intelligence dans mes emplètes, je le priai de vouloir bien m'aider de ses conseils. Il y ajouta les attentions les plus aimables, les soins les plus affectueux.

J'essayai de savoir de lui ce qui l'avait amené en Hollande. Il me répondit, *l'infortune;* et sur tout ce qui le touchait, je crus m'apercevoir qu'il ne voulait pas s'expliquer.

Cependant nous passions ensemble tous les moments qu'il pouvait me donner; et avec une complaisance que ma curiosité fatiguait quelquefois, mais ne lassait jamais, il voulait bien m'instruire de ce que la Hollande avait d'intéressant. Il me la faisait voir dans ses relations avec tous les peuples du monde, n'existant que par artifice, et occupée sans relâche à soutenir et à défendre ses digues et sa liberté. Reconnaissant envers sa nouvelle patrie, il en parlait avec un sentiment que sa mélancolie attendrissait encore, et qui, plein d'estime pour elle, ne laissait pas d'être mêlé de souvenirs et de regrets. Ah! si la France, disait-il, faisait pour aider la nature, le quart de ce que fait la Hollande pour la dompter!.... Et dans les mœurs de celle-ci, dans ses lois, dans sa politique, dans sa laborieuse et pénible industrie, il me faisait admirer les prodiges qu'opère la nécessité.

Vous sentez bien que je me pris pour lui d'une affection singulière. L'intéressant jeune homme! disais-je à Odelman, et combien n'ai-je pas à m'en louer! c'est vous sans doute qui lui avez recommandé de me traiter si bien? Point du tout, me dit-il; mais vous êtes Français, et il adore sa patrie. Je suis pourtant bien aise qu'elle me l'ait cédé; elle en a peu qui lui ressemblent. Tout ce que vous pouvez imaginer d'estimable, il le réunit; fidélité, intelligence, application infatigable, travail facile et prompt, coup-d'œil perçant, net et rapide, un esprit d'ordre auquel rien n'échappe; et sur-tout une économie!.... Ah! c'est lui qui connaît bien le prix de l'or!

Cet article de son éloge ne fut point de mon goût, et pour l'en excuser, j'observai qu'il était permis aux infortunés d'être avares. Avare! il ne l'est point, reprit le Hollandais, car il n'est point avide; jamais l'argent d'autrui ne l'a tenté, j'en suis bien sûr; il n'aime que le sien; mais pour le ménager, il est d'une parcimonie si savante, si rafinée, que les Hollandais mêmes en sont émerveillés. Et cependant, lui dis-je, rien ne décèle en lui une ame intéressée. Il m'a parlé de vos richesses et de celles de la Hollande; il en a parlé sans envie. — Oh! non, je vous l'ai dit, il n'est point envieux; je ne lui vois pas même cette cupidité qui est l'ame de notre commerce. Souvent je lui ai proposé de risquer dans le mien les bénéfices de son travail. Non, me dit-il, je n'ai rien à risquer, le peu que j'ai m'est nécessaire; et s'il a quelquefois cédé à mes instances, en exposant de petites sommes aux périls de la mer, je l'en ai vu si cruellement agité jusqu'au retour de mes navires, qu'il en a perdu le sommeil. C'est proprement le caractère de la fourmi; content de ce qu'il peut accumuler par son travail, jamais il ne se plaint de n'en pas gagner davantage; et conservant dans ses épargnes un air d'aisance et de noblesse, en se refusant tout, il paraît ne manquer de rien. Par exemple, vous le voyez mis décemment; eh bien, cet habit bleu sur lequel n'a jamais reposé un grain de poussière, il y a six ans qu'il est le même, et il n'a eu que celui-là. Il m'a fait aujourd'hui la faveur de dîner chez moi : rien n'est plus rare; et cependant il n'a tenu qu'à lui que ma table ait été la sienne; mais il aime mieux disposer de cet article de sa dépense pour la réduire à l'étroit nécessaire; et sur les besoins de la vie, sa frugalité trouve encore les moyens d'économiser. Mais ce qui m'étonne sur-tout, c'est le secret qu'il me fait à moi-même de l'emploi de ses fonds. Je lui ai supposé d'abord quelque maîtresse qui lui épargnait la peine de thésauriser; mais la sagesse de sa conduite a bientôt détruit ce soupçon. Ce qui me reste à croire, c'est qu'impatient de revoir sa patrie, il y place à mesure sa petite fortune, et qu'il me cache le désir d'en aller jouir dans son sein.

Comme il n'y avait rien de plus simple, ni de plus vraisemblable, j'eus la même pensée. Mais avant mon départ, j'appris mieux à connaître ce rare et vertueux jeune homme.

Mon cher compatriote, lui dis-je enfin le jour qu'il reçut mes adieux, je retourne à Paris; aurai-je le chagrin de vous y être inutile? Je vous ai donné le plaisir de m'obliger tout à votre aise, et tant que vous avez voulu; ne me refusez pas ma revanche, je vous en prie. Non, monsieur, me dit-il; je vous la donnerai, et en échange de ces petits services dont vous exagérez le prix, j'irai ce soir vous en demander un des plus intéressants pour moi. Je vous préviens que c'est un secret dont je vous rends dépositaire : mais je n'en serai point en peine, et votre nom seul m'en répond. Je lui promis de le garder fidèlement; et le soir même, il arriva chez moi chargé d'une casette pleine d'or.

Voici, me dit-il, cinq cents louis, trois ans de mes épargnes, et une note signée de ma main qui vous en indique l'usage. En les distribuant, vous aurez la bonté de retirer les billets que j'acquitte, et de me les faire passer.

Après que l'or fut bien compté, je lus la note. Elle était signée Olivier Salvary. Quelle fut ma surprise de n'y trouver que des objets de luxe! Mille écus à un joaillier, mille à un ébéniste, cent louis pour des modes, autant pour des dentelles, et le reste à un parfumeur.

Je vous étonne, me dit-il? vous ne voyez pas tout. J'ai déja payé, grâces au Ciel, pour trois cents louis de folies; et j'en ai pour long-temps encore avant que tout soit acquitté. Vous le dirai-je, hélas! je suis un homme déshonoré dans ma patrie; et je travaille ici à effacer la tache que j'ai faite à mon nom. En attendant, je puis mourir, et mourir insolvable. Je veux avoir en vous, monsieur, un témoin qui dépose et de ma bonne volonté et des efforts que je faisais pour réparer mon malheur et ma honte. Ce que je vais vous dire est donc mon testament que je vous prie de recueillir, afin que, si je meurs, vous preniez quelque soin de réhabiliter ma mémoire.

Vous vivrez, vous aurez, lui dis-je, le temps de le faire oublier ce malheur de votre jeunesse. Mais si, pour vous tranquilliser, il ne faut qu'un témoin fidèle et de vos sentiments et de votre conduite, j'en suis instruit mieux que vous ne pensez, et vous pouvez, en toute confiance, achever de répandre votre cœur dans le mien.

Je commence par avouer, dit-il en soupirant, que mes torts sont à moi, et que mes fautes sont sans excuse. Ma profession était de celles qui exigent essentiellement la probité la plus exacte; et la première loi de cette probité, c'est de ne disposer que de son propre bien. Je comptai mal avec moi-même; il fallait mieux compter; et ma folle imprudence n'en fut pas moins un crime. Voici comment j'y fus conduit.

Une naissance honnête, un nom considéré, l'estime publique transmise de mes pères à leurs enfants, ma jeunesse, quelques succès où les circonstances m'avaient servi, tout annonçait, dans mon état, une rapide et brillante fortune : ce fut là ce qui me perdit.

Un homme riche, et qui calculait mes espérances comme infaillibles, M. d'Amène, osa fonder le bonheur de sa fille sur ces espérances trompeuses : il me la fit proposer en mariage; et par un mutuel attrait, dès que nous pûmes nous connaître, nous désirâmes d'être unis. Elle n'est plus; si elle était encore, et si j'avais à choisir une femme, ce serait elle : oui, je le jure, ce serait toi, mon aimable Adrienne, que je choisirais entre mille. Elles auraient plus de beauté peut-être; mais ta bonté, mais ta tendresse, mais ce naturel plein de charme, mais cet esprit plein de sagesse et de candeur, qui l'aura jamais comme toi ? En lui adressant ces mots, ses yeux levés au ciel, où il semblait chercher son ame, s'humectèrent de quelques pleurs. Monsieur, ajouta-t-il, ne lui imputez rien de tout ce que j'ai fait pour elle. Cause innocente de mon malheur, elle ne s'en douta jamais ; et au milieu des illusions dont je l'avais environnée, elle était loin d'apercevoir l'abyme où je la conduisais par un chemin de fleurs. Amoureux d'elle avant de l'épouser, plus amoureux quand je l'eus possédée, je ne croyais jamais pouvoir assez lui plaire ; et auprès de l'amour dont je brûlais pour elle, sa timide tendresse, sa sensibilité, que tempérait sa modestie, ressemblait à de la froideur. Pour me faire aimer d'elle autant que je l'aimais, je voulus, le dirai-je ? l'enivrer de bonheur. Grand Dieu ! de quelle passion ne doit-on pas se défier ; s'il est si dangereux de se livrer au désir de plaire à sa femme !

Une maison commode, élégamment ornée, des meubles de luxe et de prix, tout ce que la mode et le goût de la parure inventaient tous les jours pour agacer, dans de jeunes têtes, les fantaisies de l'amour-propre, en promettant à la beauté ou un nouvel éclat, ou de nouveaux attraits ; tout cela sans attendre les désirs de ma femme, vint s'offrir comme de soi-même. Une société choisie et formée à son gré s'empressa autour d'elle ; et de tout ce qui pouvait rendre sa maison agréable, rien ne fut épargné.

Ma femme était trop jeune pour croire avoir besoin de régler ma dépense et de la modérer. Ah! si elle avait pu soupçonner ce que je risquais pour lui plaire, avec quelle résolution elle s'y serait opposée! Mais en m'apportant une riche dot, elle avait dû penser que de mon côté j'étais riche; elle croyait au moins que ma situation me permettait de monter ma maison sur le pied d'une honnête aisance; elle n'y voyait rien qui blessât les bienséances de mon état; et à consulter ses pareilles, tout cela était convenable, tout cela n'était que décent. Hélas! je le disais comme elles; et Adrienne seule, avec sa modestie et sa douce ingénuité, me demandait si je croyais avoir besoin de faire tant de frais pour lui paraître aimable. Je ne puis, disait-elle, être insensible aux soins que vous vous donnez pour me rendre heureuse; mais je le serais sans cela. Vous m'aimez, c'en est bien assez pour m'attirer l'envie de mes pareilles. Quel plaisir prenez-vous à l'exciter encore, en voulant que je les efface? Laissez-leur quelques avantages, que je ne leur envierai pas. Les goûts frivoles, les fantaisies, les superfluités vaines seront leur lot; l'amour et le bonheur seront le mien. Cette délicatesse, qui me charmait encore, ne me corrigeait pas; et je lui répondais que c'était pour moi-même que je déférais à l'usage; que ce qui lui semblait du luxe n'était qu'un peu plus d'élégance; que le goût n'était jamais cher, et qu'en faisant ce qui était convenable, je n'irais jamais au-delà. Je la trompais, je me trompais moi-même, ou plutôt je m'étourdissais. Je savais bien que j'excédais mes facultés présentes; mais bientôt le produit de mon travail aurait rempli ce vide; et, en attendant, ma femme aurait joui. Chacun applaudissait aux soins que mon amour prenait de son bonheur. *Pouvais-je faire moins pour elle? Pouvais-je en faire assez?* C'était la voix publique; c'était au moins le sentiment, le langage de nos amis. Mon beau-père lui seul voyait avec chagrin ces dépenses anticipées, cette émulation de luxe qui ruinait, disait-il, les fortunes les plus solides; il m'en parlait avec humeur. Je lui répondais doucement que cette émulation ne me ferait jamais faire aucune folie, et qu'il pouvait s'en reposer sur moi. J'ai reconnu depuis quelle impression faisait sur mon beau-père cette manière d'écarter respectueusement ses avis, et quels ressentiments amers il en avait gardés dans le fond de son ame. J'approchais du moment où j'allais être père; et ce moment que j'attendais avec des mouvements d'impatience et de joie inconnus à mon cœur, ce jour qui devait être le plus délicieux de ma vie, en fut le plus funeste. Il m'enleva la mère avec l'enfant. Je tombai sous le coup dans l'abyme de ma douleur. Je ne vous dirai pas combien elle fut cruelle et profonde: elle est de celles qui ne s'expriment que par les cris qu'elles arrachent: pour en avoir l'idée, il faut les ressentir.

J'en étais encore accablé, lorsque le père de ma femme, avec quelques mots d'affliction et de condoléance, me fit dire par son notaire que l'acte était dressé pour remettre entre ses mains la dot que j'en avais reçue. Indigné de sa diligence, je répondis que j'étais tout prêt; et dès le lendemain la dot lui fut remise. Mais les diamants, les bijoux que j'avais donnés à sa fille, les meubles précieux qui étaient à son usage, devenaient aussi sa dépouille; il avait droit de s'en saisir. Je lui représentai qu'au bout de dix-huit mois de mariage, il serait inhumain de me faire subir une si dure loi. Mais lui, avec l'impatience et l'âpreté d'un héritier avide, il se prévalut de son droit. Je cédai : cette dure exspoliation fit du bruit. Alors les envieux, car mon bonheur m'en avait fait, s'empressèrent de me punir de ce bonheur, hélas! si peu durable; et faisant semblant de me plaindre, ils eurent soin de divulguer ma ruine en la déplorant. Mes amis n'eurent pas la même ardeur à me servir que mes ennemis à me nuire; ils convinrent que je m'étais un peu trop pressé de jouir. Ils avaient bien raison; mais ils l'avaient trop tard; c'était à mes soupers qu'il aurait fallu me le dire. Mais vous, monsieur, qui connaissez le monde, vous savez quelle est l'indulgence qu'on a pour les dissipateurs, jusqu'au jour de leur décadence. La mienne fut publique; et l'inquiétude ayant saisi mes créanciers, je les vis arriver en foule, je ne voulus pas les tromper; et en leur exposant ma situation, j'offris tout ce qui me restait; seulement je leur demandai du temps pour acquitter le reste. Quelques-uns se rendaient traitables; mais les autres, en alléguant la fortune de mon beau-père, me dirent que c'était à lui de me donner du temps, et qu'en se saisissant de la dépouille de sa fille, c'était leur bien qu'il avait envahi. Que vous dirai-je enfin? Je fus réduit au choix ou d'échapper à leur poursuite, ou de me brûler la cervelle, ou de me voir emprisonné.

C'est ici, monsieur, c'est la nuit que je passai dans les angoisses de la honte et du désespoir, entre la ruine et la mort; c'est là ce qui doit à jamais servir de leçon et d'exemple. Un homme honnête et bon, dont le seul crime était d'avoir compté sur des espérances légères; cet homme jusque-là estimé, honoré, fait pour aller à la fortune par un chemin facile et sûr, tout-à-coup noté d'infamie, dévoué au mépris, condamné à quitter la vie ou à la passer avec opprobre dans les prisons, désavoué de son beau-père, abandonné par ses amis, n'osant plus voir le jour, n'osant plus se nommer, et trop heureux si dans un antre solitaire et inaccessible, il pouvait se cacher sans être poursuivi! C'est au milieu de ces horreurs que je passai la plus longue des nuits. Ah! j'en frémis encore; et ni ma tête ni mon cœur ne se sont remis de la commotion de cette chûte épouvantable. Je n'exagère point, en vous disant que, dans les convulsions de ma douleur, je suai du sang. Enfin ce long tourment ayant accablé mes esprits, mes forces épuisées me laissèrent jouir d'un calme plus horrible encore. Je mesurai la profondeur de l'abyme où j'étais tombé : et ce fut alors que je sentis naître au fond de mon ame le froid courage de me détruire. Raisonnons, me dis-je en moi-même, ma dernière résolution. Si je me laisse prendre et traîner dans les fers, j'y meurs déshonoré, sans ressource et sans espérance. Il vaut mille fois mieux, sans doute, me délivrer d'une vie odieuse, et me jeter dans les bras d'un Dieu qui me pardonnera peut-être de n'avoir pu survivre à un malheur déshonorant. Mes pistolets étaient armés, ils étaient sur ma table; et en les regardant d'un œil fixe, rien ne me semblait plus facile dans ce moment que de finir. Oui, mais combien de scélérats auront fini de même? Combien d'ames basses et viles auront eu, comme moi, ce courage du désespoir? Et que lavera-t-il le sang où je vais me noyer? Mon opprobre en sera-t-il moins imprimé sur ma tombe, s'il me reste une tombe? Et mon nom flétri par les lois y sera-t-il enseveli? Que dis-je, malheureux? Je pense à la honte ! Et le crime, qui l'expiera? Je veux m'évader de la vie; mais n'est-ce pas me dérober moi-même et frustrer de nouveau ceux à qui je me dois? Quand je ne serai plus, qui le restituera ce larcin que je leur ai fait! Qui le justifiera cet abus de leur confiance ? Qui demandera grâce pour un jeune insensé, dissipateur d'un bien qui n'était pas à lui ! Ah ! mourons, s'il n'est plus pour moi d'espérance de regagner cette estime que j'ai perdue ; mais à mon âge, avec du travail et du temps, m'est-il donc impossible de réparer les torts de ma jeunesse, et de me faire pardonner mon malheur ? Alors réfléchissant aux ressources qui me restaient, si j'avais la constance de lutter contre l'infortune, je crus voir dans l'éloignement mon honneur sortir du nuage où il était plongé ; je crus voir une planche offerte à mon naufrage et un port secourable où me refugier. Je passai en Hollande ; mais avant de partir, j'écrivis à mes créanciers qu'en leur abandonnant tout ce qui me restait au monde, j'allais encore employer ma vie à travailler pour eux, et je les conjurai d'attendre.

Amsterdam fut la ville où j'abordai. En y arrivant, mon premier soin fut de savoir quel était, parmi les riches négociants de cette ville, l'homme le plus honnête et le plus estimé ; et comme on s'accordait à nommer Odelman, j'allai me présenter à lui.

Monsieur, lui dis-je, un étranger que le malheur poursuit se refugie auprès de vous, et vient vous demander s'il faut qu'il y succombe, ou si, à force de courage et de travail, il peut le vaincre et y survivre. Je n'ai pour me recommander ni protecteur ni répondant ; j'espère avec le temps être ma caution moi-même; en attendant, disposez d'un homme élevé avec soin, assez instruit peut-être, et plein de bonne volonté. Odelman, après m'avoir entendu et considéré attentivement, me demanda par qui je lui étais adressé. Par la voix publique, lui dis-je. En arrivant, je me suis informé quel était l'homme le plus sage et le meilleur parmi vos concitoyens; tout le monde vous a nommé.

Dans mon langage et dans ma contenance, un certain caractère de fierté, de franchise et de résolution que donne l'infortune aux ames courageuses, et dont la nature semble avoir fait la dignité des malheureux, parut le frapper vivement. Il fut discret dans ses questions; je fus sincère, mais réservé dans mes réponses. Enfin, sans me trahir, je lui en dis assez pour rassurer sa méfiance; et prévenu pour moi d'un sentiment d'estime, il consentit à me mettre à l'épreuve, mais sans aucun engagement. Bientôt il s'aperçut qu'il n'avait pas dans ses comptoirs de travailleur plus diligent que moi, plus assiduement appliqué, ni plus envieux de s'instruire.

Olivier, me dit-il, (car c'était le seul nom que je m'étais donné) vous me tenez parole. Continuez; je vois que vous me convenez; nous sommes faits pour vivre ensemble. Voici les trois mois écoulés de vos appointements d'une première année; j'espère et je prévois qu'ils iront en croissant.

Ah! monsieur, moi qui de ma vie n'avais connu le prix de l'or, avec quel mouvement de joie je me vis possesseur de cent ducats dont il m'avait gratifié! Avec quel soin religieux j'en épargnai la meilleure partie! De quelle ardeur je me livrai à ce travail dont ils étaient le fruit, et avec quelle impatience j'attendis les trois termes de ces appointements qui devaient grossir mon trésor! L'un des plus beaux jours de ma vie fut celui où je pus envoyer à Paris les premiers cent louis de mes économies; et quand je reçus le billet qu'ils avaient acquitté, je le baisai cent fois, je l'arrosai de larmes, je le mis sur mon cœur, et je sentis que c'était comme un baume appliqué sur ma plaie. Trois ans de suite je me donnai une pareille joie; elle est plus sensible aujourd'hui, car mes honoraires accrus et joints à quelques bénéfices que le commerce m'a produits, doublent la somme de mes épargnes. Si cet envoi s'est fait attendre, dites, monsieur, je vous en prie, que ce retard a eu pour cause la mort du seul correspondant affidé que j'eusse à Paris, et que dorénavant vous voulez bien tenir sa place. Hélas! j'aurai peut-être encore pour quinze ans de travail avant d'être acquitté; mais je n'ai que trente-cinq ans; à cinquante je serai libre; la plaie de mon cœur sera fermée; vingt voix s'élèveront pour attester ma bonne foi; et ce front, sans rougir, se montrera dans ma patrie. Ah! monsieur, qu'il est doux et consolant pour moi de penser que l'estime de mes concitoyens reviendra orner ma vieillesse et environner mes cheveux blancs!

A peine il achevait de parler, reprit Watelet, que, charmé de lui voir une probité si parfaite, je l'embrassai en l'assurant que je ne connaissais pas au monde un plus honnête homme que lui. Ce témoignage de mon estime l'émut profondément; et les larmes aux yeux, il me dit qu'il n'oublierait jamais les adieux consolants qu'il recevait de moi. Du reste, il ajouta que je connaissais bien son cœur, et que je lui parlais comme sa conscience.

Arrivé à Paris, je distribuai ses paiements. Ses créanciers voulaient savoir où il était, ce qu'il faisait, quels étaient ses moyens. Sans m'expliquer sur tout cela, je leur donnai de sa bonne foi la même opinion que j'en avais moi-même, et je les renvoyai contents.

Mais un jour à dîner chez M. Nervin, mon notaire, l'un des convives, en m'entendant parler de mon voyage de Hollande, me demanda d'un air d'humeur et de mépris, si dans ce pays-là je n'avais pas rencontré par hasard un nommé Olivier Salvary. Comme il était aisé de voir dans son regard et dans le mouvement de ses sourcils, un sentiment de malveillance, je me tins sur mes gardes, et je lui répondis que mon voyage n'ayant été qu'une promenade en Hollande, je n'avais pas eu le temps d'y prendre connaissance des Français que j'y avais pu voir ; mais que par mes relations il me serait possible de savoir des nouvelles de celui qu'il m'avait nommé. Non, me dit-il, ce n'est pas la peine ; il m'a donné trop de chagrin pour que je m'intéresse à lui. Il sera mort de misère ou de honte, et il aura bien fait ; il aurait bien mieux fait encore de mourir avant d'épouser ma fille, et avant de se ruiner. Après cela, fiez-vous, reprit-il, aux belles espérances que vous donne un jeune homme. En dix-huit mois, cinquante mille écus de dettes; et au bout la fuite et la honte! Ah! monsieur, dit-il au notaire, quand vous marierez votre fille, prenez bien vos précautions. C'est un vilain meuble qu'un gendre insolvable et déshonoré.

M. Nervin lui demanda comment un homme aussi prudent que lui n'avait pas prévu ce malheur et n'y avait pas porté remède. Je l'avais prévu, répondit d'Amène, et j'y ai remédié autant que je l'ai pu ; car dès le lendemain de la mort de sa femme, j'ai fait toutes mes diligences ; aussi, grâces au Ciel, ai-je eu le bonheur de recouvrer la dot et les reprises de ma fille ; mais c'est là tout ce que j'ai pu sauver de son naufrage ; et pour ses autres créanciers, il n'a laissé que des débris.

Je me fis violence pour ne pas le confondre, mais lorsqu'il fut sorti, voyant l'impression qu'il avait faite sur l'esprit de mon notaire et de sa fille, je ne pus résister au désir de venger l'honnête homme absent; et sans indiquer son asyle, sans dire où il s'était caché (car c'était là ce que j'avais à taire): vous venez d'entendre, leur dis-je, ce dur beau-père vous parler de son gendre avec le plus cruel mépris; eh bien, tout ce qu'il en a dit est véritable, et il n'en est pas moins vrai que cet infortuné est l'innocence et la probité même. Ce début leur parut étrange; il fixa leur attention; et le père et la fille ayant prêté silence, je me mis à leur raconter ce que vous avez entendu.

Nervin est un de ces composés rares que l'on a peine à concevoir. Il n'y a point de tête plus froide, ni de cœur plus brûlant; c'est un volcan sous un monceau de neige. Sa fille est au contraire d'un naturel sensible et tempéré, qui participe également de la chaleur de l'ame de son père et du sang-froid de sa raison. Elle est belle, vous l'avez vue; mais elle est si peu vaine de sa beauté, qu'elle en entend parler sans rougeur et sans embarras, comme de la beauté d'une autre. On peut s'enorgueillir, dit-elle, de ce qu'on se donne à soi-même, et on a besoin de modestie pour cacher cet orgueil ou pour le modérer; mais d'avoir les yeux et la bouche faits de telle façon, où en est le mérite et la gloire? et pourquoi se croit-on obligé de rougir en entendant louer ce qu'un caprice de la nature a produit en nous, et sans nous? Ce seul trait vous donne une idée du caractère de Justine : plus décidé, plus fort que celui d'Adrienne, il a le même charme et la même candeur.

Cette fille estimable recueillait mes paroles avec autant d'attention que son père, et à chaque trait qui marquait la loyauté de Salvary, sa sensibilité profonde, sa constance dans le malheur, je les voyais se regarder l'un l'autre et tressaillir de cette douce joie qu'excite la vertu dans les ames qui la chérissent; mais insensiblement le père devenait plus pensif, et la fille plus attendrie.

Lors donc que j'en fus à ces mots qu'Olivier m'avait adressés : *Ah! monsieur! qu'il est doux et consolant pour moi de penser que l'estime de mes concitoyens reviendra orner ma vieillesse et couronner mes cheveux blancs!* je vis Nervin relever sa tête, et avec des yeux brillants des larmes dont ils étaient remplis : Non, vertueux jeune homme, s'écria-t-il dans la fougue de sa bonté, non tu n'attendras point une vieillesse lente pour être libre et honoré comme tu mérites de l'être. Monsieur, ajouta-t-il en s'adressant à moi, vous avez raison ; il n'y a pas au monde un plus honnête homme. Les devoirs simples et de plain-pied, le premier venu les remplit; mais à travers les précipices de l'infortune et de la honte, conserver ce courage et cette probité sans s'en écarter d'une ligne! c'est là ce qui est rare, c'est là ce que j'appelle une trempe d'ame à l'épreuve. Il ne fera plus de folies, j'en réponds bien. Il sera bon, mais sage; il sait trop ce qu'il en coûte d'être faible et d'être imprudent. Oui, n'en déplaise à son beau-père, ce serait là le gendre que je voudrais avoir. Et toi, qu'en penses-tu, ma fille? Moi, mon père, répondit Justine, ce serait aussi, je l'avoue, le mari que je choisirais. Tu l'auras, dit son père, en prenant sa résolution. Monsieur, écrivez-lui qu'il vienne, et qu'un riche parti l'attend; ne lui en dites pas davantage.

J'écrivis. Il me répondit que dans sa situation il était condamné au célibat et à la solitude; qu'il ne voulait associer à sa disgrâce, ni une femme, ni des enfants, et qu'il ne remettrait le pied dans sa patrie que lorsqu'il n'y aurait plus personne dont il ne pût soutenir le regard. Cette réponse fut encore comme un coup d'aiguillon pour l'impatiente volonté du notaire. Demandez-lui, me dit-il, un état bien articulé de ses dettes, et marquez-lui qu'un homme qui s'intéresse à lui veut se charger du soin de tout accommoder.

Salvary voulut bien me confier l'état que je lui demandais; mais pour des accommodements, il répondit qu'il n'en voulait aucun; que toute réduction dans ses dettes serait injuste; qu'il entendait les acquitter pleinement et à la rigueur, et que pour toute grâce, il ne demandait que du temps. Du temps, du temps, dit le notaire, je n'en ai point à lui donner; ma fille aurait vieilli avant qu'il eût payé ses dettes. Laissez-moi cet état; je sais comment l'on traite au nom d'un honnête homme; tout le monde sera content. Deux jours après il me vint voir. Tout est fini, me dit-il; tenez voilà ses billets quittancés : faites-les-lui tenir, et donnez-lui le choix ou de ne plus rien devoir à personne en épousant ma fille, ou de n'avoir que moi pour créancier, s'il ne me veut pas pour beau-père; car ceci ne l'engage à rien.

Quelle fut la surprise et la reconnaissance de Salvary en voyant effacées, comme d'un trait de plume, toutes les traces de sa ruine; et quel fut son empressement à venir rendre grâces à son libérateur; je vous le laisse imaginer. Il fut pourtant retenu en Hollande plus de temps qu'il n'aurait voulu; et le bouillant Nervin commençait à dire que cet homme-là était lent et difficile à émouvoir. Enfin il arriva chez moi, n'osant se persuader encore que son bonheur ne fût pas un rêve. Je le menai bien vîte chez son généreux liquidateur; et là, entre deux sentiments également délicieux, pénétré des bontés du père, tous les jours plus épris des charmes de la fille, et retrouvant en elle tout ce qu'il avait tant aimé, tant regretté dans Adrienne, son ame était comme ravie de reconnaissance et d'amour; il ne savait plus, disait-il, lequel était pour lui le plus précieux don du Ciel ou d'un ami comme Nervin, ou d'une femme comme Justine. Il lui restait cependant un regret, qu'il ne peut leur dissimuler; et Nervin lui ayant reproché de s'être fait un peu long-temps attendre : Pardonnez, monsieur, lui dit-il, je brûlais d'être à vos genoux, mais indépendamment des comptes que j'avais à rendre, j'ai eu pour quitter la Hollande plus d'un combat à soutenir. Le digne Odelman, mon refuge, mon premier bienfaiteur, avait compté sur moi pour le soulagement et le repos de sa vieillesse ; il est veuf, il n'a point d'enfants ; et dans son cœur, sans me le dire, il m'avait adopté. Lorsqu'il a donc fallu me séparer de lui, et qu'en lui révélant mon malheur passé je lui ai dit par quel prodige de bonté l'honneur m'était rendu, il s'est plaint avec amertume de ma dissimulation, et il m'a demandé si j'avais cru avoir au monde un meilleur ami qu'Odelman. Il m'a pressé de consentir à ce qu'il m'acquittât envers vous ; il le demandait avec larmes ; et bientôt je ne me sentais plus la force de lui résister. Mais il a lu la lettre où M. Watelet faisait l'éloge de l'aimable, de l'intéressante Justine, et un portrait plus ravissant encore de son ame que de sa beauté. Ah ! je n'ai point de fille à vous offrir, m'a dit cet honnête homme ; et si ce portrait est fidèle, la pareille serait difficile à trouver. Je ne vous retiens plus. Allez, soyez heureux, souvenez-vous de moi, et ne cessez pas de m'aimer.

Nervin, en écoutant ce récit d'Olivier, était recueilli en lui-même. Tout-à-coup rompant le silence : Non, dit-il, non, je ne veux point que vous soyez ingrat ; je ne veux pas non plus qu'un

Hollandais se vante d'être plus généreux que moi. Ici, vous n'avez plus d'état, et vous n'êtes pas fait pour vivre oisif et inutile. Il me serait fort doux, comme vous croyez bien, d'avoir près de moi mes enfants ; mais réservons cela pour ma vieillesse ; et tandis qu'ici les affaires m'occuperont assez pour me préserver de l'ennui, écrivez au bon Odelman que je vous cède à lui, avec ma fille, pour une dixaine d'années, après quoi vous me reviendrez, entourés, comme je l'espère, d'une petite colonie d'enfants ; et vous et moi, dans l'intervalle, nous aurons travaillé pour eux.

Le Hollandais, comblé de joie, a répondu que sa maison, ses bras, son cœur, étaient ouverts aux deux époux. Il les attend, ils vont partir ; et Olivier sera désormais en société de commerce avec lui. Voilà l'exemple que je vous ai promis, ajouta Watelet, d'un courage qui manque à bien des malheureux, celui de ne jamais renoncer à sa propre estime, celui de ne jamais désespérer de soi, tant qu'on se sent homme de bien.

FIN DU SECOND VOLUME.

TABLE

DES CONTES CONTENUS DANS CE DEUXIÈME VOLUME.

	Page
Le Connaisseur.	1
L'heureux Divorce.	34
Le bon Mari.	76
La Femme comme il y en a peu.	110
L'Amitié à l'Épreuve.	145
Le Misanthrope corrigé.	196

Nouveaux Contes moraux.

La Veillée.	247
Le Trépied d'Hélène.	387
La Leçon du Malheur.	413

www.ingramcontent.com/pod-product-compliance
Lightning Source LLC
Chambersburg PA
CBHW051824230426
43671CB00008B/832